JN313078

新版
ハングル
文章表現事典
한글 문장 표현 사전

塚本勲 監修
李仁洙 著
金容権 著

三修社

はじめに

　本書はハングルの入門書を兼ねた「**基本単語・文章表現集**」で、文法よりも実際の単語や例文に比重を置き、新しい工夫を取り入れて編纂したものです。

　本書は第 1 章「発音」、第 2 章「基礎語彙」、第 3 章「文型」、第 4 章「助詞」、第 5 章「待遇表現」、第 6 章「きまり文句」から構成されています。主旨および学習の留意点は、それぞれの章の冒頭に示しておきました。とくに第 5 章の「待遇表現」と第 6 章の「きまり文句」は、韓国での日常生活に必要なひと通りの表現はできるように構成しています。

　ハングルと日本語は大変似ている言語だと言われています。類似点を挙げると、語順が同じである、「てにをは」に相当する助詞などをもっている、待遇表現が発達している、話し言葉と書き言葉の区別がある、漢語の影響を大きく受けているなど、けっして少なくありません。日本語との類似点が多いということは、日本語と比較しながら勉強できる可能性がそれだけ多いということになります。比較できるということは、外国語の学習では大きな利点です。世界の数千を数える諸言語のなかで、こまかい所まで対照でき、その違いと言葉や文章のニュアンスを比較できる外国語は他に類を見ません。

本書では、この利点を学習で十分生かせるように考慮し、日本語の文法と関連づけてハングルを説明しています。
読者は、読み進めていくうちに、比較的気楽にハングルを学べると思います。学習に役立つよう、索引を兼ねた詳しい目次をつけましたので、ご活用ください。

　刊行にあたって、塚本勲先生に専門的な立場から監修していただきました。また、ネイティヴ（韓国では原語民(ウォノミン)と言う）の権容景(クォンヨンギョン)さんに目をとおしていただきました。記して感謝するしだいです。

　なお、本書ではハングルを韓国文字・朝鮮文字以外に韓国語・朝鮮語の意味としても使っていることをお断りしておきます。

2010年4月

金容権

目　次

はじめに

第1章　発音
1. ハングル／22　2. ハングルの組み合わせと発音／23
3. 子音＋母音の組み合わせと発音／24
4. 子音＋母音＋子音の組み合わせと発音／31　5. 音の変化／35

第2章　基礎語彙
1. 人びと(사람들)／40　2. 職業(직업)／41
3. 食べ物と飲み物(먹을 것과 마실 것)／41　4. 食事(식사)／43
5. 身につけるもの(몸에 걸치는 것)／43　6. 家(집)／44
7. 家の中(집안)／44　8. 電気製品(전기제품)／45
9. 日用雑貨(일용잡화)／46　10. 教室(교실)／46
11. 都市(도시)／47　12. 乗り物(탈 것)／48
13. 動物(동물)／49　14. 植物(식물)／49
15. 色(색)／50　16. 数(수)／51
17. カレンダー(달력)／52　18. 時間(시간)／53
19. 方向と位置(방향과 위치)／54　20. 自然(자연)／54
21. 世界(세계)／55　22. 芸術と楽器(예술과 악기)／55
23. スポーツ(스포츠)／56　24. 体(몸)／57
25. 挨拶言葉(인사 말)／57

第3章　文　型
1. これは花です／60　断定の表現(1) －名詞－／60
2. これは何ですか／62　説明要求の表現(1)／62
3. これはカナリヤですか／63　判定要求の表現／64

4. そこは寝室ですか、居間ですか／65　選択要求の表現／66

5. これは鉛筆でしょう／67　確認要求の表現(1)／68

6. 故郷の春は暖かいです／69　断定の表現(2)－形容詞－／70

7. 机は窓のそばにあります／71
　　　断定の表現(3)－あります－／72

8. 私は朝6時に起きます／73
　　　断定の表現(4)－動詞－／74

9. 朝起きて歯をみがいて顔を洗います／75
　　　断定の表現(5)－「～て」－／76

10. あの人は兄さんではありません／77
　　　否定の表現(1)－名詞－／78

11. あしたは発車しません／79
　　　否定の表現(2)－動詞・形容詞－／80

12. 私はタバコを吸いません／81
　　　否定の表現(3)－안と못－／82

13. 私は肉が好きです／83　断定の表現(6)－好き・嫌い－／84

14. ミョンホさんは絵が上手です／86
　　　断定の表現(7)－上手・下手－／87

15. 本が何冊ありますか／88
　　　説明要求の表現(2)－助数詞－／89

16. いいえ、1人で行きます／90　껏について／91

17. おじいさんは花を愛していらっしゃいます／92　尊敬の表現／93

18. きのうは日曜日でした／95　過去の表現／96

19. きのうは金曜日ではありませんでした／97
　　　否定の過去の表現／98

20. 私は英語を話せます／100　可能の表現／101

21. もうそれくらいにして帰りましょう／102　勧誘の表現／104
22. 私は歌劇が見たいです／105　希望の表現／106
23. あしたまで待ってください／107　依頼の表現／108
24. あれはヒバリでしょう／110　推量の表現(1)－体言－／111
25. あしたは天気がいいでしょう／112
　　　推量の表現(2)－用言－／113
26. 例年より暖かかったでしょう／115
　　　推量の表現(3)－過去－／116
27. 赤い色は暖かい感じを与えます／118
　　　体言修飾の表現(1)－形容詞の連体形－／119
28. 手紙は礼儀正しく書かなければなりません／121
　　　義務の表現／122
29. なかったら、ウールの手袋でも結構です／123
　　　許容の表現／125
30. 1階でなくてもいいです／126　否定の許容の表現／127
31. バスに乗ってお行きなさい／128　命令の表現／129
32. 窓を開けないでください／130　禁止の表現／131
33. もう1年になりますね／132　確認要求の表現(2)／133
34. 空には星が輝いています／135
　　　状態の表現(1)－進行中を表す「～ています」－／136
35. 本棚の中に本が入っています／138
　　　状態の表現(2)－結果の存続を表す「～ています」－／139
36. 私はテレビを見ていました／140
　　　状態の表現(3)－「～ていました」－／141
37. 夜が明けてきます／143
　　　状態の表現(4)－「～ていきます」と「～てきます」－／144

38. 植木鉢は窓際に置いておきます／146
　　　状態の表現(5) －「～ておきます」－／147
39. 図書館に行ってみましたか／148
　　　状態の表現(6) －「～てみます」－／150
40. 石は重いから沈んでしまいます／151
　　　状態の表現(7) －「～てしまいます」－／152
41. 1週間したら目が見え始めます／153
　　　状態の表現(8) －「～始めます」と「～ようになります」－／154
42. 石油・石炭はいろんな分野で広く使われます／156
　　　受け身の表現／157
43. スンヒさんはヨンスさんに字を教えてやります／160
　　　「やりもらい」の表現／161
44. 朝早く起きるのはよい習慣です／162
　　　体言修飾の表現(2) －動詞の連体形－／163
45. まず単語を習得させます／165　使役の表現／166
46. 心配することはありません／167
　　　体言修飾の表現(3) －用言の未来形－／168
47. かぜ薬はかぜをひいたときに飲みます／170
　　　体言修飾の表現(4) －とき－／171
48. あなたは金剛山を見たことがありますか／172
　　　体言修飾の表現(5) －過去連体形－／174
49. 私が住んでいた家の跡には、大きな病院が建てられました／175
　　　体言修飾の表現(6) －過去持続－／176
50. 私は英語を勉強しようと思います／177　意志の表現／178
51. 2、3日したら全快しそうです／180　様態の表現／181
52. キョンホさんの知人のようです／183
　　　不確かな断定の表現(1) －「～ようです」－／184

53. だれかがかたづけたようです／185
   不確かな断定の表現(2) －「～たようです」－／186
54. ナムスさんのふるさとは水原だそうです／188　伝聞の表現／189
55. 挨拶は重要な意味をもっていると思います／190
   引用の表現／192
56. 景色がいいですねえ!／194　感動の表現／195

第4章　助詞

Ⅰ. 体言に付く助詞 ………………………………………… 198
〔1〕主語、強意、例示などを表す助詞 ……………………… 198
   1. 는／은　2. 가／이　3. 께서……198
   4. 란／이란　5. 야／이야　6. 마저……199
   7. 조차　8. 커녕　9. 일지언정……200
   10. 야말로／이야말로　11. 등, 같은 것, 따위……201
   12. 라도／이라도　13. 나마／이나마……202
〔2〕対象を表す助詞 ………………………………………… 202
   14. 를／을……202
〔3〕時、場所、位置、方角(方向)、目標、起点、帰着、限界などを表す助詞 ……………………………………………… 203
   15. 에　16. 에게, 한테, 더러　17. 께……203
   18. 다, 다가, 에다, 에다가　19. 로／으로／에……204
   20. 에서／서　21. 에게서, 한테서 ……205
   22. 부터　23. 까지……206
〔4〕所有、連体修飾を表す助詞 …………………………… 207
   24. 의　25. 인……207
〔5〕共同、並立を表す助詞 ………………………………… 207
   26. 와／과, 하고, 랑／이랑……207

〔6〕比較、程度、範囲、限定、比例、量などを表す助詞 … 208
　27．보다　28．가량　29．정도……208
　30．쯤　31．뿐　32．만, 끼리　33．만큼……209
　34．일수록　35．마다　36．씩　37．밖에……210
〔7〕原因、理由、根拠を表す助詞 …………………………… 211
　38．이므로　39．니／이니, 니까／이니까……211
　40．기에／이기에, 길래／이길래……212
　41．때문에　42．인만큼……212
〔8〕条件を表す助詞 ……………………………………………… 213
　43．면／이면, 라면／이라면　44．일지라도, 라도／이라도……213
　45．건／이건, 든／이든……214
〔9〕接続を表す助詞 ……………………………………………… 214
　46．고／이고, 며／이며　47．지만／이지만……214
　48．인데　49．더니／이더니……215
〔10〕選択、並列などを表す助詞 ……………………………… 216
　50．나／이나　51．든가／이든가, 든지／이든지……216
〔11〕同様、類似を表す助詞 …………………………………… 217
　52．도　53．처럼, 마냥……217
〔12〕引用を表す助詞 …………………………………………… 218
　54．라고／이라고　55．라는／이라는……218
〔13〕不確定を表す助詞 ………………………………………… 219
　56．인지　57．일지도……219
〔14〕推量を表す助詞 …………………………………………… 219
　58．겠／이겠……219
〔15〕資格を表す助詞 …………………………………………… 220
　59．로서／으로서……220
〔16〕呼びかけを表す助詞 ……………………………………… 220

60. 야／아……220
Ⅱ. 用言に付く助詞 …… 221
〔1〕接続、継起、並行、並列、中断などを表す助詞 …… 221
　1. 고　2. 서　3. 고서, 고나서……221
　4. 며　5. 면서　6. 거니와……224
　7. 데　8. 지만　9. 다가……224
〔2〕推量、未来、意志などを表す助詞 …… 226
　10. 겠……226
〔3〕並立、選択、例示を表す助詞 …… 228
　11. 거나, 곤　12. 든가, 든지……228
〔4〕条件を表す助詞 …… 229
　13. 면　14. 려면, 자면　15. 더라면……229
　16. 도　17. 나　18. 건, 든……230
　19. 더라도　20. 지언정……231
〔5〕比例を表す助詞 …… 231
　21. 수록……231
〔6〕原因、理由、根拠などを表す助詞 …… 232
　22. 니, 니까　23. 기 때문에　24. 기에, 길래……232
　25. 므로　26. 더니……233
〔7〕強意を表す助詞 …… 234
　27. 야……234
〔8〕範囲の限定を表す助詞 …… 235
　28. 뿐　29. 만큼……235
〔9〕連用修飾を表す助詞 …… 236
　30. 게　31. 듯, 듯이　32. 도록……236
〔10〕内容の提示を表す助詞 …… 237

33. 려, 려고, 자, 자고……237
　〔11〕命令の引用を表す助詞 ·· 238
　　34. 라고……238
　〔12〕目的を表す助詞 ·· 238
　　35. 러……238
　〔13〕同時性を表す助詞 ··· 238
　　36. 자, 자마자……238
　〔14〕名詞化を表す助詞 ··· 239
　　37. 기　38. 으로써……239

第4章の解説 ·· 240
　Ⅰ. 体言に付く助詞 ·· 240
　Ⅱ. 用言に付く助詞 ·· 247

第5章　待遇表現
　待遇表現とそのクラス分類 ·· 252
　Ⅰ. Ａクラス ·· 253
　　［1］平叙文 ·· 253
　　　1) 입니다, ㅂ니다　2) 랍니다／이랍니다, 답니다……253
　　［2］疑問文 ·· 254
　　　1) 입니까?, ㅂ니까?……254
　　　2) 랍니까?／이랍니까?, 답니까?……255
　　［3］勧誘文 ·· 255
　　　1) ㅂ시다　2) 지 맙시다……255
　　［4］命令文 ·· 256
　　　1) 십시오　2) 지 마십시오……256
　Ⅱ. Ｂクラス ·· 256
　　［1］平叙文 ·· 256

1) 예요/이에요, 요……256
2) 래요/이래요, 대요   3) 지요/이지요, 지요……257
4) 군요/이군요, 구만요/이구만요, 군요, 구만요……258
5) 로군요/이로군요, 로구만요/이로구만요……258
6) 누만요   7) 거든요/이거든요, 거든요……258
8) 니깐요/이니깐요, 니깐요……259
9) 더군요/이더군요, 더군만요/이더구만요, 더군요, 더구만요……260
10) 인데요, 데요   11) 라구요/이라구요, 다구요……260
12) 게요   13) 래요……261

[2] 疑問文 …………………………………………………… 262
1) 예요/이에요?, 요?……262
2) 인가요?, 가요?/   3) 일가요?, 가요?……262
4) 나요/이나요?, 나요?……263
5) 지요/이지요?, 지요?……264
6) 래요/이래요?, 대요?……264
7) 군요/이군요?, 구만요/이구만요, 군요?, 구만요?……265
8) 로군요/이로군요?, 로구만요/이로구만요?……265
9) 던가(요)/이던가(요)?, 던가(요)?……265
10) 라구요/이라구요?, 다구요?……266
11) 라지요/이라지요?, 다지요?   12) 래요?……266

[3] 勸誘文 …………………………………………………… 267
1) 자요   2) 자구요   3) 지 말자요……267
4) 지 말자구요……268

[4] 命令文 …………………………………………………… 268
1) 세요   2) 시라오   3) 라오……268
4) 라구요   5) 지요?   6) 지 마세요……269

7) 지 마시라오   8) 지 말라오……270

9) 지 말라구요／ 10) 지 말지요?……270

Ⅲ. Cクラス ………………………………………………………… 271

[1] 平叙文 ……………………………………………………… 271

1) 요／이요, 오／소……271

2) 네／이네, 네……271

3) 야／이야, 어／아……272

4) 래／이래, 대……272

5) 지／이지, 지……273

6) 군／이군, 구만／이구만, 군, 구만……273

7) 로군／이로군, 로구만／이로구만 ……273

8) 누만……274

9) 거든／이거든, 거든……274

10) 니깐／이니깐, 니깐……274

11) 더군／이더군, 더구만／이더구만, 더군, 더구만……275

12) 인데, 데……275

13) 라구／이라구, 다구……276

14) 라구야／이라구야, 다구야……276

15) 게……277

16) 래……277

[2] 疑問文 ………………………………………………………… 277

1) 요／이요?, 오／소?……277

2) 야／이야?, 어／아……278

3) 인가?, 가?……278

4) 일가?, 가?……278

5) 나?……279

6) 래／이래?, 대?……279

7) 지／이지?, 지?……280
　　8) 군／이군?, 구만／이구만?, 군?／구만?……280
　　9) 로군／이로군?, 로구만／이로구만?……281
　10) 던가／이던가?, 던가?……281
　11) 라고／이라고?, 다고?……281
　12) 라지／이라지?, 다지?……282
　13) 래?……282
[3] 勸誘文 ………………………………………………… 282
　　1) 자 ……282
　　2) 자구……283
　　3) 세……283
　　4) 지 말자……283
　　5) 지 말자구……283
　　6) 지 마세……284
[4] 命令文 ………………………………………………… 284
　　1) 세요……284
　　2) 오／소……284
　　3) 게……284
　　4) 라구……285
　　5) 구려……285
　　6) 요……285
　　7) 지?……285
　　8) 지 마세요……285
　　9) 지 마／지 마오(요)……286
　10) 지 말게……286
　11) 지 말라구……286
　12) 지 말구려……286

13) 지 마／지 말아……287

14) 지 말지……287

Ⅳ. Ｄクラス …………………………………… 287

　[1] 平叙文 …………………………………… 287

　　1) 다／이다, 다……287

　　2) 란다／이란다, 단다……288

　　3) 구나／이구나, 구나……288

　　4) 로구나／이로구나……289

　　5) 더구나／이더구나, 더구나……289

　　6) 라……289

　　7) 마……289

　[2] 疑問文 …………………………………… 290

　　1) 니／이니?, 니?……290

　　2) 냐／이냐?, 느냐?……290

　[3] 勧誘文 …………………………………… 291

　　1) 자……291

　　2) 자꾸나……291

　　3) 지 말자꾸나……291

　[4] 命令文 …………………………………… 291

　　1) 라／아라／어라……291

　　2) 려무나, 렴……292

　　3) 動詞の連用形……292

　　4) 지 마／지 말라……292

　　5) 지 마려무나, 지 마렴……292

第5章の解説 ……………………………………… 293

　〔1〕Ａクラスの待遇表現 ………………………… 293

〔2〕Bクラスの待遇表現 ……………………………… 295
〔3〕Cクラスの待遇表現 ……………………………… 297
〔4〕Dクラスの待遇表現 ……………………………… 299

第6章 きまり文句

1. 使いみちの広い言葉(널리 쓰이는 말)……303
2. 朝起きたときと寝るとき(아침에 일어났을 때와 잘 때)……304
3. 朝家を出るときと出勤の道で(아침 집을 나설 때와 출근길에서)……305
4. 職場に出勤したときと退社(退勤)するとき(직장에 출근했을 때와 퇴근할 때)……305
5. 家へ帰って(집에 돌아와서)……306
6. 受け答えの言葉(말을 주고 받을 때)……307
7. 言葉をかけるとき(말을 걸 때)……308
8. 質問(묻는 말)……309
9. お礼の言葉(사례의 말)……310
10. お詫びの言葉(사과의 말)……312
11. お願いするとき(부탁할 때)……313
12. 断るとき(거절할 때)……315
13. 感情表現(감정 표현)……316
14. ほめ言葉(칭찬의 말)……318
15. 賛成・反対を表す言葉(찬성・반대를 표시하는 말)……320
16. 慰めの言葉(위로의 말)……321
17. 励ましの言葉(고무격려의 말)……322
18. お祝いの言葉(축하의 말)……325
19. 哀悼の言葉(애도의 말)……326
20. 天気(날씨, 일기)……327

21. 時間(시간)……329
22. 道をたずねるとき(길을 물을 때)……331
23. 訪問(방문)……332
24. 紹介するとき(소개할 때)……335
25. 食事をするとき(식사를 할 때)……336
26. 別れるとき(헤어질 때)……338
27. 人を迎えるときと見送るとき(손님을 마중할 때와 배웅할 때)……339
28. 入国手続きをするとき(입국수속을 할 때)……340
29. ホテルで(호텔에서)……342
30. 両替するとき(돈을 바꿀 때)……344
31. 郵便局で(우체국에서)……344
32. 電話をかけるとき(전화를 걸 때)……346
33. 駅で(역에서)……348
34. 列車の中で(열차 안에서)……349
35. 商店で(상점에서)……350
36. 食堂で(식당에서)……351
37. 理髪店と美容院で(이발소와 미용원에서)……352
38. 映画館・劇場で(영화관・극장에서)……354
39. 洋服店で(양복점에서)……354
40. 知人に会ったとき(아는 사람을 만났을 때)……355
41. 病院で(병원에서)……357
42. 病気のお見舞いに行って(병 문안을 가서)……359

> 付録

主要動詞・形容詞の活用と活用表

1. 活用とは／362　2. 活用に関する知識がなぜ必要か／362
3. 活用表の見方と使い方／364　動詞の変化形活用表／370
形容詞の変化形活用表／371　一般的な用言(動詞・形容詞)活用一覧表／372

> 凡例

- [　]は、発音を表します。[　]内はパッチム、日本の仮名、発音記号、ローマ字などで記されています。
- なお、パッチム発音は文字化したものですから、一部の例外を除きそのまま発音記号だとみなすことができます。
- 日本語の疑問文には？マークは付きませんが、便宜的に？マークを付けた個所もあります。

ND# 第1章 発　　音

　いかなる言語でも、その基本を成しているのは、音声(音素)です。文字のない言語はたくさんあっても、音声のない言語は一つもありません。母語を文字を通じて習得したという人はいないはずです。母語はまず耳から覚えるというのが常道で、自然の理です。

　上手に話せるようになるためには、どうしても音に慣れなくてはなりません。音に慣れる工夫を、本書では出来るだけ心掛けました。

　ハングルの発音は日本語とはずいぶん違います。日本語にない音がたくさんあり、その違いが微妙で、最初のうちはなかなか聞き分けにくいものです。発音はハングルの学習でもっとも骨が折れます。まずこの点をしっかり認識しておく必要があります。ここでは、日本語とハングルの発音上の特性を考慮したうえで、無理なく、ハングルの発音が会得できるように構成してありますから、耳と目と口をよく働かせ、あせらずに、練習に励んでみてください。

　なお、本書の第1章と第2章では、便宜上ふりがなによって発音の仕方を示しておきましたが、これはあくまで近似音の目安にすぎません。

22　第1章　発音

1. ハングル

ハングルは 21 の母音と 19 の子音から構成されている。

ハングル子母表

子　音			母　音		
文字	名　　称	名称の発音	文字	名　　称	名称の発音
ㄱ	기역	キヨク	ㅏ	아	ア
ㄴ	니은	ニウン	ㅑ	야	ヤ
ㄷ	디귿	ティグッ	ㅓ	어	オ※(4)
ㄹ	리을	リウル※(1)	ㅕ	여	ヨ※(5)
ㅁ	미음	ミウム	ㅗ	오	オ※(4)
ㅂ	비읍	ピウプ	ㅛ	요	ヨ※(5)
ㅅ	시옷	シオッ	ㅜ	우	ウ※(6)
ㅇ	이응	イウン	ㅠ	유	ユ
ㅈ	지읒	チウッ※(2)	ㅡ	으	ウ※(6)
ㅊ	치읓	チウッ※(2)	ㅣ	이	イ
ㅋ	키읔	キウク	ㅐ	애	エ※(7)
ㅌ	티읕	ティウッ	ㅒ	얘	イェ※(8)
ㅍ	피읖	ピウプ	ㅔ	에	エ※(7)
ㅎ	히읗	ヒウッ	ㅖ	예	イェ※(8)
ㄲ	쌍기역	サンギヨク※(3)	ㅘ	와	ワ
ㄸ	쌍디귿	サンティグッ	ㅙ	왜	ウェ※(9)
ㅃ	쌍비읍	サンピウプ	ㅚ	외	ウェ※(9)
ㅆ	쌍시옷	サンシオッ	ㅝ	워	ウォ
ㅉ	쌍지읒	サンチウッ	ㅞ	웨	ウェ※(9)
			ㅟ	위	ウィ※(10)
			ㅢ	의	ウィ※(10)

注 ※(1) ハングルの初音は〈リウル〉の場合、[r]音は[n]音か無音になるが、ㄹの名称は[ri-eul]と発音する。
　※(2) ㅈとㅊは日本語表記ではともに〈チウッ〉であるが、[ji-eud]と[chi-eud]となる。p.26参照のこと。
　※(3) の쌍[サン]は、漢字で「双」と書く。ㄲ, ㄸ, ㅃ, ㅆ, ㅉは、それぞれ子音のㄱ, ㄷ, ㅂ, ㅅを2つ重ねたものである。重ねたことを意味する漢字「双」(쌍)を使って名づけた。
　※(4) ㅓとㅗは微妙に異なる。ㅗは日本語の〈オ〉に近い。
　※(5) ㅕとㅛは微妙に異なる。ㅛは日本語の〈ヨ〉に近い。
　※(6) ㅜとㅡは微妙に異なる。ㅜは日本語の〈ウ〉に近い。
　※(7) ㅐとㅔは微妙に異なる。ㅔは日本語の〈エ〉に近い。
　※(8) ㅒとㅖは微妙に異なる。ㅖは日本語の〈イェ〉に近い。
　※(9) ㅙとㅚとㅞは異なる発音だが、ほとんど同じ音に聞こえる。
　※(10) ㅟとㅢは異なる発音だが、ほとんど同じ音に聞こえる。
　※(11) 子音の名称と発音を一致させるために母音のㅡ[ウ]を借りてㄱ(ク)、ㄴ(ヌ)、ㄷ(トゥ)…という言い方もされている。さらに、ㄱ、ㄴ、ㄷ…ではなく、母音のㅏ[ア]を借りて가(カ)、나(ナ)、다(タ)、라(ラ)、마(マ)…という言い方もある。

2. ハングルの組み合わせと発音

ハングルの組み合わせには、次の2通りがある。

1) 子音＋母音(開音節)

　例：ㄱ＋ㅏ＝가 [カ]
　　　　(ク)(ア)
　　　ㄴ＋ㅗ＝노 [ノ]
　　　　(ヌ)(オ)
　　　ㅇ＋ㅑ＝야 [ヤ]
　　　(無音)(ヤ)
　　　ㄷ＋ㅙ＝돼 [テェ]
　　　(トゥ)(ウェ)

2) 子音＋母音＋子音(閉音節)

　例：ㅈ＋ㅣ＋ㅂ＝집 [チプ]
　　　(チュ)(イ)(プ)
　　　ㅂ＋ㅗ＋ㅁ＝봄 [ポム]
　　　(プ)(オ)(ム)
　　　ㅇ＋ㅘ＋ㄴ＝완 [ワン]
　　　(無音)(ワ)(ン)

　　　※開音節は発音するとき、初めから口を開ける音。
　　　　開音節は発音するとき、初めから口を閉じる音。

最初の子音を初声、中間の母音を中声、最後の子音を終声(パッチム)と言う。すなわち、

집ではㅈが初声、ㅣが中声、ㅂが終声(パッチム)。

発音の仕方はローマ字の場合と同じ要領ですればいい。

例：k＋a＝ka →　　ㄱ＋ㅏ＝가
　　　ク　ア　カ　　　　　　ク　ア　カ
　　s＋o＋n＝son →　ㅅ＋ㅗ＋ㄴ＝손
　　　ス　オ　ン　ソン　　　　ス　オ　ン　ソン

3. 子音＋母音の組み合わせと発音

1) やさしい子音＋やさしい母音

子音

無音	ヌ	ル	ム	フ
ㅇ	ㄴ	ㄹ	ㅁ	ㅎ

ㅇ[無音]
　初声として用いられる場合は無音。

ㄴ[n]
　日本語の〈ヌ〉(nu)から、uを取り除いた音。

ㄹ[r]
　日本語の〈ル〉(ru)から、uを取り除いた音。

ㅁ[m]
　日本語の〈ム〉(mu)から、uを取り除いた音。

ㅎ[h]
　日本語の〈フ〉(hu)から、uを取り除いた音。

母音

ア	ヤ	オ	ヨ	ウ	ユ	イ
ㅏ	ㅑ	ㅗ	ㅛ	ㅜ	ㅠ	ㅣ

ㅏ[a]
　日本語の〈ア〉と同じ

ㅑ[ya]
　日本語の〈ヤ〉と同じ。
ㅗ[o]
　日本語の〈オ〉と同じ。
ㅛ[yo]
　日本語の〈ヨ〉と同じ。
ㅜ[u]
　日本語の〈ウ〉と同じ。
ㅠ[yu]
　日本語の〈ユ〉と同じ。
ㅣ[i]
　日本語の〈イ〉と同じ。

① ㅇ+母音
　아 야 오 요 우 유 으 이
② ㄴ+母音
　나 냐 노 뇨 누 뉴 느 니
③ ㄹ+母音
　라 랴 로 료 루 류 르 리
④ ㅁ+母音
　마 먀 모 묘 무 뮤 므 미
⑤ ㅎ+母音
　하 햐 호 효 후 휴 흐 히

2) 難しい子音+やさしい母音

子音

	ク	トゥ	プ	ス	チュ
平音	ㄱ	ㄷ	ㅂ	ㅅ	ㅈ
激音	ㅋ	ㅌ	ㅍ		ㅊ
濃音	ㄲ	ㄸ	ㅃ	ㅆ	ㅉ

子音を音質によって平音、激音、濃音の3種類に区別する。

平音は喉の閉鎖や狭窄を伴わない素直な音で、ㄱ, ㄴ, ㅂ, ㅅ, ㅈがこれに属する。激音は喉の狭窄を伴う子音で、ㅋ, ㅌ, ㅍ, ㅊがこれに属する。濃音は喉の閉鎖を伴う子音で、ㄲ, ㄸ, ㅃ, ㅆ, ㅉがこれに属す。

調音の主要部位は牙・舌・唇・歯・喉の5つの領域で、ㄱ, ㅋ, ㄲは牙音、ㄷ, ㅌ, ㄸは舌音、ㅂ, ㅍ, ㅃは唇音、ㅅとㅆ、およびㅈ, ㅊ, ㅉは歯音。

※調音とは、声門から上の音声器管が発音に必要な位置をとること。

激音は平音に喉音の〈ㅎ〉が加った有気音(息を強く吐き出す音)で、濃音は喉がつまったような非常に硬い感じの音。

ㄱ[k, g]
　日本語の〈ク〉と〈グ〉の中間音。〈ク〉より少々濁った感じ。

ㅋ[kʻ, k]
　これはㄱ+ㅎの結合音。〈ク〉に〈フ〉をすばやくくっつけて発音する〈クッ〉といったような感じの音。ㄱの激音。

ㄲ[kk, gg]
　「まっかな太陽」と言うときの〈か〉の音から母音を取り除いたような音だが、それより強く発音される。ㄱの濃音。

ㄷ[t, d]
　〈トゥ〉と〈ドゥ〉の中間音、すなわちtとdの中間音。

ㅌ[tʻ, t]
　ㄷとㅎの結合音。ㄷの激音。

ㄸ[tt, dd]
　「まったく」(mattaku)のttに似てそれよりも強い音。ㄷの濃音。

ㅂ[p, b]
　〈プ〉と〈ブ〉の中間音。

ㅍ[p´, p]

　ㅂとㅎの結合音。ㅂの激音。

ㅃ[pp, bb]

　「まっぴらだ」(mappirada)のppに似てそれよりも強い音。ㅂの濃音。

ㅅ[s]

　日本語の「する」(suru)のsに当る音。

ㅆ[ss]

　「あっさり」(assari)のssに似てそれよりも強い音。ㅅの濃音。

ㅈ[ch]

　「チュ」と「ヂュ」の中間音。

ㅊ[tʃ´]

　ㅈとㅎの結合音。ㅈの激音。

ㅉ[jj]

　喉をつまらせてㅈ音を強く発音させる。ㅈの濃音。

① ㄱ, ㅋ, ㄲ＋母音

　가 카 까/갸 캬 꺄/고 코 꼬/교 쿄 꾜/구 쿠 꾸/규 큐 뀨/기 키 끼

② ㄷ, ㅌ, ㄸ＋母音

　다 타 따/댜 탸 땨/도 토 또/됴 툐 뚀/두 투 뚜/듀 뜌/디 티 띠

③ ㅂ, ㅍ, ㅃ＋母音

　바 파 빠/뱌 퍄 뺘/보 포 뽀/뵤 표 뽀/부 푸 뿌/뷰 퓨 쀼/비 피 삐

④ ㅅ, ㅆ＋母音

　사 싸/샤 쌰/소 쏘/쇼 쑈/수 쑤/슈 쓔/시 씨

⑤ ㅈ, ㅊ, ㅉ＋母音

자 차 짜 / 쟈 챠 쨔 / 조 초 쪼 / 죠 쵸 쬬 / 주 추 쭈 /
쥬 츄 쮸 / 지 치 찌

3) 子音＋難しい母音
母音

オ	ヨ	ウ	エ	イェ	ワ	ウォ	ウェ	ウィ
ㅓ	ㅕ	ㅡ	ㅐ ㅔ	ㅒ ㅖ	ㅘ	ㅝ	ㅚ ㅙ ㅞ	ㅟ ㅢ

ㅓ[ŏ, eo]
　〈オ〉と〈ウ〉の中間音で〈オ〉に近い音。

ㅕ[yŏ, yeo]
　ㅣとㅓの重なった音。〈ヨ〉のように口は丸くならない。

ㅡ[eu, ŭ]
　日本語の〈ウ〉のように唇を丸く突き出してはいけない。両唇を平たく開けて喉の奥から〈ウ〉と発音する。

ㅐ[ε]
　ㅏとㅣの合成音。〈ア〉と〈エ〉の中間音。〈ア〉を発音するようなつもりで〈エ〉と言うとこれに似た音が出る。

ㅔ[e]
　日本語の〈エ〉とほぼ同じ。

ㅒ[yε]
　ㅑとㅣの合成音。使用頻度は最下であり、あまり使われない。

ㅖ[ye]
　ㅕとㅣの合成音。日本語の〈イェ〉を発音するときよりもあごの位置をさげる。

ㅘ[wa]
　ㅗとㅏの合成音。日本語の〈ワ〉とほとんど同じ。

ㅙ[wɛ]
　ㅗとㅐの合成音。〈ウァェ〉のように聞こえる。
ㅚ[oe]
　ㅗとㅣの合成音。〈ウェ〉に近く聞こえる。
ㅝ[weo]
　ㅜとㅓの合成音。〈ウ〉に〈ア〉と〈オ〉の中間音を付ける。〈ウォ〉に近い。
ㅞ[we]
　ㅜとㅔの合成音。〈ウェ〉にほぼ近い。
ㅟ[wi]
　ㅜとㅣの合成音〈ウィ〉。
ㅢ[eui]
　ㅡとㅣの合成音、両唇を平たく開けて〈ウィ〉と発音する。

※なお、ㅚ, ㅙ, ㅞの3つの母音は日本人にはほとんど区別がつかない。ㅐとㅔ、ㅓとㅗもそれに準じ、区別が多少困難。ㅡとㅢも区別し難い。
なお、ㅏ, ㅗ, ㅑ, ㅛを陽母音、それ以外を陰母音と言う。

① 子音＋ㅓ
　거 너 더 러 머 버 서 어 저 처 커 터 퍼 허
　꺼 떠 뻐 써 쩌
② 子音＋ㅕ
　겨 녀 뎌 려 며 벼 셔 여 져 쳐 켜 텨 펴 혀
　껴 뗘 뼈 쎠 쪄
③ 子音＋ㅡ
　그 느 드 르 므 브 스 으 즈 츠 크 트 프 흐
　끄 뜨 쁘 쓰 쯔
④ 子音＋ㅐ
　개 내 대 래 매 배 새 애 재 채 캐 태 패 해
　깨 때 빼 쌔 째

⑤ 子音＋ㅔ

게 네 데 레 메 베 세 에 제 체 케 테 페 헤
께 떼 뻬 쎄 쩨

⑥ 子音＋ㅐ

얘（얘以外はほとんど使われない）

⑦ 子音＋ㅖ

계 녜 뎨 례 몌 볘 셰 예 졔 쳬 켸 톄 폐 혜
꼐 뗴 뻬 쎼 쪠

⑧ 子音＋ㅘ

과 놔 돠 롸 뫄 봐 솨 와 좌 촤 콰 톼 퐈 화
꽈 똬 뽜 쏴 쫘

⑨ 子音＋ㅙ

괘 놰 돼 뢔 뫠 봬 쇄 왜 좨 쵀 쾌 퇘 퐤 홰
꽤 뙈 뽸 쐐 쫴

⑩ 子音＋ㅚ

괴 뇌 되 뢰 뫼 뵈 쇠 외 죄 최 쾨 퇴 푀 회
꾀 뙤 뾔 쐬 쬐

⑪ 子音＋ㅝ

궈 눠 둬 뤄 뭐 붜 숴 워 줘 춰 쿼 퉈 풔 훠
꿔 뚸 뿨 쒀 쭤

⑫ 子音＋ㅞ

궤 눼 뒈 뤠 뭬 붸 쉐 웨 줴 췌 퀘 퉤 풰 훼
꿰 뛔 뿼 쒜 쮀

⑬ 子音＋ㅟ

귀 뉘 뒤 뤼 뮈 뷔 쉬 위 쥐 취 퀴 튀 퓌 휘
뀌 뛰 쀠 쒸 쮜

⑭ 子音＋ㅢ

그 느 드 르 므 브 스 의 즈 츠 크 트 프 흐

끄 뜨 쁘 쓰 쯔

4. 子音＋母音＋子音の組み合わせと発音

ここでは、子音＋母音＋子音の組み合わせをもったもの、すなわちパッチムのある音節についてみることにする。

パッチムとは、子音＋母音＋子音で構成されている音節のうち、最後の子音のことを言う。

たとえば、곰(熊)、밥(ごはん)、낫(鎌)、닭(にわとり)などのㅁ, ㅂ, ㅅ, ㄺがパッチムに相当する。

パッチム(받침)とは「支え」という意味で、받치다(支える)という動詞から出た用語(名詞)である。あたかも、音節を下から支えているようなところに位置しているのでこう呼ばれている。パッチムは日本ではよく「終声子音」と訳されているが、そのままパッチムと訳しても、差し支えない。

パッチムは全部で27種あり、次のように分類できる。

パッチム(子音) ┌ 単子音(16個) ㄱ, ㄴ, ㄷ, ㄹ, ㅁ, ㅂ, ㅅ, ㅇ, ㅈ,
　　　　　　　 │　　　　　　　　ㅊ, ㅋ, ㅌ, ㅍ, ㅎ, ㄲ, ㅆ
　　　　　　　 └ 複子音(11個) ㄳ, ㄵ, ㄶ, ㄺ, ㄻ, ㄼ, ㄽ, ㄾ, ㄿ,
　　　　　　　　　　　　　　　ㅀ, ㅄ

※ 複子音とは、2種類の子音で構成されているパッチム(子音)

以上26個のパッチムがそれぞれ独特の音をもっているわけではない。実際に発音されるのは、次表のようにㄱ, ㄴ, ㄷ, ㄹ, ㅁ, ㅂ, ㅇの7音種にまとめることができる。

	ㄱ	ㄴ	ㄷ	ㄹ	ㅁ	ㅂ	ㅇ
単子音	ㄱ, ㅋ, ㄲ	ㄴ	ㄷ, ㅅ, ㅈ, ㅊ, ㅌ, ㅆ	ㄹ	ㅁ	ㅂ, ㅍ	ㅇ ※ ㅎ
複子音	ㄳ, ㄺ	ㄵ, ㄶ	ㄽ	※ ㄼ, ㄽ, ㄾ, ㅀ	ㄻ	※ ㄼ, ㅄ, ㄿ	

※ ㄼは2通りの読みをする。밟다[밥따]以外は、넓다[널따]のようにㄹを優先する。ㅎはパッチムになると、基本的に無音であるが、次音の子音を激音化させる。しかし、必ずしもこの限りではない。次の例を参考のこと。
넣다[너타]、넣고[너코]、넣지[너치]、넣어서[너어서]、넣는다[넌는다]

パッチムのある音節の発音は、日本語の促音や撥音のことを思えば比較的簡単に理解できる。すなわち、「はっきり」「かった」などの〈っ〉や、「とんぼ」「みかん」などの〈ん〉がパッチムに相当する。ただし、ハングルの場合はその種類が日本語に比べて多い。それはそれだけ、音域が広く、豊かであることを意味する。またそれは、ハングルの発音が難しいことにつながる。

パッチムは理論的にはあらゆる開音節語に付くことができるが、ここでは実際に用いられている代表的な単語を挙げて発音の仕方をみることにする。

1) ㄱと発音されるパッチム群

ㄱの他にㅋ、ㄲ、ㄳ、ㄺなどがこれに属する。
「がっかりする」(gakkarisuru)の[k]に相当。

① ㄱ

국　　박　　책　　떡　　막다　　썩다
クク　　バク　　チェク　　トク　　マクタ　　ソクタ

② ㅋ

부엌[부억]　　동녘[동녁]
ブオク　　　　トンニョク

※ㅋパッチムのある単語は実際には少ない。[ ]は発音通りの綴りで、発音記号にもなる。以下同じ。

③ ㄲ

밖[박] 안팎[안팍] 겪다[격따] 닦다[닥따]
 パク アンパク   キョクタ   タクタ

묶다[묵따] 꺾다[걱따]
 ムクタ   コクタ

④ ㄳ

넋[넉] 몫[목] 삯[삭]
 ノク   モク   サク

⑤ ㄺ

닭[닥] 칡[칙] 흙[흑] 밝다[박따]
 タク   チク   フク   パクタ

맑다[막따] 붉다[북따] 읽다[익따]
 マクタ   プクタ   イクタ

2) ㄴと発音されるパッチム群

「まんねんひつ(万年筆)」[mannenhithu]の[n]に似ている。[ŋ](ng)とならないように気をつけよう。

① ㄴ

논 문 산 연 간다 안다
ノン ムン サン ヨン カンダ アンダ

② ㄵ

앉다[안따] 얹다[언따]
 アンタ   オンタ

③ ㄶ

많다[만타] 끊다[끈타] 점잖다[점 잔 따]
 マンタ   クンタ   ジャンタ

귀찮다[귀 찬 따] 괜찮다[괜 찬 타]
 クィチャンタ   クェンチャンタ

3) ㄷと発音されるパッチム群

これにはㄷの他にㅅ, ㅆ, ㅈ, ㅊ, ㅌが属する。日本語の促音の〈っ〉と同じ。

① ㄷ

곧 맏 굳다[굳따] 묻다[묻따] 닫다[닫따] 얻다[얻따]
コッ マッ クッタ   ムッタ   タッタ   オッタ

② ㅅ

갓[갇] 낫[낟] 맛[맏] 못[몯] 옷[옫] 웃다[욷따]
カッ   ナッ   マッ   モッ   オッ   ウッタ

③ ㅈ

낮[낟] 젖[젇] 낮다[낟따] 늦다[늗따] 잊다[읻따]
 ナッ   チョッ   ナッタ   ヌッタ   イッタ

④ ㅊ

낯[낟] 닻[닫] 돛[돋] 몇[멷] 및[믿] 빛[빋]
 ナッ   タッ   トッ   ミョッ ミッ   ピッ

⑤ ㅌ

겉[걷] 밑[믿] 바깥[바깓] 밭[받] 솥[솓] 얕다[얃따]
 コッ   ミッ   バカッ   バッ   ソッ   ヤッタ

⑥ ㅆ

있다[읻따] 갔다[갇따] 샀다[삳따] 났다[낟따]
 イッタ   カッタ   サッタ   ナッタ

팠다[팓따] 보았다[보앋따]
 パッタ   ボアッタ

4) ㄹと発音されるパッチム群

ㄹ, ㄽ, ㄾ, ㄼ, ㅀ が属する。milk の [l] に当る音。[ru]とならないように注意のこと。

① ㄹ

길 날 발 물 돌 멀다
キル ナル バル ムル トル モルダ

② ㄼ

여덟[여덜] 넓다[널따] 짧다[짤따]
 ヨドル   ノルタ   チャルタ

③ ㄽ

곬[골]   돐[돌]
 コル   トル

④ ㄾ

핥다[할따] 훑다[훌따]
 ハルタ   フルタ

⑤ ㅀ

잃다[일타] 닳다[달타] 싫다[실타] 끓다[끌타]
 イルタ   タルタ   シルタ   クルタ

앓다[알타] 옳다[올타]
 アルタ   オルタ

5) ㅁと発音されるパッチム群

ㅁと ㄻ が属す。ガム(gum)の[m]に当る。
[mu]とならないように注意。

① ㅁ

곰 밤 꿈 땀 남다 심다
コム バム クム タム ナムタ シムタ

② ㄻ

삶다[삼따] 곪다[곰따] 굶다[굼따] 젊다[점따]
サムタ コムタ クムタ チョムタ

옮다[옴따] 닮다[담따]
オムタ タムタ

6) ㅂと発音されるパッチム群

ㅂの他に ㅍ, ㄼ, ㅄ, ㄿ がある。「にっぽん」[nippon]の[p]に当る。

① ㅂ

밥 집 입 곱다[곱따] 깁다[깁따] 쉽다[쉽따]
パブ チブ イブ コプタ キプタ シプタ

② ㅍ

늪[늡] 무릎[무릅] 숲[숩] 짚[집] 앞[압] 옆[엽]
ヌプ ムルプ スプ チプ アプ ヨプ

③ ㄼ

밟다[밥따]
パプタ

④ ㅄ

값[갑] 없다[업따] 가엾다[가엽따] 부질없다[부질업따]
カプ オプタ カヨプタ プジロプタ

⑤ ㄿ

읊다[읍따]
ウプタ

7) ㅇと発音されるパッチム

ㅇは1種しかない。「べんきょう」(勉強)や「ぎんこう」(銀行)の「ん」と同じ。「ㄴ」と混同しないように注意。

공 동 성 땅 꿩 앵무새
コン トン ソン タン クォン エンムセ

5. 音の変化

音の変化は日本語でもみられる。たとえば、「反応」は「はんおう」でなく「はんのう」、「発表」は「はつひょう」でなく「はっぴょ

う」、「春雨」は「はるあめ」でなく「はるさめ」、「目薬」は「めくすり」でなく「めぐすり」といった具合。

ハングルの場合にもいろいろな音変化が観察される。

主な音変化は、連音、激音化、濃音化、鼻音化、ㄴ音化、ㄹ音化、音挿入などである。

1) 連音

前音節の子音が、後の頭母音と結合して発音される現象を連音と言う。連音はハングルでは非常によくある現象である。

녹이다 → 노기다　　읽어 → 일거　　　삼일 → 사밀
　　　　　ノギダ　　　　　　　イルゴ　　　　　　　サミル
낟알 → 나달　　　　일요일 → 이료일　조선어 → 조서너
　　　　ナダル　　　　　　　　イリョイル　　　　　チョソノ
한국어 → 한구거　　일본어 → 일보너
　　　　　ハングゴ　　　　　　イルボノ

2) 激音化

閉音節のパッチム(ッ)＋ㅎ→パッチムの激音化

붉히다 → 불키다　　입히다 → 이피다　　낙하산 → 나카산
　　　　　プル(ッ)キダ　　　　　イ(ッ)ピダ　　　　　ナ(ッ)カサン
입학 → 이팍　　　　생각하다 → 생가카다
　　　　イ(ッ)パク　　　　　　　　センガ(ッ)カダ

3) 濃音化

ㄴ ㄹ ㅁ ㄱ ㄷ ㅂ ㅅ ㅈの濃音化

안감 → 안깜　　논두렁 → 논뚜렁　　헌법 → 헌뻡　　발달 → 발딸
　　　アンカム　　　　　　ノントゥロン　　　　　ホンポプ　　　　　パルタル
일군 → 일꾼　　갈대 → 갈때　　　　　물병 → 물뼝
　　　イルクン　　　　　カルテ　　　　　　　　　　ムルビョン
발사 → 발싸　　결정 → 결쩡　　　　　관람권 → 관람꿘
　　　パルサ　　　　　キョルチョン　　　　　　　　クァルラムクォン
심다 → 심따　　봄바람 → 봄빠람　　　봄소식 → 봄쏘식
　　　シムタ　　　　　　　ポムパラム　　　　　　　　ポムソシク
신임장 → 신임짱 → 시님짱　　학교 → 학꾜　　믿다 → 믿따
　　　　　　　　　　シニムチャン　　　　　　ハクキョ　　　　　ミッタ
입고 → 입꼬　　갖다 → 갓따
　　　イプコ　　　　　カッタ

4) 鼻音化

① ㄱ・ㅋ・ㄲ + ㄴ・ㄹ・ㅁ → ㅇ

다락논 → 다랑논　　혁명 → 형 명　　속력 → 송 녁
　　　タランノン　　　　　　ヒョンミョン　　　　　ソンニョク

부엌문 → 부엉문　　닭는다 → 당는다　한국말 → 한궁말
　　　ブオンムン　　　　　　タンヌンダ　　　　　　ハングンマル

② ㅂ・ㅍ + ㄴ・ㄹ・ㅁ → ㅁ

톱날 → 톰날　법률 → 범률　밥맛 → 밤맛　앞문 → 암문
　　トムナル　　　　ポムニュル　　　　バムマッ　　　　アムムン

5) ㄴ音化

ㄷ・ㅌ・ㅈ・ㅊ・ㅅ・ㅆ + ㄴ・ㄹ・ㅁ → ㄴ

맏누이 → 만누이　　밭머리 → 반머리　　젖먹이 → 전 머기
　　　マンヌイ　　　　　　　バンモリ　　　　　　　チョンモギ

빚는다 → 빈는다　　젖량 → 전 량　　빛나다 → 빈나다
　　　ピンヌンダ　　　　　チョンリャン　　　　　ピンナダ

웃마을 → 운마을　　있는 → 인는
　　　ウンマウル　　　　　インヌン

6) ㄹ音化

ㄴ + ㄹ → ㄹ

천리 → 철 리　　　원리 → 월 리　　　단련 → 달 련
　　チョルリ　　　　　　ウォルリ　　　　　　タルリョン

7) 音挿入

① 閉音節 + 이 → ㄴ

덧이 → 덧니 → 던니　　앞이마 → 앞니마 → 암니마
　　　　　　トンニ　　　　　　　　　　アムニマ

낯익다 → 낯닉다 → 난닉다
　　　　　　　ナンニムタ

② 開音節 + 平音 → ㄷ

해님 → 햇님 → 핸님　　바다고기 → 바닷고기 → 바다꼬기
　　　　　ヘンニム　　　　　　　　　　　　　バダッコギ

배전 → 뱃전 → 배 쩐　　이몸 → 잇몸 → 인몸
　　　　　ペチョン　　　　　　　　　インモム

코노래 → 콧노래 → 콘노래
　　　　　　　コンノレ

以上の音変化は絶対的なものではなく、若干の例外もある。

(注) 次音に、激音、濃音が続いているときは、促音の〈ッ、ク〉を入れると発音しやすい。例えば、고뿌は「コプ」でなく「コップ」、낙하산(→나카산と発音)を「ナッカサン」、생각하다(→생가카다)を「センガッカダ」など。それで、本文でも(ッ)を入れているところもある。

第 2 章　基礎語彙

　材料がなくては料理をつくることができないように、単語を知らなくては言葉をあやつることができません。単語を覚えることは外国語を学ぶために不可欠の条件です。

　単語はもちろんたくさん知っているにこしたことはありませんが、基礎語彙の方から集中的に覚えていくのが、もっとも効果的な方法です。またそれも、バラバラに覚えるよりも、関連のあるものをひとまとめにして、覚えた方が能率が上がります。

　ここでは、日常生活で話したり、聞いたりする機会の多い、約700の単語を関連語句別に収めました。

　語彙の違いや同義語、使い方で注意を要する点などについては、注で簡単に示しておきました。

　忘れることを恐れ、いつまでも同じところでとどまっていてはいけません。

　「忘れたら、またあとで覚えなおす」といった軽い気持ちで、どんどん前へ進んでください。

/ # 1. 人びと(사람들)

나(私、僕)   너(おまえ)   당신(あなた)   그(彼)   그대, 그녀
(彼女)   우리(私たち、我われ、うちの)   누구(だれ)

할아버지(おじいさん)   할머니(おばあさん)

아버지(お父さん、父)   아빠(父さん)   어머니(お母さん、母)   엄마(母さん)

형 1)(兄さん)   오빠 2)(兄さん)   누나 3)(姉さん)   누이(姉、妹)

언니 4)(姉さん)   남동생 5)(弟)   여동생 6)(妹)   부모(父母)

아들(息子)   딸(娘)   남편(夫)   아내 7)(妻)

注 1), 2)弟からは형と言い、妹の方からは오빠と言う。3)누이とも言う。
4)同様に누나は弟が、언니は妹が使う。5)固有語の아우(弟)は最近はあまり使われない。6)누이、あるいは누이동생とも言う。7)처や집사람と言う。

친척(親戚)   삼촌 8)(おじさん)   사촌(いとこ)

고모 9)(おばさん)   이모 10)(おばさん)   조카(おい)

조카딸(めい)   손자(孫)   손녀(孫むすめ)

남자 11)(男)   여자 12)(女)   어른(おとな)   아이(子供)   아가,

애기(赤ちゃん)   친구(友だち)   애인 13)(恋人、愛人)

아가씨(未婚の女性、娘、姐さん)   이웃(사람)(となりの人)

손님(お客さん)   아저씨 14)(おじさん)

아주머니 15)(おばさん、奥さん)   사모님 16)(先生の夫人、目上の人の夫人)

注 8)父の弟をさす。母の弟は외삼촌と言う。9)父の妹 10)母の妹 11)漢字では「男子」と書くが、普通にいうところの「男」または「男の人」

を意味する。사나이(サナイ)とも言う。12)漢字では「女子」と書くが、「女」あるいは「女の人」という意味。계집という言い方もあるが、語感が悪いのであまり使われない。13)ハングルには愛人と恋人の区別がない。14)年配の他人の男子を言う。また언니(オンニ)の夫のことも아저씨(アジョシ)と言う。15)既婚の女性一般に用いられる。16)漢字で「師母任」。

2. 職業(직업)
チゴプ

노동자(労働者)　근로자(勤労者)　일꾼(働き手、従業員)　농민(農民)
ノドンジャ　　　クルロジャ　　　イルクン　　　　　　　　ノンミン

사무원(事務員)　기사1)(技師)　교원(教員)　학생(学生、生徒)
サムウォン　　　キサ　　　　　キョウォン　　ハクセン

의사(医師)　간호원2)(看護員)　작가(作家)　화가(画家)
ウィサ　　　カノウォン　　　　チャクカ　　ファガ

음악가(音楽家)　가수(歌手)　운전기사(運転手)
ウマクカ　　　　カス　　　　ウンジョンキサ

목수3)(木工)　군인4)(軍人)　경찰、순사5)(警察、巡査)
モクス　　　　クニン　　　　キョンチャル　スンサ

판매원(売り子、店員、販売員)　이발사(理髪師)　미용사(美容師)
パンメウォン　　　　　　　　　イバルサ　　　　ミヨンサ

요리사(料理師)　배달원(配達人、配達員)　재단사(裁断師)
ヨリサ　　　　　ペダルウォン　　　　　　チェダンサ

양재사(洋裁師)　수리공(修理工)　오퍼레이터(オペレーター)
ヤンジェサ　　　スリゴン　　　　オポレイト

注 1)기사(技士)とも言う。タクシーの運転手は、기사아저씨(技士おじさん→運転手おじさん)が一般的。2)直訳すると「看護員」、간호부(看護婦)、간호사(看護士)。3)목수を漢字では「木手」と書く。대목(大木)とも言う。4)군대(軍隊)も広く使われている。5)ポリスのこと。경찰(警察)や순사(巡査)。
　　　　　　　　　　　　　　　　　　　　　　　　　　　　キョンチャル
　　　　　　　　　　　　　ケンデ　　　　　　　　　　　　　　スンサ
　　　　　カノブ
　　　　　　　　カノサ
　　　　　　テモク

3. 食べ物と飲み物(먹을 것과 마실 것)
モグル　コッ クァ　マシル　コッ

밥(ごはん)　국(おつゆ)　반찬(おかず)　국수(うどん)
パプ　　　　クク　　　　パンチャン　　　ククス

빵(パン)　떡(もち)　김치(キムチ)　야채(やさい)　배추(はくさい)

양배추(キャベツ)　무우, 무(だいこん)　파(ネギ)　양파(タマネギ)

홍당무(にんじん)　시금치(ほうれんそう)　오이(きゅうり)

가지(なす)　쌀(米)　밀(小麦)　밀가루(小麦粉)　보리(大麦)

감자(じゃがいも)　고구마(さつまいも)　달걀[1](たまご)

과일[2](くだもの)　사과(りんご)　배(梨)　복숭아(桃)

귤(みかん)　감(かき)　포도(ぶどう)　수박(すいか)

토마토(トマト)　고기(肉)　소고기(牛肉)

돼지고기(豚肉)　닭고기(にわとりの肉)　오리고기(あひるの肉)

생선(魚)　생고기, 날고기(生肉)　조미료(調味料)

된장(味噌)　간장(醬油)　소금(塩)

식초[3](酢)　후추(胡椒)　고추(唐辛子)　기름(油)

설탕[4](砂糖)　과자(菓子)　사탕(飴玉)

엿(飴)　구운과자, 전병(煎べい)　쵸콜렛(チョコレート)　술(酒)

맥주[5](ビール)　우유(牛乳)　커피(コーヒー)　차(お茶)

사이다(サイダー)　물(水)　아이스캔디, 얼음과자[6]

(アイスキャンデー)　아이스크림[7](アイスクリーム)

냉수[8](冷水)　얼음물[9](氷水)　팥빙수(氷金時)

注 1)계란とも言う。2)과실も使われる。3)単に초とも言う。4)사탕には
この他にも알사탕(飴玉)という意味もある。両者を区別するために特に
사탕가루を用いることもある。5)漢字では「麦酒」と書く。6)얼음(氷)
과자(菓子)のこと。単に빙과(氷果)とも言う。7)単に크림(クリーム)でも
通じる。8)시원한 물(爽やかな水、涼しい水)とも言う。시원한 맥주(冷
えたビール) 9)빙수(漢字では氷水)とも言う。

4. 食事(식사)

아침 식사¹⁾(朝食)　점심 식사²⁾(昼食)　저녁 식사³⁾(夕食)
간식(おやつ)　밥상(飯台)　상(おぜん)　공기(ちゃわん)
사발⁴⁾(どんぶり)　접시(さら)　젓가락(はし)
숟가락(さじ)　젓가락통(はし立て)　행주(ふきん)
주전자(やかん)　잔⁵⁾(杯、コップ)　컵(コップ)　쟁반(おぼん)

注 1)簡単に아침とも言い、また조반(朝飯)も使う。2)3)もそれぞれ略して점심、저녁とも言う。4)韓国ではごはんを盛ったり、おつゆをついだりするのにもっぱらどんぶりが用いられる。밥사발はごはん用で、국사발はおつゆ用のどんぶりのこと。「サバル」は本来、銅と錫と鉛などの合金製の鉢のこと。日本でも「さはり」「さわり」と言っている。正倉院御物のなかにもある。5)漢字で「盞」。물잔(水を飲むコップ)、맥주잔(ビール用のコップ)。

5. 身につけるもの(몸에 걸치는 것)

옷(服)　웃옷, 웃도리(上着)　바지¹⁾(ズボン)　치마²⁾(チマスカート)
저고리³⁾(チョゴリ)　원피스(ワンピース)　투피스(ツーピース)
외투(オーバー)　코트(コート)　잠바(ジャンバー)
샤쓰(シャツ)　와이샤쓰(ワイシャツ)　블라우스(ブラウス)
스웨터(セーター)　속옷(下着)　잠방이(股引)
속바지(ズボン下)　속치마(シミーズ)　잠옷(寝間着)
양말(靴下)　구두・신발(靴)　모자(ぼうし)
네커치프・머릿수건(ネッカチーフ)　목도리(えりまき、マフラー)

넥타이(ネクタイ)　장갑(手袋)　허리띠・밴드(バンド)

안경(めがね)　귀걸이(イヤリング)

목걸이・네크리스(ネックレス)[4]　반지(指輪)　손목시계(腕時計)

注　1) 元来は韓国式のズボンの衣服を指す。 2) スカートはスカートのみを意味。韓服(한복)の下衣。 3) 上衣の代用語として用いられる場合もある。 4) 목걸이を「えりまき」「首まき」の意味で使うこともある。

6. 家(집)

단층집(平屋)　이층집(2階建)　아파트(アパート)　단독주택(戸建て)
방(部屋)　거실(居間)　응접실(応接室)　온돌방[1](オンドル部屋)
공부방(勉強部屋)　서재(書斎)　침실(寝室)　사랑(舎廊、主人の部屋)
안방(奥の主婦の寝室、夫婦の寝室)　욕실[2](浴室)
토일릿[3](トイレット、トイレ)　세면장(洗面所)　부엌(台所)
헛간(納室)　식당(食堂)　계단(階段)　마당(庭)　대문(大門、門)
울타리(垣根、かこい)　담(塀)　대문(門)　현관(玄関)
지붕(屋根)　헛간[4](物置き)　차고(車庫)　베란다(ベランダ)

注　1) 床下暖房の部屋。 방とも빵とも言う。 2) 一般には목욕탕(風呂)と言う。 3) 一般的には변소、화장실と言う。 4) 倉庫は창고と言う。

7. 家の中(집안)

농(たんす)　양복장(洋服だんす)　옷장(整理だんす)
이불장[1](ふとんたんす)　찬장(茶だんす、水屋)　장식장(飾りだな)

책장(本棚)　책상(机)　식탁(食卓)　의자[2](いす)

소파(ソファー)　침대(寝台)　경대(鏡台)　거울(鏡)

꽃병(花びん)　화분(植木鉢)　어항(金魚鉢)　전화(電話)

신문(新聞)　편지(手紙)　그림(絵)　사진(写真)

시계[3](時計)　사진기・카메라(写真機、カメラ)　재떨이(灰皿)

담배(タバコ)　성냥(マッチ)　라이타(ライター)

注 1)韓国の部屋には押し入れがない代わりに布団だんすがある。2)「腰かけ」は걸상と言う。3)「置き時計」は탁상시계、「柱時計」は벽시계、「腕時計」は손목시계と言う。

8. 電気製品(전기제품)

전등(電灯)　형광등(蛍光灯)　스탠드(スタンド)

손전등(懐中電灯)　텔레비전・텔레비(テレビ)

비디오(ビデオ)　녹음기(録音機)　라디오(ラジオ)

냉장고(冷蔵庫)　세탁기(洗たく機)　에어컨(エアコン)

전기청소기(電気そうじ機)　선풍기(扇風機)

난방장치(暖房装置)　전기곤로(電気コンロ)　히터(ヒーター)

컴퓨터(コンピュータ)　프린터(プリンター)　전기줄(コード)

전기밥솥(電気釜)　전기모포・담요(電気毛布)

다리미(アイロン)　전자계산기(電子計算器)

9. 日用雑貨(일용 잡화)
イリョンチャプァ

부엌세간(台所用品)　솥·가마솥1)(かま)　남비(なべ)
ブオクセガン　　　　　　ソッ　カマソッ　　　　　ナムビ

프라이팬(フライパン)　석유 곤로(石油コンロ)
プライペン　　　　　　ソギュウコルロ

가스곤로(ガスコンロ)　식칼(包丁)　도마(まないた)
カスコルロ　　　　　　シクカル　　トマ

그릇(いれもの)　항아리(甕)　단지(つぼ)　독(瓶)
クルッ　　　　　ハンアリ　　タンジ　　　トク

세면기(洗面器)　대야(たらい)　화장품(化粧品)
セミョンギ　　　テヤ　　　　　ファジャンプム

크림(クリーム)　향수(香水)　미안수(美顔水)　샴푸(シャンプー)
クリム　　　　　ヒャンス　　ミアンス　　　　　シャムプ

머릿기름(髪油)　포마드(ポマード)　비누(せっけん)
モリッキルム　　ポマドゥ　　　　　ピヌ

치약(歯みがき)　칫솔(歯ブラシ)　면도칼(かみそり)
チヤク　　　　　チ(ッ)ソル　　　ミョンドカル

전기면도(電気かみそり)　수건(手ぬぐい)　타올(タオル)
チョンギミョンド　　　　スゴン　　　　　タオル

손수건(ハンカチ)　바늘(針)　실(糸)　가위(はさみ)
ソンスゴン　　　　パヌル　　シル　　カウィ

손톱깎기(つめ切り)2)　요(敷ぶとん)　이불(かけふとん)
ソントプカクキ　　　　ヨ　　　　　　イブル

모포·담요(毛布)　베개(まくら)　열쇠3)(かぎ)　우산4)(傘)
モポ　タムミョ　　ペゲ　　　　　ヨルソェ　　　ウサン

注 1)가마とも言う。2)日本語のまま、쯔메키리でも通じる。3)最近では
　　　カマ　　　　　　　　　　　　　ツメキリ
「錠」という意味にまで拡大して用いてる。なお、「錠」は자물쇠と言
　　　　　　　　　　　　　　　　　　　　　　　　チャムルスェ
う。4)우산は漢字で「雨傘」、日傘は양산(陽傘)。なお、こうもり傘は
　　　　　　　　　　　　　　　　　ヤンサン
양산(洋傘)で、漢字は違うがハングルでは同音。
ヤンサン

10. 教室(교실)
キョシル

교단(教壇)　칠판(黒板)1)　지우개(消しゴム)　백묵2)(白墨)
キョダン　　チルパン　　　チウゲ　　　　　　ペンムク

교탁(教卓)　지휘봉(指揮棒)　전기종·벨(ベル)
キョタク　　チフィボン　　　チョンギジョン　ベル

글(字)   문(戶)   창문(窓)   천정(天井)   벽(壁)

바닥(床)   휴지통, 쓰레기통(ごみ箱)   비(ほうき)

걸레(ぞうきん)   쓰레받기(ちりとり)   양동이 3)(バケツ)

책(本)   교과서(教科書)   노트 4)(ノート)   종이(紙)

만년필(万年筆)   잉크(インク)   볼펜(ボールペン)

연필(鉛筆)   지우개(消しゴム)   필갑(筆入れ)   가방(かばん)

게시판(揭示板)   벽보(壁報, 貼り紙, 壁新聞)

注 1) 칠판은 漢字로 「漆板」。흑판(黑板)이라고도 한다. 2) 분필(粉筆)이라고도 한다.
3) 바께쓰라고도 한다. 4) 同義語로 학습장(學習帳), 공책(漢字로는 「空冊」)이 있다.

11. 都市(도시)

시내(市內)   거리(通り、町、街)   길(道)   도로(道路)   골목(路地、横町)

운하(運河)   다리(橋)   철도(鐵道)   역(驛)   역전(驛前)

백화점(百貨店)   상점(商店)   식당 1)(食堂)   분식점 2)(粉食店)

영화관(映畫館)   극장(劇場) 3)   회관(會館)   박물관(博物館)

미술관(美術館)   은행(銀行)   도서관(圖書館)   학교(學校)

유치원(幼稚園)   탁아소(託兒所)   우체국 4)(郵遞局)

병원(病院)   이발소(理髮店)   미용실(美容室)

목욕탕(錢湯)   사우나(サウナ)   공장(工場)   광장(廣場)

공원(公園)   동물원(動物園)   유원지(遊園地)

注 1) 食堂、料理店、飲食店、料亭、レストランなどはすべて식당で通じる。
2) 粉食店(屋)というのは文字通り主に小麦粉を主な材料にした料理食堂のこと。主なメニューはうどん、餃子、簡単なビビンバ(正確には비빔밥)など最も安くて大衆的。3)映画館のことを극장とも言う。
ビビムパプ　　　　　　　　　　　　　　　　　　　　　　　　　ククチャン
4) 우편국(郵便局)でも通じる。
ウピョングク

12. 乗り物(탈 것)
タル ゴッ

자전거¹⁾(自転車)　　두는 곳(置き場、置く所)
ジャジョンゴ　　　　　　　　トゥヌン ゴッ

오토바이(オートバイ)　자동차(自動車)　승용차(乗用車)
オトバイ　　　　　　　チャドンチャ　　スンヨンチャ

화물차(トラック)　트랙터(トラクター)　견인차(牽引車)
ファムルチャ　　　トゥレクト　　　　キョンインチャ

자가용차(自家用車)　택시(タクシー)　버스(バス)　마을버스(マウルバス、町バス)
チャガヨンチャ　　　テクシ　　　　ボス　　　　マウルボス

시내버스(市外バス)　시외버스(市外バス)　고속버스(高速バス)
シネボス　　　　　　シウェボス　　　　　コソクボス

소방차(消防車)　구급차(救急車)　지하철(地下鉄)
ソバンチャ　　　ククプチャ　　　チハチョル

열차(列車)　기차²⁾(汽車)　전철(電鉄)³⁾　전동차⁴⁾(電車)
ヨルチャ　　キチャ　　　　　チョンチョル　　　チョンドンチャ

비행기(飛行機)　배(船)　승강기・엘리베이터(エレベーター)
ピヘンギ　　　　ペ　　　スンガンギ　　エルリベイトゥ

에스컬레이트(エスカレーター)
エスコルレイトゥ

注 1)「車」はハングル音で차と거の2通りの発音があり、자전거は거を用い、他は普通차が使われる。日本で「チャリンコ」というのは、これに由来。2)열차と기차はほとんど同じ意味で使われている。3)전철は열차, 지하철と同じ意味で使われている。4)전동차は「電動車」のこと。전차とほとんど同じ意味で使われている。

13. 動物(동물)
トンムル

개(犬) 고양이(猫) 소(牛) 말(馬) 돼지(豚)
ケ   コヤンイ   ソ   マル   テジ

염소(ヤギ) 양(ヒツジ) 닭(ニワトリ) 토끼(兎)
ヨムソ   ヤン   タク   トッキ

오리(アヒル) 범・호랑이(虎) 사자(ライオン) 곰(熊)
オリ   ポム ホランイ   サジャ   コム

코끼리(象) 팬더(パンダ) 원숭이(猿) 너구리(タヌキ)
コキリ   ペンド   ウォンスンイ   ノグリ

여우(キツネ) 새(鳥) 제비(ツバメ) 비둘기(鳩)
ヨウ   セ   チェビ   ピドゥルギ

까치(カササギ) 꾀꼬리(ウグイス) 종달새(ヒバリ)
カチ   クェコリ   チョンダルセ

카나리아(カナリヤ) 나비(蝶々) 개미(蟻) 뱀(蛇)
カナリア   ナビ   ケミ   ベム

쥐(ネズミ) 물고기・생선1)(魚) 금붕어(金魚) 까마귀(烏)
チィ   ムルコギ センソン   クムプンオ   カマギィ

注 1) 생선은 漢字で「生鮮」と書き、ふつう食用の海の魚のことを指す。なお、川魚は민물고기と言う。刺し身は회(膾)、생선회(生鮮膾)、육회(牛肉の膾)と言う。
     センソン   ミンムルコギ   フェ   センソンフェ   ユッケ

14. 植物(식물)
シンムル

나무(木) 밤나무(栗の木) 배나무(梨の木)
ナム   バムナム   ペナム

참나무(クヌギ) 포플라나무(ポプラ) 백양나무(白楊)
チャムナム   ポプルラナム   ペギャンナム

뽕나무(桑の木) 오동나무(桐の木) 버드나무(柳)
ポンナム   オドンナム   ポドゥナム

소나무1)(松の木) 꽃(花) 목란꽃(牡丹) 은방울꽃(スズラン)
ソナム   コッ   モンランコッ   ウンパンウルコッ

무궁화2)(ムクゲ) 목련(モクレン) 느티나무(けやき)
ムグンファ   モンニョン   ヌティナム

나팔꽃(朝顔) 백일홍(サルスベリ) 진달래(ツツジ)
ナパルコッ   ペギルホン   チンダルレ

해바라기(ヒマワリ) 개나리(レンギョウ) 홍초(ヒメバショウ)
ヘバラギ   ケナリ   ホンチョ

해당화(ハマナス)　봉선화(鳳仙花)
ヘダンファ　　　　　　　　ポンソンファ

图 1)ハングルでは一般に木は〜の木(〜나무)、花は(〜꽃)という言い方をする。したがって〜나무、〜꽃をはぶいても意味は通るが、表記が少し変わることがある。버드나무→버들、소나무→솔など。2)韓国の国花は무궁화で漢字で「無窮花」と書く。散っても散っても咲きつづけることから「きわまりない花」(無窮花)である。「槿花」と書くこともある。朝鮮半島の異称として「槿域」という言い方もある。なお、李舜臣(이 순신)将軍の「舜」はムクゲの花の意味。

15. 色(색)
セク

붉은색[1](赤色)　푸른색(파란색)[2](青色)　노란색[3](黄色)
プルグンセク　　　　プルンセク　パランセク　　　　ノランセク

흰색[4](白色)　검은색[5](黒色)　풀색(草色)　녹색(緑色)
ヒンセク　　　コムンセク　　　　プルセク　　　ノクセク

곤색(紺色)　감색(柿色)　분홍색(ピンク色・桃色)
コンセク　　　ガムセク　　ブノンセク

보라색[6](紫色)　밤색[7](くり色)　회색[8](灰色)
ポラセク　　　　バムセク　　　　フェセク

밝은 색(明るい色)　어두운 색(暗い色)　진한 색(濃い色)
パルグン セク　　　オドゥウン セク　　　チナン セク

연한 색(うすい色)
ヨナン セク

图 色に関する同義語は多いが、その主なものを挙げると次のとおり。

1) 적색　2) 청색、하늘색　3) 황색　4) 백색　5) 흑색
チョクセク　チョンセク　ハヌルセク　ファンセク　ベクセク　フクセク

6) 가지색、자주색　7) 갈색　8) 쥐색、잿빛。なお、色は自然科学的
カジセク　チャジュセク　ガルセク　チィセク　チェッピッ

に表現すると、光(光線)が当ることによって人間の目に映るわけだから、ハングルの빛には「光、光線」以外に、色という意味がある。また、빛깔とも言う。日本語の光の擬態語である「ピカリ」と似ている。
ビッ
ビッカル

16. 数(수)

0	1	2	3	4	5
영 1)	일(하나) 2)	이(둘)	삼(셋)	사(넷)	오(다섯)
ヨン	イル ハナ	イ ドゥル	サム セッ	サ ネッ	オ タソッ

6	7	8	9	10
육(여섯)	칠(일곱)	팔(여덟)	구(아홉)	십(열)
ユク ヨソッ	チル イルゴプ	パル ヨドル	ク アホプ	シプ ヨル

11	12	13	14
십일(열하나)	십이(열둘)	십삼(열셋)	십사(열넷)
シプイル ヨル ハナ	シ ビ ヨルドゥル	シプサム ヨルセッ	シプ サ ヨルネッ

15	16	17	18
십오(열다섯)	십륙(열여섯)	십칠(열일곱)	십팔(열여덟)
シ ポ ヨルタソッ	シプリュク ヨル ヨ ソッ	シプチル ヨルイルゴプ	シプパル ヨル ヨ ドル

19	20	21	30
십구(열아홉)	이십(스물)	이십일(스물하나)	삼십(서른)
シプ ク ヨル ア ホプ	イ シプ ス ムル	イ シ ビル ス ムル ハナ	サムシプ ソルン

40	50	60	70
사십(마흔)	오십(쉰)	육십(예순)	칠십(일흔)
サ シプ マフン	オシプ スィン	ユク シプ イェスン	チルシプ イルン

80	90	100	123	1,000
팔십(여든)	구십(아흔)	백	백이십삼(백스물셋)	천
パルシプ ヨ ドゥン	グ シプ ア フン	ペク	ペク イ シプサム ペク スムルセッ	チョン

10,000	100,000	1,000,000	10,000,000	100,000,000
일만	십만	백만	천만	일억
イルマン	シプマン	ペンマン	チョンマン	イロク

注 ( )内はハングル固有の読み方。ハングルは99までで、それ以上は漢字語読み。古くは、百(백)のことを온とも言っていた。온は現在では「すべての、あらゆる」という意味で使われている。온 세계 인민(世界中の人民)。1)공とも言う。 2)하나, 둘, 셋はそれぞれ形容詞的に使われると、한, 두, 세となる。例えば한 개(1つ)、두 개(2つ)、세 개(3つ)など。

17. カレンダー(달력)
タルリョク

1월(일월) イロル 1月	월 ウォル 月	화 ファ 火	수 ス 水	목 モク 木	금 クム 金	토 ト 土	일 イル 日	7월(칠월) チロル 7月
2월(이월) イウォル 2月		1 일일	2 이일	3 삼일	4 사일	5 오일	6 육일	8월(팔월) パロル 8月
3월(삼월) サムォル 3月	7 칠일	8 팔일	9 구일	10 십일	11 십일일	12 십이일	13 십삼일	9월(구월) クウォル 9月
4월(사월) サウォル 4月	14 십사일	15 십오일	16 십육일	17 십칠일	18 십팔일	19 십구일	20 이십일	10월(시월) シウォル 10月
5월(오월) オウォル 5月	21 이십일일	22 이십이일	23 이십삼일	24 이십사일	25 이십오일	26 이십육일	27 이십칠일	11월(십일월) シビロル 11月
6월(유월) ユウォル 6月	28 이십팔일	29 이십구일	30 삼십일	31 삼십일일				12월(십이월) シビウォル 12月

※17.「カレンダー」にルビをふっていない個所は、16.「数」(51ページ)をマスターすれば読むことができる。

년(年)　　　**월**(月)　　　**요일**(曜日)　　　**일**(日)
ニョン　　　　ウォル　　　　ヨイル　　　　　　イル

2006년 7월 5일(이천육년 칠월 오일)(2006年7月5日)
　　　　　　　　イチョンユンニョン チウォル オイル

월요일(月曜日)　화요일(火曜日)　수요일(水曜日)
ウォリョイル　　　ファヨイル　　　　スヨイル

목요일(木曜日)　금요일(金曜日)　토요일(土曜日)
モギョイル　　　　クミョイル　　　　トヨイル

일요일(日曜日)　금주(今週)　　내주(来週)　　전 주(先週)
イリョイル　　　　クムジュ　　　ネジュ　　　　チョンジュ

아침(朝)　　낮(昼)　　저녁(夕方)　　　밤(夜)　　하루(1日)
アチム　　　ナッ　　　チョニョク　　　　パム　　　ハル

어제(きのう)　　오늘(きょう)　　내일(あした)
オジェ　　　　　オヌル　　　　　ネイル

注 月の読み方は、漢語読みの数字に월(月)を付けて読む。ただし6月は、육월ではなく유월、10月は십월でなく시월となる点に注意。
曜日の読み方も日本語と同様の要領。

日の読み方は漢語読みの数字に일(日)を付ければよい。

18. 時間(시간)

0 (영) 시 (0時)　　1 (한) 시 (1時)　　2 (두) 시 (2時)
3 (세) 시 (3時)　　4 (네) 시 (4時)　　5 (다섯) 시 (5時)
6 (여섯) 시 (6時)　7 (일곱) 시 (7時)　8 (여덟) 시 (8時)
9 (아홉) 시 (9時)　10 (열) 시 (10時)　11 (열한) 시 (11時)
12 (열두) 시 (12時)　24 (스물네) 시, 이십사 시(24時)

1 (일) 분 (1分)　　2 (이) 분 (2分)　　3 (삼) 분 (3分)
4 (사) 분 (4分)　　5 (오) 분 (5分)　　6 (육) 분 (6分)
7 (칠) 분 (7分)　　8 (팔) 분 (8分)　　9 (구) 분 (9分)
10 (십) 분 (10分)　11 (십일) 분 (11分)　12 (십이) 분 (12分)
15 (십오) 분 (15分)　20 (이십) 분 (20分)　30 (삼십) 분 (30分)
40 (사십) 분 (40分)　50 (오십) 분 (50分)　60 (육십) 분 (60分)

注 時間を表す数字はハングル読みをし、分を表す数字は漢語読みをする。零時だけは영시(零時)と漢語読み。5時30分は다섯시 삼십분[タソッシ サムシップン]と言い、오시 삼십분は間違い。そんな言い方はしない。

19. 方向と位置(방향과 위치)

여기(ここ)　거기(そこ)　저기(あそこ)　어디(どこ)

이 쪽(こちら)　그 쪽(そちら)　저 쪽(あちら)　어느 쪽(どちら)

동 쪽 1)(東)　서 쪽(西)　남 쪽(南)　북 쪽(北)

동서남북(東西南北)　오른 쪽 2)(右)　왼 쪽(左)　좌우(左右)

앞(前)　뒤(後ろ)　위(上)　아래(下)　가운데(中)

중심(中心)　속(中)　안(内、中、裏)　밖(外、表)

곁(そば)　옆(横)　구석(隅)

注 1)동쪽は「東の方」という意味にもとれる。동녘という表現もある。
　 2)오른쪽は「右の方」という意味もある。오른だけでは普通使われないが、右手と言う場合は、오른손とも오른쪽 손とも言う。

20. 自然(자연)

우주(宇宙)　하늘(空、天)　태양 1)(太陽)　달(月)

별(星)　지구(地球)　육지(陸地)　땅(大地、地)

산(山)　언덕(丘)　평야(平野)　강(川)　호수(湖)

바다(海)　섬(島)　구름(雲)　안개(霧)　비(雨)

눈(雪)　바람(風)　폭풍(風)　무지개(虹)　공기(空気)

계절(季節)　봄(春)　여름(夏)　가을(秋)　겨울(冬)

注 1)太陽は単に해とも言う。햇빛(日光)、햇볕(日、陽光)。해はまた、年の意味で使うこともある。올해(今年)、지난해(昨年)。

21. 世界(세계)
セ ゲ

아시아(アジア)　유럽(ヨーロッパ)　아프리카(アフリカ)
　アシア　　　　　ユロプ　　　　　　アプリカ

라틴 아메리카・남미(ラテンアメリカ・南米)　대양주(大洋州)　나라(国)
ラティンアメリカ　ナムミ　　　　　　　　　　テヤンジュ　　　　ナラ

한국(韓国)　조선(朝鮮)　일본(日本)　중국(中国)　인도(インド)
ハングク　　　チョソン　　　イルボン　　チュングク　　　インド

월남(ベトナム)　러시아(ロシア)　폴란드(ポーランド)
ウォルナム　　　ロシア　　　　　ポルランドゥ

독일(ドイツ)　프랑스(フランス)　이탈리아(イタリア)
トギル　　　　プランス　　　　　イタルリア

스위스(スイス)　네덜란드(オランダ)　덴마크(デンマーク)
スウィス　　　　ネドルランドゥ　　　デンマク

오스트리아(オーストリア)　그리스(ギリシャ)　헝가리(ハンガリー)
オストゥリア　　　　　　　　グリス　　　　　　ホンガリ

터키(トルコ)　체코(チェコ)　영국(イギリス)
トォキ　　　　チェコ　　　　ヨングク

스페인(スペイン)　캐나다(カナダ)　미국(アメリカ)
スペイン　　　　　ケナダ　　　　　ミグク

쿠바(キューバ)　메히꼬(メキシコ)　브라질(ブラジル)
キュバ　　　　　メヒコ　　　　　　ブラジル

아르헨티나(アルゼンチン)　호주(オーストラリア)
アルヘンティナ　　　　　　ホジュ

이집트(エジプト)　아랍(アラブ)　이라크(イラク)
イジブトゥ　　　　アラブ　　　　イラク

注 国名は、미국、영국、독일、호주(それぞれ漢字では米国、英国、独逸、豪州と書く)のように漢字のハングル音のままのものもある。

22. 芸術と楽器(예술과 악기)
イェスルグァ アキ

문학(文学)　시(詩)　소설(小説)　미술(美術)
ムナク　　　シ　　　ソソル　　　ミスル

그림(絵)　사진(写真)　조각(彫刻)　음악(音楽)
クリム　　サジン　　　チョガク　　ウマク

노래(歌)　춤(踊り)　연극(演劇)　영화(映画)　극장(劇場)[1]
ノレ　　　チュム　　ヨングク　　ヨンファ　　ククチャン

건축(建築)　서예(書道、書芸)　피리(笛)　저(横笛)
コンチュク　ソイェ　　　　　　ピリ　　　チョ

북(太鼓)　가야금[1](伽倻琴)　호궁(胡弓)　피아노(ピアノ)
기타(ギター)　만도린(マンドリン)　바이올린(バイオリン)
목금(木琴)　나팔(ラッパ)　트럼펫(トランペット)
색소폰(サキソホン)　아코디언・손풍금[2](アコーディオン)
하모니카(ハーモニカ)　트롬본(トロンボーン)
오르간・풍금(オルガン)

注 1)日本の琴に似た楽器。2)손(手)+풍금(風琴)、つまり手風琴のこと。

23. スポーツ(스포츠)

축구[1](サッカー)　농구(バスケットボール)　배구(バレーボール)
탁구(卓球)　테니스(テニス)　정구(テニス)　야구(野球)
배드민톤(バトミントン)　하키(ホッケー)
백미터달리기(100m 競走)　릴레이・이어달리기(リレー)
마라톤(マラソン)　넓이뛰기(走り幅とび)
높이뛰기(走り高とび)　세단뛰기・삼단뛰기(3段とび)
장대뛰기(棒高とび)　포환 던지기(砲丸投げ)　격술(撃術、空手の類)
원반던지기(円盤投げ)　씨름(相撲)　레슬링(レスリング)
유도[2](柔道)　복싱・권투(ボクシング)　태권도[3](テックォンド)
검도(剣道)　펜싱(フェンシング)　스키(スキー)　스케이트(スケート)
피겨(フィギュア)　룰러스케이트(ローラースケート)　사격(射撃)
궁술, 활쏘기(弓術)　헤엄(水泳)　모터보트(モーターボート)
요트, 돛배(ヨット)　체조(体操)　예술체조(芸術体操)

그네뛰기⁴⁾(ブランコ)　널뛰기(板跳び。シーソーの１種)
　　クネティギ　　　　　　　　ノルティギ

注 1)축구, 농구, 배구, 정구는 それぞれ漢字では「蹴球」、「籠球」、「排球」、「庭球」と書く。사커, 바스켓볼, 발리볼, 테니스とも言う。2)柔道を유
　　　　　　　　　　　　　　　　　　　　　　　　　　　　　　　　サッカー　バスケットボル　バレボル　テニス　　　　　　　　　　　　　　　　　　ユ
술(柔術)と言うときもある。3)空手に似た韓国の格闘技。漢字では跆拳道
スル
と書く。격술(撃術)もほぼ同じ格闘技。4)民族競技の一種。漢字では鞦韆
と書く。

24. 体(몸)
　　　　　モム

머리(頭)　얼굴(顔)　머리칼(髪)　털(毛)　눈(目)
モリ　　　オルグル　　モ リ カル　　トル　　ヌン
눈썹(まゆ毛)　속눈썹(まつ毛)　코(鼻)　입술(口唇)
ヌンソプ　　　　ソクヌンソプ　　　コォ　　イプスル
이빨¹⁾(歯)　혀(舌)　귀(耳)　목(首)　어깨(肩)
イパル　　　ヒョ　　クィ　　モク　　オッケ
팔(腕)　팔꿈치(ひじ)　손(手)　손가락²⁾(手指、指)
パル　　パルクムチ　　　ソン　　ソン カ ラク
손톱³⁾([手の]爪)　가슴(胸)　배(腹)　등(背中)
ソントプ　　　　　カスム　　　ペー　　ドゥン
허리(腰)　다리(脚)　무릎(ひざ)　발(足)　발가락⁴⁾(足指)
ホリ　　　タリ　　　ムルプ　　　　パル　　パル カ ラク
발톱⁵⁾([足の]爪)　발바닥(足の裏)
パルトプ　　　　　パル バ ダク

注 1)発音은이빨に近い。単に이とも言う。2)、4)가락を"指"という意味
　　　　　　　イッパル　　　　　　　イ　　　　　　　カラク
で単独に用いることはない。3)、5)同様に톱を単独で用いることはない。

25. 挨拶言葉(인사 말)
　　　　　　　　　　インサ　マル

안녕 하십니까¹⁾(こんにちは)
アンニョン ハ シム ニ カ
안녕히 계십시오²⁾(さようなら)
アンニョン ヒ　ケ シプ シ オ
안녕히 가십시오³⁾(さようなら)
アンニョン ヒ　カ シプ シ オ

고맙습니다(ありがとうございます)
　コマプスムニダ

미안합니다(すみません)
　ミアナムニダ

좋 습니다(いいです[よろしい])
　チョッスムニダ

안됩니다(いけません)
　アンデムニダ

알았습니다(わかりました)
　アラッスムニダ

모르겠습니다(わかりません)
　モルゲッスムニダ

뭐라구요?(何ですって)
　モォラグヨ

예(はい)　아니요(いいえ)
　イェ　　　　アニヨ

아닙니다(ちがいます)
　アヌムニダ

맞습니다[4)](そうです)
　マッスムニダ

실례하겠습니다(失礼します)
　シルレハゲッスムニダ

수고하십니다(ご苦労さんです)
　スゴハシムニダ

축 하합니다(おめでとうございます)
　チュッカハムニダ

소개하겠습니다(ご紹介します)
　ソゲハゲッスムニダ

처음 뵙겠습니다(はじめまして)
　チョウムペプケッスムニダ

반갑습니다(うれしいです)
　パンガプスムニダ

注 1)「こんにちは」の他に「おはようございます」「こんばんは」という
　　　意味でも使う。
　2)去る方から言う挨拶言葉。
　3)見送る方から言う挨拶言葉。
　4)「おっしゃる通りです」という意味。

第3章　文　型

　一つ一つの単語自体は"静物"に過ぎません。単語をでたらめに並べてみても無意味なことです。

　単語は、「文型」という文の"鋳型"のなかに溶かし込まれたとき、はじめて生き生きとしてくるものです。いわば文型は、単語に活力を与える器のようなものです。

　さて、文型にもいろいろありますが、本書では「言いたいことが言えるように」実用面を考えて、表現意図を主軸として文型を構成してみました。30種の表現意図を基にして56の課を設定し、総計178個の文型公式を挙げました。

　日常の生活場面では、けっして込み入った表現などは用いられていません。頻繁に用いられているごくありふれた、もっとも基本的な言い方ばかりです。

　ここに収められている178個の文型に熟達すれば、ネーティブと十分に通じ合うことができます。

　それぞれの課は、前課で習ったことを踏み台として、だんだんと進んでいっていますから、一応この順序通りに進めてください。

　本文がすっかり身についたら、これまで1、2章で学んだ単語や、巻末の「主要動詞・形容詞の活用と活用表」に示されている動詞や形容詞を文型公式の中に入れ替える練習をくりかえしながら、文型公式をしっかりと覚えこむようにしましょう。

1 これは花です

이것은 꽃입니다.	これは花です。
이것은 목련꽃입니다.	これはモクレンの花です。
이것은 장미꽃입니다.	これはバラの花です。
그것은 진달래입니다.	それはツツジです。
저것은 해바라기입니다.	あれはヒマワリです。
이것이 꽃입니다.	これが花です。
이것이 목련꽃입니다.	これがモクレンの花です。
이것이 장미꽃입니다.	これがバラの花です。
그것이 진달래입니다.	それがツツジです。
저것이 해바라기입니다.	あれがヒマワリです。
목련꽃은 이것입니다.	モクレンの花はこれです。
진달래는 그것입니다.	ツツジはそれです。
해바라기는 저것입니다.	ヒマワリはあれです。

【語句】
　이것 これ／은 は／꽃 花／입니다 です／목련꽃、モクレンの花／장미꽃 バラの花／그것 それ／저것 あれ／이 が(이は終声のある語に付く。終声のない語には가が付く) 는(=은)は(는は終声のない語に付く。なお、은は終声のある語に付く)

断定の表現(1) －名詞－

1. 断定の表現とは

　あることがらに対し、それが何であるか、どうであるかを示すものを断定の表現と言う。

　断定の表現の文末形式は「～です」「～ます」が代表的。

　断定の対象となるものは名詞、動詞、形容詞、形容動詞などいろいろある。

1) これは花(名詞)です。
2) 窓のそばに机があり(動詞)ます。
3) 冬は寒い(形容詞)です。
4) 私はくだものが好き(形容動詞)です。

まずここでは、1)の場合(断定の対象が名詞である場合)について見ることにする。

2. ～는/은 ～입니다と～가/이 ～입니다

ハングルの断定の表現の文末形式の主なものは～입니다(～です)。

・이것은 꽃입니다.　　　　これは花です。
・진달래는 그것입니다.　　ツツジはそれです。
・이것이 꽃입니다.　　　　これが花です。

```
～는/은 ～입니다＝～は／～です
```

```
～가/이 ～입니다＝～が／～です
```

日本語の「は」に当るのが는/은で、「が」に当るのが가/이だ。なぜ2種類ずつあるのかと言うと、ハングルの単語は最終音節が母音で終わるもの(すなわち終声のないもの)と、子音で終わるもの(すなわち終声のあるもの)との2種類あり、母音で終わるか、子音で終わるかによって要求する助詞が違う。これは日本語にはみられない、ハングル独特の現象だから、よくおぼえておくようにしたい。

　　이것는 (誤)　→　이것은 (正)
　　이것가 (誤)　→　이것이 (正)
　　진달래은 (誤)　→　진달래는 (正)
　　진달래이 (誤)　→　진달래가 (正)

※斜線(／)の左は母音で終わるもの、右は子音で終わるものに付くことを示している。以後2通りの助詞があるものについては、すべてこのような示し方をすることにする。

3. 語順

ハングルの語順は、日本語の語順とまったく同じだと思って差し支えない。

이것 ： 은 ： 꽃 ： 입니다.　　これ ： は ： 花 ： です。
　①　　②　③　　④　　　　　　①　　②　③　　④

❷ これは何ですか

이것은 무엇입니까?	これは何ですか。
－이것은 목련꽃입니다.	－これはモクレンの花です。
그것은 무엇입니까?	それは何ですか。
－그것은 진달래입니다.	－それはツツジです。
그럼 저것은 무엇입니까?	では、あれは何ですか。
－저것은 해바라기입니다.	－あれはヒマワリです。
목련꽃은 어느 것입니까?	モクレンの花はどれですか。
－목련꽃은 이것입니다.	－モクレンの花はこれです。
진달래는 어느 것입니까?	ツツジはどれですか。
－진달래는 그것입니다.	－ツツジはそれです。
해바라기는 어느 것입니까?	ヒマワリはどれですか。
－해바라기는 저것입니다.	－ヒマワリはあれです。
어느 것이 목련꽃입니까?	どれがモクレンですか。
－이것이 목련꽃입니다.	－これがモクレンです。

【語句】

　무엇 なに、何(なん)／입니까 ですか／그럼 では／어느것 どれ
　어느 것입니까? どれですか／어느 것이 どれが

説明要求の表現(1)

1. 説明要求の表現とは

「～は何ですか」や「～はどれですか」などのように、内容の説明を求める質問の形式を説明要求の表現と言う。

説明要求の表現には、つねに「何」(무엇)「どれ」(어느)「いくつ」(얼마)「だれ」(누구)などの、いわゆる疑問詞が含まれていることが特徴。

- これは何ですか。　이것은 무엇입니까?
- あなたのかばんはどれですか。　당신 가방은 어느 것입니까?
- 年はいくつですか。　나이는 얼마입니까?
- あの人はだれですか。　그 사람은 누구입니까?

2. 무엇입니까?と어느 것입니까?

무엇(何)や어느것(どれ)は通常〜입니까?(ですか)という疑問を表す助詞や、主格(主語)を表す助詞(가 / 이)を伴う。

- 이것은 무엇입니까?　これは何ですか。
- 목련꽃은 어느 것입니까?　モクレンの花はどれですか。
- 어느 것이 목련꽃입니까?　どれがモクレンの花ですか。

| 〜는 / 은 무엇입니까? ＝ 〜は 何ですか |

| 〜는 / 은 어느 것입니까? ＝ 〜は どれですか |

| 어느 것이 〜입니까? ＝ どれが 〜ですか |

なお、日本語の文では疑問文のあとに普通疑問符(?)を付けないが、ハングルでは(?)を必ず付ける。なお、終止符(ピリオド)は、日本語は(。)だが、ハングルは(.)である。

3 これはカナリヤですか

이건 무엇입니까?	これは何ですか。
-이건 새입니다.	-これは鳥です。
비둘기입니까?	ハトですか。
-예, 비둘기입니다.	-はい、ハトです。
이건 카나리아입니까?	これはカナリヤですか。
-예, 그렇습니다.	-はい、そうです。

```
－이건 카나리아입니다.        －これはカナリヤです。
그것도 카나리아입니까?        それもカナリヤですか。
－예, 이것도 카나리아입니다.  －はい、これもカナリヤです。
저건 꾀꼬리입니까?           あれはウグイスですか。
－아닙니다.                  －違います。
그럼 저건 무슨새입니까?       では、あれは何という鳥ですか。
－저건 종달새입니다.          －あれはヒバリです。
```

【語句】

이건(＝이것은) これは／예 はい／카나리아 カナリヤ／그렇습니다 そうです／도 も／그것도 それも／꾀꼬리 ウグイス／아닙니다 違います、いいえ／무슨 何の、何という／종다리、종달새／ヒバリ

判定要求の表現

1. 判定要求の表現とは

「～は～ですか」のように話し手が、自分の判断の正否を相手に問う形式の表現を判定要求の表現と言う。

判定要求の表現では、つねに「はい」「いいえ」といった返事を要求していることが、前述の説明要求の表現と異なる大きな特徴である。

・이것은 카나리아입니까?   これはカナリヤですか。
  －예, 그렇습니다.   －はい、そうです。
・저것은 꾀꼬리입니까?   あれはウグイスですか。
  －아닙니다.   －いいえ。

```
～는/은 ～입니까? ＝ ～は ～ですか
```

2. 答え方

判定要求の表現に対する答え方は十人十色で、定型化されていない。

たとえば、이것은 종다리(종달새)입니까?という質問に対し、肯

定する場合は、
- 예. はい。
- 예, 그렇습니다. はい、そうです。
- 예, 종다리입니다. はい、ヒバリです。
- 예, 이것은 종다리입니다. はい、これはヒバリです。

などいろいろある。

3. 短縮形について

日本語で「これは」というのを「こりゃ」と言ったり、「それでは」を「それじゃ」と言うなど、短縮して言うことがある。日常会話ではこのような短縮形がよく使われるが、ハングルでは日本語以上によくある。이것은이건, 저것은저건となる。また、서울では서울서となる。

4 そこは寝室ですか、居間ですか

이것은 누구 집입니까?	これはだれの家ですか。
－이것은 내 집입니다.	－これは私の家です。
여기는 무슨 방입니까?	ここは何の部屋ですか。
－여기는 응접실입니다.	－ここは応接間です。
여기는 공부하는 방입니까, 서재입니까?	ここは勉強部屋ですか、書斎ですか。
－공부하는 방입니다.	－勉強部屋です。
거기는 침실입니까, 거실입니까?	そこは寝室ですか、居間ですか。
－거실입니다.	－居間です。
저기는 부엌입니까, 화장실입니까?	あそこは台所ですか、トイレですか。
－화장실입니다.	－トイレです。
서재는 여기입니까, 저기입니까?	書斎はここですか、あそこですか。
－저기입니다.	－あそこです。
침실은 어디입니까?	寝室はどこですか。
－거기입니다.	－そこです。

【語句】

누구 だれ、だれの／집 家／내 わたし(私)、わたしの／무슨 なんの／침실 寝室／세면장 トイレ、洗面所

選択要求の表現

1. 選択要求の表現とは

「〜ですか、(それとも)〜ですか」「〜ますか、(それとも)〜ますか」のように、どちらかの判断を相手に選択することを要求するものを、選択要求の表現と言う。

これに対する答え方は、断定の表現(1)のようにする。

여기는 공부하는 방입니까, 　ここは勉強部屋ですか、書斎です
　서재입니까?　　　　　　　　か。
―여기는 서재입니다.　　　　　―ここは書斎です。
거기는 침실입니까, 거실입　　そこは寝室ですか、居間ですか。
　니까?
―거실입니다.　　　　　　　　―居間です。

> 〜는／은 〜입니까, 〜입니까? ＝ 〜は 〜ですか、〜ですか

なお、この場合の語調は 〜입니까↗、〜입니까↘ となる。

2. 누구と내

누구(だれ)や내(私)は特殊な代名詞で、次のような特異性を持っている。

①누구や내はそれぞれ「だれの〜」「私の〜」という所有の意味もある。

　이것은 누구 집입니까?　　これはだれの家ですか。
　이것은 내 집입니다.　　　これは私の家です。

　※ 누구には의(の)を付ける必要はない。
　　내には의(の)を付けることができない。

②助詞の付き方に特徴がある。

すなわち、누구には가(が)が付かず、내には가(が)以外の助詞は付かない。

※「だれが」は누구가でなく、누가となる。내가(私が)とは言っても、내는(私は)、내도(私も)、내를(私を)などとは言わない。나는、나도、나를…と言う。反対に「私が」を나가とは言わない。

5 これは鉛筆でしょう

이것들은 무엇입니까?	これらは何ですか。
－이건 연필이고, 이건 만년필이고, 이건 지우개입니다.	－これは鉛筆で、これは万年筆で、これは消しゴムです。
이건 연필이지요?	これは鉛筆でしょう。
－예, 그렇습니다.	－はい、そうです。
－이건 연필입니다.	－これは鉛筆です。
이건 만년필이지요?	これは万年筆でしょう。
－예, 만년필입니다.	－はい、万年筆です。
이건 지우개지요?	これは消しゴムでしょう。
－그렇습니다.	－そうです。
－지우개입니다.	－消しゴムです。
이것도 지우개지요?	これも消しゴムでしょう。
－아니요, 그건 연필입니다.	－いいえ、それは鉛筆です。
이건 만년필이지요?	これは万年筆でしょう。
－아닙니다.	－違います。
－그건 연필입니다.	－それは鉛筆です。

【語句】

들 라、 たち(複数を表す)／이고 で／이지요(=지요) でしょう、ですね／아니요 いいえ。短縮形은아뇨。건은것은の短縮形(준말)。

確認要求の表現(1)

1. 確認要求の表現とは

話し手が自分の判定について、相手の確認や同意を求めるものを確認要求の表現と言う。

語末の語調が上昇調になるのが、この表現の特徴。

- これは鉛筆でしょう(↗)
- これは消しゴムですね(↗)
- これは消しゴムでしょう(↗)

2. ～지요 / 이지요?

日本語の「～でしょう」や「～ですね」に当るのが、지요～이지요で、日本語と同じく語尾は上る(↗)。

- 이건 지우개지요?　これは消しゴムですね。
- 이건 연필이지요?　これは鉛筆ですね。
- 이것도 지우개지요?　これも消しゴムですね。

```
～지요 / 이지요? ＝ ～でしょう(ですね)
```

※～지요?は短縮されると～죠?となる。

3. この質問に対する答え方

答え方はいく通りもある。たとえば、肯定する場合の答え方には、

- 예.　　　　　　　　　はい。
- 예, 그렇습니다.　　　　はい、そうです。
- 예, 만년필입니다.　　　はい、万年筆です。
- 그렇습니다.　　　　　そうです。
- 만년필입니다.　　　　万年筆です。

などどれを用いてもかまわない。

否定の仕方もいろいろある。

- 아니요.　　　　　　　いいえ。
- 아뇨.　　　　　　　　いいえ。

・아닙니다.	違います。
・아니요, 그렇지 않습니다.	いいえ、そうではありません。
・아니요, 그건 연필입니다.	いいえ、それは鉛筆です。
・그건 연필입니다.	それは鉛筆です。

いちばん手っ取り早いのは、예・네(はい)、아닙니다(違います)のひとことですませることだ。

6 故郷の春は暖かいです

고향의 봄은 따뜻합니까?	故郷の春は暖かいですか。
ー예, 고향의 봄은 따뜻합니다.	ーはい、故郷の春は暖かいです。
여름은 덥습니까?	夏は暑いですか。
ー예, 덥습니다.	ーはい、暑いです。
ー여름은 봄보다 덥습니다.	ー夏は春より暑いです。
가을은 어떻습니까?	秋はどうですか。
ー가을은 선선합니다.	ー秋は涼しいです。
겨울은 춥습니까?	冬は寒いですか。
ー겨울은 춥습니다.	ー冬は寒いです。
ー겨울은 가을보다 춥습니다.	ー冬は秋より寒いです。
일본의 겨울보다 춥습니까?	日本の冬より寒いですか。
ー예, 고향의 겨울은 도회지 (의) 겨울보다 춥습니다.	ーはい、故郷の冬は都会の冬より寒いです。

【語句】

따뜻합니까? 暖かいですか/따뜻합니다 暖かいです/덥습니까? 暑いですか/덥습니다 暑いです/보다 より/어떻습니까? どうですか/선선합니다 涼しいです/춥습니까? 寒いですか/춥습니다 寒いです

断定の表現(2) －形容詞－

1. 形容詞(形容動詞)の断定の表現

形容詞や形容動詞は事物の性質や状態を表す。したがって、形容詞および形容動詞の断定の表現は、事実がどうであるかということを示し、文末形式は「〜です」となる。

- 雪は白い(形容詞)です。
- 象は大きい(形容詞)です。
- 田舎は静か(形容動詞)です。

2. ハングルの形容詞と断定の形

ハングルには形容動詞という品詞はなく、形容詞があるだけだ。形容詞の中に形容動詞も含まれている。

ハングルの形容詞も日本語と同様に活用がある。

- 고향의 봄은 따뜻합니다(←따뜻하다)
  故郷の春は暖かいです(←暖かい)
- 여름은 봄보다 덥습니다(←덥다)
  夏は春より暑いです(←暑い)
- 가을은 선선합니다(←선선하다)
  秋は涼しいです(←涼しい)
- 겨울은 가을보다 춥습니다(←춥다)
  冬は秋より寒いです(←寒い)

※( )の中は原形

> 形容詞〈ていねい形〉ㅂ니다 ＝ 〜です

3. 質問の形

ㅂ니다(です)をㅂ니까?(ですか)ととりかえるだけで、簡単に質問の形になる。

> 形容詞〈ていねい形〉ㅂ니까? ＝ 〜ですか

한국의 봄은 따뜻합〈ていねい形〉니까?
　韓国の春は暖かいですか。
여름은 덥습〈ていねい形〉니까?
　夏は暑いですか。

4. 比較の表し方

比較を表す助詞보다(より)を用いて、比較を表す。

> ～는/은 ～보다 形容詞〈ていねい形〉니다＝～は～より～です

여름은 봄보다 덥습〈ていねい形〉니다.
겨울은 가을보다 춥습〈ていねい形〉니다.

7 机は窓のそばにあります

방 안에 책상과 책장, 그리고 소파와 테이블이 있습니다.	部屋の中に机と本棚、そしてソファーとテーブルがあります。
책상은 어디에 있습니까?	机はどこにありますか。
－책상은 창문 곁에 있습니다.	－机は窓のそばにあります。
책상 위에 무엇이 있습니까?	机の上に何がありますか。
－스탠드와 녹음기가 있습니다.	－スタンドと録音機があります。
책상 옆에 무엇이 있습니까?	机の横に何がありますか。
－책장이 있습니다.	－本棚があります。
책장 안에 무엇이 있습니까?	本棚の中に何がありますか。
－책이 있습니다.	－本があります。
소파 뒤에 무엇이 있습니까?	ソファーのうしろに何がありますか。
－벽이 있습니다.	－壁があります。
테이블은 어디에 있습니까?	テーブルはどこにありますか。
－소파 앞에 있습니다.	－ソファーの前にあります。
테이블 밑에 무엇이 있습니까?	テーブルの下に何がありますか。
－아무것도 없습니다.	－何もありません。

【語句】

안 中/에 に/과(＝와) と/그리고 そして、それに/있습니다(←있다) あります(←ある)/있습니까(←있다) ありますか(←ある)/책 本/아무것도 何も/없습니다(←없다) ないです、ありません(←없다)

※과はパッチムのある語、와はパッチムのない語に付く。p.181〜182参照。

断定の表現(3) －あります－

1. 있습니다と있습니까?

있습니다(あります)は、動詞있다(ある、いる)のていねい形で、있습니까?(ありますか)は、있습니다に対応する質問の形。있다は生物体、無生物体の区別なく、広く一般に事物の存在を意味する。

　　책상은 어디에 있습니까?　　　机はどこにありますか。
　－책상은 창문 곁에 있습니다.　－机は窓のそばにあります。

2. 없습니다

없습니다は形容詞없다(ない)のていねい形で「ないです」という意味だが、있습니다に対する否定の形としても用いられる。ハングルでは있지 않습니다(ありません)という言い方はあまり使われない。

3. 「AのB」について

「窓のそば」とか「机の上」というときの「の」は、次にくる名詞の意味を限定する働きをしている。このような働きを体言修飾と言うが、ハングルでは体言修飾の「の」(의)は通常省略される。

　　창문의 곁 (窓のそば)　　　　→ 창문 곁
　　책상의 위 (机の上)　　　　　→ 책상 위
　　소파의 뒤 (ソファーのうしろ) → 소파 뒤
　　테이블의 밑 (テーブルの下)　 → 테이블 밑

    A (体言) 의(の) B (体言) ＝ A (体言)　B (体言)

※体言とは、名詞・代名詞のことで、活用のない単語。

4. 位置を表す言葉

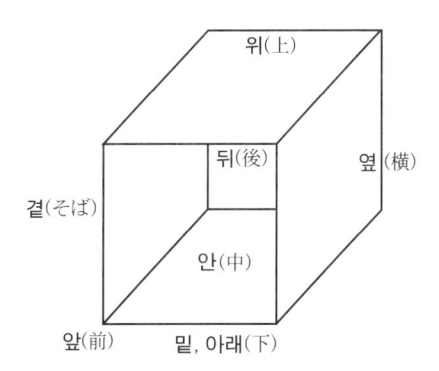

```
         위(上)
  뒤(後)
         옆(橫)
곁(そば)
   안(中)
앞(前)  밑, 아래(下)
```

8 私は朝6時に起きます

나는 아침 6(여섯)시에 일어납니다.	私は朝6時に起きます。
7(일곱)시에 아침식사를 합니다.	7時に朝食をします。
7시 반에 출근합니다.	7時半に出勤します。
오전은 8(여덟)시부터 12(열 두)시까지 일을 합니다.	午前は8時から12時まで仕事をします。
나는 사무원입니다.	私は事務員です。
12시에 점심식사를 합니다.	12時に昼食をします。
오후는 1(한)시부터 4(네)시까지 일을 합니다.	午後は1時から4時まで仕事をします。
6시에 집으로 돌아옵니다.	6時に家へ帰ります。
7시에 저녁식사를 합니다.	7時に夕食をします。
저녁식사 후에 TV를 봅니다.	夕食後にテレビを見ます。
그리고 서재에서 책을 읽습니다.	そして書斎で本を読みます。
11(열한)시에는 잡니다.	11時には寝ます。

74 第3章 文型

【語句】
일어납니다(←일어나다) 起きます(←起きる)／를 を／합니다(←하다) します(←する)／반 半／출근합니다(←출근하다) 出勤します(←出勤する)／오전 午前／부터 から／까지 まで／일 しごと／을(＝를) を／오후 午後／으로 へ／돌아옵니다(←돌아오다) 帰ります(←帰る)／후後／티비(TV) テレビ／봅니다(←보다) 見ます(←見る)／읽습니다(←읽다) 読みます(←読む)／잡니다(←자다) 寝ます(←寝る)

断定の表現(4) －動詞－

1. 動詞の断定の表現

断定の対象が動詞の場合、その文末形式は「～である」「～ます」となる。

- 本を読む→読みます　책을 읽다 → 읽습니다
- 風が吹く→吹きます　바람이 불다 → 붑니다
- 夜が明ける→明けます　밤이 새다 → 샙니다
- ビビンバを食べる→食べます　비빔밥을 먹다 → 먹습니다

2. ハングルの動詞と断定の形

日本語は語形によって動詞か、形容詞かということがはっきり区別されるが、ハングルは動詞も形容詞も語形が同じなので、原形を見ただけでは両者を区別することができない。例えば、

{ 운동하다 (運動する、動詞)
{ 건강하다 (健康だ、形容詞)

{ ～있다　(～いる、動詞)
{ 맛있다 (おいしい、形容詞)

{ 깨물다 (噛む、動詞)
{ 드물다 (まれだ、形容詞)

{ 차다 (満ちる、動詞)
{ 차다 (冷たい、形容詞)

のように、動詞も形容詞もすべて－다の形をとっているうえに、語幹末まで同形のものも少なくない。動詞と形容詞は、語形上の違いが見られないのがハングルの大きな特色で、したがって動詞の断定の形も形容詞のそれと同じで文末形式をとっている。※있다は形容詞もある。

動詞の語幹＋ㅂ니다 ＝ ～ます

- 나는 아침 6시에 일어납〈ていねい形〉니다.
  私は朝6時に起きます。
- 7시에 아침식사를 합〈ていねい形〉니다.
  7時に朝食をします。
- 7시 반에 출근합〈ていねい形〉니다.
  7時半に出勤します。

3. 時間の読み方

ハングルでは時間を固有語で言い、分や秒は漢語で言う。たとえば日本語では、「2時2分」と言うが、ハングルでは「2̇時2̇分」と言う。だから、「1時」を일시、「2時」を이시などと言わない。

なお時間の読み方については、第2章の17.「カレンダー」(p.52〜53)と18.「時間」、第6章の21.「時間」(p.329〜331)を参照。

❾ 朝起きて歯をみがいて顔を洗います

당신은 몇 시에 일어납니까?	きみは何時に起きますか。
－6(여섯)시에 일어납니다.	－6時に起きます。
일어나서 무엇을 합니까?	起きて何をしますか。
－일어나서 이를 닦고 세수를 합니다.	－起きて歯をみがき、顔を洗います。
몇 시에 출근합니까?	何時に出勤しますか。
－7(일곱)시 반에 출근합니다.	－ま7時半に出勤します。
출근해서 무엇을 합니까?	出勤して何をしますか。
－출근해서 사무를 봅니다.	－ま出勤して事務をとります。
－나는 사무원입니다.	－私は事務員です。
몇 시에 퇴근합니까?	何時に退社しますか。
－6(여섯)시에 퇴근합니다.	－6時に退社します。
집에 돌아와서 무엇을 합니까?	家に帰って何をしますか。

－돌아와서 저녁식사를하고 －帰って夕食をしてテレビを
　텔레비를 봅니다.　　　　　　　見ます。
몇 시에 잡니까?　　　　　　　　何時に寝ますか。
－11(열한)시에 전등을 끄고 잡니다.　－11時に電灯を消して寝ます。

【語句】
몇 시 何時／일어납니까(←일어나다) 起きますか(←起きる)／일어나서 起きて／무엇을 何を／세수를 합니다 顔を洗います／출근합니까(←출근하다) 出勤しますか(←出勤する)／출근해서 出勤して／사무 事務／봅니다(←보다) とります(←とる)／퇴근합니까(←퇴근하다) 退社しますか(退勤(退社)する)／돌아와서(←돌아오다) 帰って(←帰る)／잡니까(←자다) 寝ますか(←寝る)／전등 電灯／끄고(끄다) 消して(←消す)

断定の表現(5) －「～て」－

1. 質問の形

～ㄴ다(ます)に対する質問の形は、～ㅂ니까?(ますか)。接続は～ㄴ다と同じ。

> 動詞の語幹＋ㅂ〈ていねい形〉니까? ＝ ～ますか

・당신은 몇 시에 일어납〈ていねい形〉니까?
　あなたは何時に起きますか。

・일어나서 무엇을 합〈ていねい形〉니까?
　起きて何をしますか。

2. ～서(て)か、～고(て)か?

～서も～고も日本語では、「～て」と訳される。両者の使い分けはなかなかやっかいで、～서か、～고かということがしばしば問題になる。まず、日本語の「て」のもつ意味を考えてみよう。

1) 朝起きて、顔を洗った。(継起)
2) お客さんが来て、行けなかった。(原因)

3) リンゴは皮をむいて、食べる(方法)
4) 早く起きて、早く寝ることだ(並列)

서と고の使い分けの基準は、つぎの通り。

1) 継起を表すときの「て」は서と고の両方が使われる。
2) 原因を表すときの「て」は서が使われる。
3) 方法を表すときの「て」は서が使われる。
4) 並列を表すときの「て」は서が使われる。

1)の問題だが、「自動詞には서が、他動詞には고が付く」ということが使い分けの要点。

일어나다 (自動詞) → 일어나서　　돌아오다 (自動詞) → 돌아와서
닦다 (他動詞) → 닦고　　　　　　　끄다 (他動詞) → 끄고

したがって、「ごはんを食べて散歩をします」は、

밥을 먹어서 산보를 합니다. (誤)
밥을 먹고 산보를 합니다. (正)

なお、서と고は接続のしかたも異なる。

　自動詞〈連用形〉서 = 〜て　

　他動詞〈語幹〉서 = 〜て　

일어나〈連用形〉서 이를 닦〈語幹〉고 세수를 합니다.
　起きて歯を磨いて顔を洗います。

돌아와〈連用形〉서 저녁식사를 하〈語幹〉고 TV를 봅니다.
　帰って夕食をしてテレビを見ます。

※なお、ハングルの連用形では語幹の母音の陰陽に合せて語尾の母音の陰陽も変わる。

　陽語幹+아　돌다(まわる)+아+오다(来る)→돌아오다(帰って来る)
　陰語幹+어　일다(起こる)+어+나다(出る)→일어나다(起きる)

🔟 あの人は兄さんではありません

저건 가족사진입니까?　　　あれは家族の写真ですか。

― 예, 가족사진입니다. ―はい、家族の写真です。
가운데 사람은 형님입니까? 真ん中の人は兄さんですか。
― 저 사람은 형님이 아닙니다. ―あの人は兄さんではありません。
― 저의 동생입니다. ―私の弟です。
아, 그렇습니까. 그런데 동 あ、そうですか。ところで弟さんは
 생은 무슨 일을 합니까? 何の仕事をしているんですか。
― 기계공장 기사입니다. ―機械工場の技師です。
기계기사입니까? 機械技師ですか。
― 그는 기계기사가 아닙니다. ―彼は機械技師ではありません。
― 전기기사입니다. ―電気技師です。
저 사람은 누님이 아닙니까? あの人は姉さんではありませんか。
― 맞습니다. 저의 누이입니다. ―そうです。私の姉です。
누님도 기사입니까? 姉さんも技師ですか。
― 아니요. 누이는 기사가 ―いいえ、姉は技師ではなく、看
 아니라 간호사입니다. 護(婦)師です。

【語句】

가족사진 家族写真／가운데 真ん中／형님 兄さん／저 あの／～이 아닙니다 ではありません／저의 私の／아 あ／그렇습니까 そうですか／그런데 ところで／무슨 何の／일 仕事／기계공장 機械工場／기사 技師／～가 아닙니다 ではありません／전기기사 電気技師／누님 姉さん／맞습니다 そうです、その通りです／누이 姉／간호사 看護(婦)師

否定の表現(1) －名詞－

1. 否定の表現

そうでないことを表すものを否定の表現と言う。この表現の文末形式は「～ではありません」「～(く)ありません」「～ません」など。

1) 私は医者(名詞)ではありません。
2) 私は暑く(形容詞)ありません。
3) 雪は夏には降り(動詞)ません。

ここでは、1)のように否定の対象が名詞であるものについてみることにする。

2. ～가／이 아닙니다

가／이の本来の意味は「が」だが、아닙니다と結びつくときは「では」となる。

~~~
～가 / 이 아닙니다 ＝ ～ではありません
~~~

・그는 기계기사가 아닙니다.　彼は機械技師ではありません。
・저 사람은 형님이 아닙니다.　あの人は兄ではありません。

3. ～가／이 아니라 ～입니다

「姉は技師ではありません」という文と、「姉は看護師です」という２つの文を「姉は技師ではなく、看護師です」と、１つの文で表現することができる。この接続語的な役を演じるのが、아니라である。아니라の原形は、아니다(～ではない)。

~~~
～가 / 이 아니라～입니다 ＝ ～ではなく、～です
~~~

누이는 기사가 아니라 간호사입니다.
　姉は技師ではなく、看護師です。

4. 否定疑問

・동생은 기사가 아닙니까?　弟さんは技師ではありませんか。
・저 사람은 누님이 아닙니까?　あの人は姉さんではありませんか。

~~~
～가 / 이 아닙니까? ＝ ～ではありませんか
~~~

11 あしたは発車しません

여보세요, 부산역입니까?　もしもし、プサン(釜山)駅ですか。
ー예(네), 안내소입니다.　ーはい、案内所です。
특별열차가 오늘 들어옵니까? 特別列車が今日入ってきますか。

－오늘은 들어오지 않습니다.	－今日は入ってきません。
－내일 들어옵니다.	－あした入ってきます。
서울행 특급열차는 몇시에 떠납니까?	ソウル行きの特急列車は何時に発車しますか。
－지금은 떠나지 않습니다.	－いまは発車しません。
－모레 오후 한시에 떠납니다.	－午後1時に発車します。
오후 몇 시에 떠납니까?	午後何時に発車しますか。
－2(두)시에 떠납니다.	－2時に発車します。
이 차는 붐비지 않습니까?	この列車は混みませんか。
－아니요, 붐비지 않습니다.	－いいえ、混みません。
그 열차는 대구에서 멎지 않습니까?	その列車はテグ(大邱)で止まりませんか。
－대구에서 멎지는 않습니다.	－テグでは止まりません。
－동대구에서 멎습니다.	－トンテグ(東大邱)で止まります。
잘 알았습니다. 감사합니다.	よくわかりました。ありがとうございました。
－천만입니다.	－どういたしまして。

【語句】

여보세요 もしもし／역 駅／안내소 案内所／특별(특급)열차 特別(特急)列車／들어옵니까(←들어오다) 入ってきますか(←入ってくる)／들어오지 않습니다 入ってきません／서울행 ソウル行き／떠나지 않습니다(←떠나다) 発車しません(←発車する)／떠납니다 発車します／열차 列車／붐비지 않습니까(←붐비다) 混んでいませんか(←混む)／붐비지 않습니다 混んでいません／그 その／멎습니까(←멎다) 止まりますか(←止まる)／멎습니다 止まります／알았습니다 わかりました／감사합니다 ありがとうございます／천만입니다 どういたしまして

否定の表現(2) －動詞・形容詞－

1. 用言の否定の表現

用言の否定の表現の文末形式は「～ません」「～(く)ありません」などがある。

※用言とは、動詞・形容詞のことで、活用する単語。

・雨が降り(動詞)ません。
・この映画はおもしろく(形容詞)ありません。
・体はあまりじょうぶでは(形容動詞)ありません。

※なお、ハングルの用言では、語幹の最後の母音が陽母音であるものを陽語幹用言(가다＝行く、오다＝来るなど)。陰母音であるものを陰語幹用言(먹다＝食べる、가르치다＝教えるなど)と区別する。～하다は하다用言として別扱いとする。p.159 参照。

2. ～지 않습니다

ハングルでは、動詞も形容詞もその否定の形は同一の～지 않습니다。

・오늘은 들어오〈動詞の語幹〉지 않습니다.
  今日は帰ってきません。
・아니요. 복잡하〈形容詞の語幹〉지 않습니다.
  いいえ、複雑ではありません。

> 用言〈語幹〉지 않습니다 ＝ ～ません、～ありません

3. 否定＋疑問

않습니다를 않습니까?に置き換えることによって疑問の形になる。

> 用言〈語幹〉지 않습니까?＝～ませんか、～ありませんか

・그 열차는 대구에 멎〈動詞の語幹〉지 않습니까?
  この列車はテグ(大邱)に止まりませんか。
・이 열차는 붐비〈形容詞の語幹〉지 않습니까?
  この列車は混みませんか。

12 私はタバコを吸いません

당신은 담배를 안 피웁니까?　きみはタバコを吸いませんか。

－예, 안 피웁니다.	－はい、吸いません。
술은 마십니까?	酒は飲みますか。
－안 마십니다.	－飲みません。
－술은 하지 않습니다.	－酒はやりません。
술을 못 마십니까? 안 마십니까?	酒を飲めないんですか、飲まないんですか。
－못합니다.	－やれません。
－못마십니다.	－飲めないんです。
전혀 못합니까?	全然できないんですか。
－예, 전혀 마시지 못합니다.	－はい、全然飲めません。
맥주도 못 마십니까?	ビールも飲めないんですか。
－맥주는 좀 합니다.	－ビールは少しやります。
얼마나 마십니까?	どれくらい飲みますか。
－한 병 정도는 합니다.	－１本くらいはやります。

【語句】

안 피웁니까(←피우다) 吸いませんか(←吸う)／안 피웁니다 吸いません／마십니까(←마시다) 飲みますか(←飲む)／안 마십니다 飲みません／하지 않습니다(←하다) やりません、しません(←やる・する)／못 마십니까 飲めませんか／안 마십니까 飲みませんか／못합니다(←하다) できません(←する)／전혀 全然／마시지 못합니다 飲めません／좀 少し／얼마나 どれくらい／한 병 １びん、１本／정도 くらい、程度／합니다 します、やります

否定の表現(3) －안と못－

1. 否定副詞

안は「否」(しない)、못は「不可、不能」(できない)を表す副詞で、これらは否定の意味を表す。안や못を否定副詞と言う。否定副詞にはアニ(しない)も含まれるが、안はこのアニの短縮形。

2. 文中での안と못の位置

안や못は体言には付かず、断定を表す用言(主に動詞)のすぐ前に

付いて否定を表す。

피웁니다	吸います	안 피웁니다	吸いません
마십니다	飲みます	안 마십니다	飲みません
합니다	します	못 합니다	できません
마십니다	飲みます	못 마십니다	飲めません

> 안 動詞〈ていねい形〉니다 = ～しません

> 못 動詞〈ていねい形〉니다 = ～できません

すなわち、断定の表現の前に안、못を付けるだけで簡単に否定の表現が得られる。안～니다、못～니다という言い方を知っておくとたいへん便利。

3. ～지 않습니다や～지 못합니다との関係

> 안～니다 = 動詞〈語幹〉지 않습니다

> 못～니다 = 動詞〈語幹〉지 못합니다

- 안 피웁니다 = 피우〈語幹〉지 않습니다 → 吸いません
- 안 마십니다 = 마시〈語幹〉지 않습니다 → 飲みません
- 못 피웁니다 = 피우〈語幹〉지 않습니다 → 吸えません
- 못 마십니다 = 마시〈語幹〉지 않습니다 → 飲めません

13 私は肉が好きです

당신은 고기를 좋아합니까?　あなたは肉が好きですか。
－예, 좋아합니다.　　　　　－はい、好きです。
－나는 고기를 좋아합니다.　－私は肉が好きです。
무슨 고기를 좋아합니까?　　何の肉が好きですか。
－소고기나 닭고기 같은 것을　－牛肉やニワトリの肉なんかが
　좋아합니다.　　　　　　　　　　　(ようなものが)好きです。

돼지고기나 오리고기 같은 것은 좋아하지 않습니까?	豚肉やアヒルの肉などは(ようなものは)好きじゃないですか。
－그리 좋아하지 않습니다.	－あまり好きじゃありません。
－나는 기름기가 많은 것은 싫어합니다.	－私は脂気の多いのは嫌いです。
야채는 좋아합니까?	野菜は好きですか。
－싫어하지 않습니다.	－嫌いじゃありません。
과일은 어떻습니까?	果物はどうですか。
－과일은 아무것이나 다 좋아합니다.	－果物は何でも皆好きです。
－과일은 아주 좋아합니다.	－果物は大好き(とても好き)です。
단 것은 싫어하지 않습니까?	甘いのは嫌いじゃありませんか。
－나는 단 것은 질색입니다.	－私は甘いのは大嫌いです。

【語句】

좋아합니까(←좋아하다) 好きですか(←好きだ)／좋아합니다 好きです／무슨 何の／같은 것 など、なんか、～のようなもの／그리 あまり、そんなに／기름기 脂気／많은 것 多いの／싫어합니다(←싫다) 嫌いです(←嫌いだ)／어떻습니까 どうですか／아무것이나 다 何でも／제일 いちばん／단 것 甘いの／질색(漢字では「窒塞」) 大嫌い

断定の表現(6) －好き・嫌い－

1. 좋아합니다と싫어합니다

좋아합니다を「好きです」と訳したが、品詞のうえでは좋아하다(좋아합니다の原形)は動詞(他動詞)だから、むしろ「好みます」に近い。同様に싫어합니다も「嫌いです」より、「嫌います」(←嫌う)の方が語義的には的確であると言える。

2. 助詞との関係

このことは、좋아합니다や싫어합니다の前に置かれる助詞をみるといっそうはっきりする。日本語では、

$\begin{cases} 私は肉が好きです。(正) \\ 私は肉を好きです。(誤) \end{cases}$

$\begin{cases} 私は肉が好みます。(誤) \\ 私は肉を好みます。(正) \end{cases}$

となるが、ハングルは좋아합니다や싫어합니다の前には가/이でなく、를/을が付く。これは좋아하다や싫어하다が他動詞であることから、当然のことだと言える。

以上の点をよくのみこんでおけば、次の関係は難なく理解できる。

~를/을 좋아합니다 ＝ ～が好きです

~를/을 싫어합니다 ＝ ～が(は)嫌いです

・나는 고기를 좋아합니다.
　私は肉が好きです。
・나는 기름기가 많은 것을 싫어합니다.
　私は脂っ気の多いのが嫌いです。

3. 否定の形

좋아합니다の否定の形は좋아하지 않습니다で、싫어합니다の否定の形は싫어하지 않습니다となる。

　　좋아합니다 → 좋아하지 않습니다　好きではありません
　　싫어합니다 → 싫어하지 않습니다　嫌いではありません

4. 否定＋疑問

　　좋아하지 않습니다 → 좋아하지 않습니까?　好きではありませんか
　　싫어하지 않습니다 → 싫어하지 않습니까?　嫌いではありませんか

5. 好き嫌いの度合い

아주 좋아합니다	大好きです
좋아합니다	好きです
싫어하지 않습니다	嫌いではありません

- -

좋아하지 않습니다	好きではありません
싫습니다	嫌いです
질색입니다	大嫌いです

14 ミョンホさんは絵が上手です

명호씨는 무엇을 잘 합니까?	ミョンホさんは何が上手ですか。
－명호씨는 그림을 잘 그립니다.	－ミョンホさんは絵が上手です。
명호씨는 글도 잘 씁니까?	ミョンホさんは字も上手ですか。
－아니요, 글은 잘 쓰지 못합니다.	－いいえ、字は下手です。
순희씨는 춤을 잘 춥니까?	スニさんは踊りが上手ですか。
－예, 순희씨는 춤을 잘 춥니다.	－はい、スニさんは踊りが上手です。
순희씨는 노래도 잘 부릅니까?	スニさんは歌も上手ですか。
－아니요, 노래는 잘 부르지 못합니다.	－いいえ、歌は下手です。
남수씨는 기타를 잘 탑니까, 북을 잘 칩니까?	ナムスさんはギターが上手ですか、太鼓が上手ですか。
－남수씨는 기타도 잘 타고 북도 잘 칩니다.	－ナムスさんはギターも上手ですし、太鼓も上手です。
경화씨는 요리를 잘 합니까?	キョンファさんは料理が上手ですか。
－잘 합니다.	－上手です。
바느질도 잘 합니까?	縫いものも上手ですか。
－바느질은 못 합니다.	－縫いものはできません。

【語句】

잘 じょうずに、うまく／잘 합니까 じょうずですか／그립니다(←그리다) 描きます(←描く)／글 字／씁니까(←쓰다) 書きますか(←書く)／쓰지 못합니다 書けません／춥니까(←추다) 踊ります(←踊る)／춤

니다 踊ります／부릅니까(←부르다) 歌いますか(←歌う)／부르지 못합니다 歌えません／탑니까(←타다) 弾きます(←弾く)／칩니까(←치다) 打ちますか(←打つ)／타고(←타다) 弾きますし(←弾く)／칩니다 打ちます／요리 料理／바느질 裁縫(針仕事)／못합니다 できません

断定の表現(7) －上手・下手－

1. 「上手」「下手」の２通りの言い表し方

「～が上手です」というのは「～を上手に～ます」と同じことで、「～が下手です」というのは「～を上手に～できません」という意味。

　　絵が上手です。 → 絵を上手に描きます。
　　字が下手です。　　→ 字を上手に書けません。

ハングルでは「上手」「下手」をもっぱら後者のような形で表現する。

・그림을 잘 그〈ていねい形〉립니다.
　絵を上手に描きます(絵が上手です)。
・글을 잘 쓰〈ていねい形〉지 못합니다.
　字を上手に書けません(字が下手です)。

~를/을 잘〈動詞の語幹〉+ ㅂ〈ていねい形〉니다 ＝ ～が上手です

~를/을 잘 動詞〈語幹〉지 못합니다 ＝ ～が下手です

2. 共起関係(特定の名詞と動詞の相互関係)について

잘~ㅂ니다(上手です)、잘~지 못합니다(下手です)という表現をスムーズに行うには、名詞(何を)と動詞(どうする)の共起関係を知っておく必要がある。

　　그림(絵)　　　　　　　그리다(描く)
　　글(字)　　　　　　　　쓰다(書く)
　　춤(踊り)　　　　　　　추다(踊る)
　　노래(歌)　　　　　　　부르다(歌う)

기타(ギター)	타다(弾く)
북(太鼓)	치다(打つ)
요리(料理)	하다(する)
바느질(縫いもの)	하다(する)

3. 共起関係がわからない場合

共起関係がわからないときは능란합니다(능합니다)(上手です)、서툽니다(下手です)で間に合わせることもできる。

~가/이 능란합니다(능합니다) ＝ ～が上手です

~가/이 서툽니다 ＝ ～が下手です

15 本が何冊ありますか

방 안에 책상이 몇 개 있습니까?	部屋の中に机が何個ありますか。
－한 개 있습니다.	－1個あります。
책상 위에 책이 몇 권 있습니까?	机の上に本が何冊ありますか。
－세 권 있습니다.	－3冊あります。
텔레비전(TV)은 몇 대 있습니까?	テレビは何台ありますか。
－한 대 있습니다.	－1台あります。
방 안에 사람이 몇 명 있습니까?	部屋の中に人が何人いますか。
－다섯 명 있습니다.	－5人います。
－그 중 두 명은 어른이고 세 명은 아이들입니다.	－そのうちの2人はおとなで、3人は子供たちです。
고양이는 몇 마리 있습니까?	ネコは何匹いますか。
－한 마리 있습니다.	－1匹います。
마당에 나무가 몇 그루 있습니까?	庭に木が何本ありますか。
－열 그루 있습니다.	－10本あります。

【語句】

몇 何／몇 개 何個／한 개 1個／몇 권 何冊／세 권 3冊／텔레비전 (TV) テレビジョン／몇 대 何台／한 대 1台／사람 人／몇 명 何人／그 중 そのうち／두 명 2人／이고 で／세 명 3人／몇 마리 何匹／한 마리 1匹／마당 庭／몇 그루 何本／열 그루 10本

説明要求の表現(2) －助数詞－

1. 몇

説明要求の表現には、いろいろの疑問詞が含まれるのが特徴であるということはすでに述べた通り。

疑問詞のうちでも、몇(何)はそれといっしょに使われる助数詞の多様さとも相まって、使用頻度が高い。

2. 助数詞(単位名詞)

数の下に付いて、ものの種類を表す接尾語を助数詞と言う。ハングルではこれを단위명사(単位名詞)とも呼んでいるが、助数詞の種類が豊富なことは日本語に劣らない。

助数詞(単位名詞)の特徴は、

	日 本 語	ハングル
ものによって使うことばが	違う	違う
助数詞が付くとき数の部分の発音が	変わったりする	変わったりする
助数詞の発音が	変わることがある	変わらない
数の読み方は	主に漢語読み	主に固有語読み

※日本では助数詞の発音が、例えば、いっぴき(1匹)、にひき(2匹)、さんびき(3匹)…のように変わることがあるが、ハングルでは表記上このようなことはない。

3. 数詞＋助数詞

1	2	3	4	5	6	7	8	9	10	11	数	何	助数詞
한	두	세	네	다섯	여섯	일곱	여덟	아홉	열	열한	여러	몇	개(個)
한	두	세	네	다섯	여섯	일곱	여덟	아홉	열	열한	여러	몇	권(冊)
한	두	세	네	다섯	여섯	일곱	여덟	아홉	열	열한	여러	몇	대(台)
한	두	세	네	다섯	여섯	일곱	여덟	아홉	열	열한	여러	몇	명(人)
한	두	세	네	다섯	여섯	일곱	여덟	아홉	열	열한	여러	몇	마리(匹)
한	두	세	네	다섯	여섯	일곱	여덟	아홉	열	열한	여러	몇	그루(本)

16 いいえ、1人で行きます

그렇게 바빠 어디로 갑니까?	そんなに急いでどこへ行くんですか。
－국회도서관에 갑니다.	－国会図書館に行きます。
혼자 갑니까?	1人で行くんですか。
－예, 혼자 갑니다.	－はい、1人で行きます。
내일은 일요일인데 무엇을 하겠습니까?	あしたは日曜日ですが、何をしますか。
－극장에 가겠습니다.	－劇場に行きます。
누가 같이 갑니까?	だれかいっしょに行くんですか。
－아니요, 혼자 갑니다.	－いいえ、1人で行きます。
사모님과 같이 안 갑니까?	奥さんといっしょに行かないんですか。
－우리집 사람은 지금 집에 없습니다.	－家内は今家にいません。
아이들도 없습니까?	子供さんたちもいないんですか。
－있는데 내일은 소풍갑니다.	－いますが、あしたは遠足に行きます。
그러면 나랑 같이 극장에 가지 않겠습니까?	それでは、私といっしょに劇場に行きませんか。

－좋습니다.　　　　　　　　　　－けっこうですね(よろしいです)。
－내일 여기서 기다리겠습니다.　－あしたここで待っていますよ。

【語句】

그렇게 そんなに／바삐 急いで／어디에 どこへ／갑니까(←가다) 行きますか、行くんですか(行く)／국회도서관(国会図書館)／갑니다 行きます／혼자 ひとり、ひとりで／인데 ですが／하겠습니까?(← 하다) しますか(←する)／극장 劇場／같이 いっしょに／랑 と／안 갑니까 行きませんか／지금 今／있는데(← 있다) いますが(←いる)／소풍 遠足／소풍 갑니다 遠足(に)行きます／그러면 それじゃ／좋습니다(←좋다) よろしいです、けっこうです(←よい)／여기서 ここで／기다리겠습니다(← 기다리다) 待ちます(←待つ)

겠について

1. 겠とは何か

겠は時間関係を表す助詞で、「時間助詞」と規定することができる。日本語にはこの겠に相当する言葉はない。

2. 겠の意味

겠は①未来 ②意志 ③推量 ④可能 ⑤慣用句的意味など、いろいろな意味をもっている。詳しくは第4章「助詞」を参照していただきたい。ここでは本章と関連のある①と②についてみることにする。

3. 겠の接続

겠は主に～겠습니다(平叙文)や～겠습니까?(疑問文)の形で体言および用言の語幹に付く。

4. 겠の用法

겠の用法を日本語の感覚でとらえることは、多少難しい。
どういう場合に겠が付き、またどういう場合に겠が付かないのか、という使い分けの要領は次の通り。

時間 文の 語末形式	現在進行 中の動作	未来の動作		
		1人称	2人称	3人称
～겠습니다	付かない	付く	付かない	付かない
～겠습니까?	付かない	付かない	付く	付かない

1) 現在進行中の動作については겠습니다も겠습니까?も付かない。
   - 그렇게 바빠 어디로 갑니까?　そんなに急いでどこへ行くんですか。
   - 극장에 갑니다.　劇場に行きます。
   - 우리 집 사람은 지금 집에 없습니다.　家内は家にいません。
2) 未来の動作のうち겠습니다が付くのは1人称のみ。
   - (나는) 극장에 가겠습니다.　(私は)劇場に行きます。
   - 아니요, (나는) 혼자 가겠습니다.　いいえ、(私は)1人で行きます。
   - (나는) 내일 여기서 기다리겠습니다.
   　(私は)あしたここで持っていますよ。
3) 未来の動作のうち겠습니까?が付くのは2人称のみ。
   - 내일은 일요일인데 (당신은) 무엇을 하겠습니까?
   　あしたは日曜日ですが、(あなたは)何をしますか。
   - (당신은) 내일 나랑 같이 극장에 가지 않겠습니까?
   　(あなたは)あした私といっしょに劇場に行きませんか。

17 おじいさんは花を愛していらっしゃいます

저 분은 명희씨 할아버지입니다.	あの方はミョンヒのおじいさんです。
할아버지는 올해 75(일흔 다섯)살입니다.	おじいさんは今年75才です。
하지만 할아버지는 대단히 건강하십니다.	けれども、おじいさんはたいへんお元気です。
그리고 아주 부지런하십니다.	そしてとてもまめであられます。
할아버지는 꽃을 사랑하십니다.	おじいさんは花を愛していらっしゃいます。

할아버지는 매일 꽃밭을 정성껏 가꾸십니다.	おじいさんは毎日花壇を丹念に手入れされます。
또 마당도 쓰십니다.	また庭も掃かれます。
할아버지는 장기를 좋아하십니다.	おじいさんは将棋がお好きです。
할아버지는 이웃집 할아버지와 자주 장기를 두십니다.	おじいさんはとなりのおじいさんとよく将棋をされます。
할아버지는 밤에 늦게 주무십니다.	おじいさんは夜遅くお休みになります。
그러나 아침은 언제나 제일 먼저 일어나십니다.	しかし朝はいつもいちばん先に起きられます。

【語句】

저 あの／분 方／저 분 あの方／올해 今年／하지만 けれども、しかし／대단히 たいへん、とても／건강하십니다(←건강하다) お元気です、ご健康です(←元気だ、健康だ)／아주 とても／부지런하십니다(←부지런하다) まめであられます／사랑하십니다(←사랑하다) 愛されます(←愛する)／매일 毎日／정성껏 丹念に、まごころをこめて／가꾸십니다(←가꾸다) 手入れされます(←手入れする)／또 また／쓰십니다(←쓸다) 掃かれます(←掃く)／장기 将棋／좋아하십니다(←좋아하다) お好きです(←好きだ)／이웃집 隣／자주 よく／두십니다(←두다) されます(←する)／늦게 遅く／주무십니다(←주무시다) お休みになります(←休まれる)／그러나 しかし／언제나 いつも／일어나십니다(←일어나다) 起きられます(←起きる)

尊敬の表現

1. 尊敬の表現とは

対象に対する尊敬の気持ちを表すのが尊敬の表現。この表現の形式には「〜れます」「お(ご)〜になります」「お(ご)〜です」などがある。

・おじいさんは花を愛していらっしゃいます。
・6時には会社からお帰りになります。

- 今年の3月にご卒業になります。
- 山田さんは英語もお上手です。
- とてもご熱心です。

2. 尊敬の言い表し方

日本語では尊敬を表す助動詞「れる(られる)」を付けたり、接頭語「お(ご)」を付けたりして尊敬を表すが、ハングルには「お(ご)」に当る言葉はなく、もっぱら尊敬を表す助詞(「尊敬助詞」とも言う)시(십)を付けて尊敬の気持ちを表す。

- 할아버지는 꽃을 사랑하〈動詞の仮定形〉십니다.
  おじいさんは花を愛していらっしゃいます。
- 할아버지는 대단히 건강하〈形容詞の仮定形〉십니다.
  おじいさんはたいへんお元気です。
- 할아버지는 장기를 좋아하〈動詞の仮定形〉십니다.
  おじいさんは将棋がお好きです。

動詞〈仮定形〉십니다 ＝ 〜れます

形容詞〈仮定形〉십니다 ＝ お(ご)〜です

3. 尊敬動詞と謙遜語

動詞そのものが尊敬の意味を表す特別な動詞がある。これを尊敬動詞と言うが、日本語とハングルではかなりの類似点がある。

- 계십니다(있습니다)　　いらっしゃいます(います)
- 드십니다 ⎫
- 잡수십니다 ⎭ (먹습니다)　召し上がります(食べます)
- 주무십니다(잡니다)　　お休みになります(寝ます)
- 말씀하십니다(말합니다)　おっしゃいます(言います)
- 돌아가십니다(죽습니다)　亡くなられます(死にます)

　※(　)内は対応する一般動詞

また、謙遜(謙讓)語を使って尊敬を表すこともある。
- 보고드립니다(보고합니다)　ご報告いたします(報告します)
- 여쭙니다(말합니다)　　　　申し上げます(言います)
- 올립니다(줍니다)　　　　　さし上げます(やります)
- 뵙습니다(봅니다)　　　　　お目にかかります(見ます)

18 きのうは日曜日でした

어제는 일요일이었습니다.	きのうは日曜日でした。
날씨는 따뜻하였습니다.	日和は暖かでした。
나는 가족들과 함께 아이스링크에 갔습니다.	私は家族といっしょにアイスリンク(スケートリンク)に行きました。
아이스링크는 여느 때와 같이 만원이였습니다.	アイスリンクはいつものように満員でした。
우리는 피겨 모범연기를 보았습니다.	私たちはフィギュアの模範演技を見ました。
우리는 피겨를 대단히 좋아합니다.	私たちはフィギュアが大好きです。
남녀 두 선수가 나왔습니다.	男女２人の選手が出てきました。
그들은 음악에 맞추어 은반 위를 교묘하게 미끄러지면서 여러 가지 모양을 그립니다.	彼らは音楽に合わせて銀盤の上を巧みに滑りながらいろんな模様を描きます。
선수들의 동작은 아름답고 정확하였습니다.	選手たちの動作は美しくて正確でした。
우리들은 열렬한 박수를 보냈습니다.	私たちは熱烈な拍手を送りました。
계속하여 여러 명의 선수들이 출연하였습니다.	続いて何人かの選手が出演しました。
경기가 끝났습니다.	競技は終わりました。
우리는 경복궁에도 들렀습니다.	私たちは景福宮にも立ち寄りました。

| 한정식집에서 저녁식사를 하였습니다. | 韓定食屋で夕食をしました。 |
| 어제는 정말 즐거웠습니다. | きのうは本当に楽しかったです。 |

【語句】

이었습니다 でした／따뜻하였습니다(←따뜻하다) 暖かかったです(←暖かい)／함께 いっしょに／아이스링크 アイスリンク、スケートリンク／갔습니다(←가다) 行きました(←行く)／여느 때와 같이 いつものように／만원 満員／피겨 フィギュア／모범연기 模範演技／보았습니다(←보다) 見ました(←見る)／대단히 たいへん／남녀 男女／두 二人の／선수 選手／나왔습니다(←나오다) 出てきました(←出てくる)／은반(銀盤), 아이스스케이트／재치있게 巧みに／미끄러지면서(←미끄러지다) 滑りながら(←滑る)／모양 模様／그립니다(←그리다) 描きます(←描く)／동작 動作／아름답고(←아름답다) 美しくて(←美しい)／정확하였습니다(←정확하다) 正確でした(←正確だ)／열렬한 熱烈な／박수 拍手／보냈습니다(←보내다) 送りました(←送る)／계속하여 続いて／여러 명의 何人かの／출연하였습니다(←출연하다) 出演しました(←出演する)／경기 競技／끝났습니다(←끝나다) 終わりました(←終わる)／들렀습니다(←들르다) 立ち寄りました(←立ち寄る)／즐거웠습니다(즐겁다) 楽しかったです(←楽しい)

過去の表現

1. 過去の表現とは

過ぎ去った事実・動作・現象などを表すのが過去の表現。対象によって「〜でした」「〜たです」「〜ました」などいろいろの文末形式がみられる。

- きのうは日曜日(名詞)でした。　어제는 일요일 이었습니다.
- 私は電話をかけ(動詞)ました。　나는 전화를 걸었습니다.
- 見物人は少なかっ(形容詞)たです。　구경꾼은 적었습니다.
- 父は絵が好き(形容動詞)でした。　아버지는 그림을 좋아했습니다.

2. 体言の過去の表現

体言に였습니다、または이었습니다を付ける(たとえば、이 되な

ど)に続くと었になる)。

$$\sim 는/은 \ \sim 였(었)/이었습니다 \ = \ \sim は\sim でした$$

- 어제는 일요일이었습니다.　きのうは日曜日でした。
- 아버지는 노동자였습니다.　父は労働者でした。

3. 用言の過去の表現

ハングルの用言(動詞・形容詞)の過去の表現形式も同じである。

$$動詞〈過去形〉습니다 \ = \ \sim ました$$

$$形容詞〈過去形〉습니다 \ = \ \sim たです$$

- 나는 가족들과 함께 아이스링크에 갔〈動詞の過去形〉습니다.
  私は家族と一緒にアイスリンクに行きました。
- 우리는 피겨 모범연기를 보았〈動詞の過去形〉습니다.
  私はフィギュアの模範演技を見ました。
- 날씨는 따뜻하였〈形容詞の過去形〉습니다.
  天気は暖かかったです。
- 어제는 정말 즐거웠〈形容詞の過去形〉습니다.
  きのうは本当に楽しがったです。

19 きのうは金曜日ではありませんでした

어제는 금요일이 아니었습니까?　　　きのうは金曜日ではありませんでしたか。

- 네, 어제는 금요일이 아니었습니다.　　－いいえ、きのうは金曜日ではありませんでした。

그럼, 어제는 토요일이었습니까?　　　では、きのうは土曜日でしたか。

- 어제는 토요일이 아니라 일요일이었습니다.　　－きのうは土曜日ではなく日曜日でした。

어제는 춥지 않았습니까?	きのうは寒くありませんでしたか。
―춥지 않았습니다.	―寒くありませんでした。
어제 순희씨는 무엇을 하였습니까?	きのうスニさんは何をしましたか。
―순희씨는 피겨를 보았습니다.	―スニさんはフィギュアを見ました。
어디서 피겨를 보았습니까?	どこでフィギュアを見ましたか。
―아이스링크에서 보았습니다.	―アイスリンクで見ました。
순희씨는 대학 연구실에 들르지 않았습니까?	スニさんは大学の研究室に立ち寄りませんでしたか。
―네, 대학 연구실에 들르지 않고, 백화점에 들렀습니다.	―いいえ、大学の研究室に立ち寄らないで、デパート(百貨店)に立ち寄りました。
거기서 무엇을 하였습니까?	そこで何をしましたか。
―저녁식사를 하였습니다.	―夕食をしました。
순희씨는 어제 즐거웠습니까?	スニさんはきのう楽しかったですか。
―예, 즐거웠습니다.	―はい、楽しかったです。

【語句】

이 では/아니었습니까 ありませんでしたか/아니었습니다 아니었습니다 ありませんでした/아니라 なく/춥지 않았습니까(←춥다) 寒くありませんでしたか(←寒い)/춥지 않았습니다 寒くありませんでした/무엇을 何を/하였습니까 しましたか/어디서 どこで/들르지 않았습니까 立ち寄りませんでしたか/들르지 않고 立ち寄らないで/즐거웠습니까 楽しかったですか

否定の過去の表現

1. 否定の過去の表現とは

「〜ではありませんでした」「〜ませんでした」「〜(く)ありませんでした」のように過去を打ち消すのが否定の過去の表現。

・きのうは日曜日(名詞)ではありませんでした。
・私は電話をかけ(動詞)ませんでした。

- 見物人は少なく(形容詞)ありませんでした。
- 父は絵が好き(形容動詞)ではありませんでした。

2. 体言の否定の過去の表現

~는/이 ~아니였(었)습니다 = ~は~ではありませんでした

- 어제는 금요일은 아니었습니다.
 きのうは金曜日ではありませんでした。
- 아버지는 노동자가 아니었습니다.
 父は労働者ではありませんでした。

3. 用言の否定の過去の表現

動詞〈語幹〉지 않았습니다 = ~ませんでした

形容詞〈語幹〉지 않았습니다 = ~ありませんでした

- 순희씨는 식당에 들르지〈動詞の語幹〉지 않았습니다.
 スニさんは食堂に立ち寄りませんでした。
- 어제는 춥〈形容詞の語幹〉지 않았습니다.
 きのうは寒くありませんでした。

4. 過去＋疑問

~였/이었습니까? = ~でしたか

動詞〈過去形〉습니까? = ~ましたか

形容詞〈過去形〉습니까? = ~たですか

- 어제는 토요일〈名詞〉이었습니까?
- 어제 순희씨는 무엇을 하였〈動詞の過去形〉습니까?
- 순희씨는 어제 즐거웠〈形容詞の過去形〉습니까?

5. 否定の過去＋疑問

~가 / 이 아니었습니까? ＝ ～ではありませんでしたか

動詞〈語幹〉지 않았습니까? ＝ ～ませんでしたか

形容詞〈語幹〉지 않았습니까? ＝ ～ありませんでしたか

・어제는 금요일〈名詞〉이 아니었습니까?
・순희씨는 식당에 들르〈動詞の語幹〉지 않았습니까?
・어제는 춥〈形容詞の語幹〉지 않았습니까?

🔢 私は英語を話せます

당신은 영어를 할 줄 압니까?	あなたは英語を話せますか。
－간단한 말은 할 줄 압니다.	－簡単な言葉は話せます。
－하지만 어려운 말은 할 줄 모릅니다.	－けれども難しい言葉は話せません。
당신은 내 말을 알아들을 수 있습니까?	あなたは私の言うことを聞きとることができますか。
－천천히 말하면 알아들을 수 있습니다.	－ゆっくり言えば聞きとることができます。
당신은 영어를 쓸 수 있습니까?	あなたは英語を書くことができますか。
－대체로 쓸 수 있습니다.	－だいたい書くことができます。
－그러나 빨리 쓰지 못합니다.	－しかし早く書けません。
이 문장을 번역할 수 있습니까?	この文章を訳すことができますか。
－예, 번역할 수 있습니다.	－はい、訳すことができます。
그러면 이 문장도 번역할 수 있습니까?	それではこの文章も訳すことができますか。

―이 문장은 어려워서 번역할　―この文章は難しくて訳すことが
　수 없습니다.　　　　　　　　 できません。
전혀 번역할 수 없습니까?　　　全然訳すことができませんか。
―예, 한마디도 번역할 수　　　―はい、ひとことも訳せません。
　없습니다.

【語句】

영어 英語／할 줄 압니까(←할 줄 안다) 話せますか(←話せる)／간단한 簡単な／말 言葉、言うこと／할 줄 압니다 話せます／하지만 けれども／어려운 難しい／할 줄 모릅니다(←할 줄 모르다) 話せません(←話せない)／알아들을 수 있습니까(←알아들을 수 있다←알아듣다) 聞きとることができますか(←聞きとることができる←聞きとれる)／쓸 수 있습니까(←쓸 수 있다←쓰다) 書くことができますか(←書くことができる←書く)／대체로 だいたい／쓸 수 있습니다 書くことができます／빨리 早く／쓰지 못합니다(←쓰다) 書けません(←書く)／이 この／문장 文章／번역할 수 있습니까(←번역할 수 있다←번역하다) 訳すことができますか(←訳すことができる←訳す)／어려워서(←어렵다) 難しくて(←難しい)／번역할 수 없습니다 訳することができません／전혀 全然／번역할 수 없습니까 訳することができませんか／한마디 ひとこと／번역하지 못하겠습니다 訳せません

可能の表現

1. 可能の表現とは

する能力や権利があることを示すのを可能の表現と言う。

日本語ではいろいろな形で可能の意味を表す。

　　私は日本語を話せます(可能動詞)

　　私は日本語を話す(一般動詞)ことができます。

　　私は日本語ができます(可能の意味を表す一般動詞)

2. ~줄 압니다と~수 있습니다

可能を表すハングルの代表的な文末形式は~줄 압니다と~수 있습니다。

〜줄 압니다は「(する)術を知っています」、〜수 있습니다は「(する)手があります」が原意。

動詞〈連体形の未来形〉줄 압니다 ＝ 〜(でき)ます

動詞〈連体形の未来形〉수 있습니다 ＝ 〜ことができます

- 간단한 말은 할〈連体形の未来形〉줄 압니다.
- 천천히 말하면 알아들을〈連体形の未来形〉수 있습니다.
- 대체로 쓸〈連体形の未来形〉수 있습니다.

3. 質問の形

動詞〈連体形の未来形〉줄 압니까? ＝ 〜(でき)ますか

動詞〈連体形の未来形〉수 있습니까? ＝ 〜ことができますか

- 당신은 한국말을 할〈連体形の未来形〉줄 압니까?
- 당신은 내 말을 알아들을〈連体形の未来形〉수 있습니까?

4. 否定の形

動詞〈連体形の未来形〉줄 모릅니다 ＝〜(でき)ません

動詞〈連体形の未来形〉수 없습니다 ＝ 〜ことができません

- 하지만 어려운 말은 할〈連体形の未来形〉줄 모릅니다.
- 이 문장은 어려워서 번역할〈連体形の未来形〉수 없습니다.

この他にも**12**(p.81〜83)で学んだ否定の表現(3)のなかの못も、否定の形として使える。

한마디도 번역하지 못하겠습니다.

21 もうそれくらいにして帰りましょう

이제는 그만 돌아갑시다. もうそれくらいにして帰りましょう。

―벌써 시간이 됐습니까? ―もう時間ですか。
같이 퇴근할까요? いっしょに退社しましょうか。
―예, 그렇게 합시다. ―はい、そうしましょう。
오래간만에 영화라도 볼까요? 久しぶりに映画でも見ましょうか。
―봅시다. ―見ましょう。
어느 영화관에 갈까요? どの映画館に行きましょうか。
―단성사에 갑시다. ―団成社に行きましょう。
버스를 탈까요, 지하철을 탈 バスに乗りましょうか、地下鉄に乗
 까요? りましょうか。
―지하철을 탑시다. ―地下鉄に乗りましょう。
불고기집에도 들를까요? 焼き肉屋にも立ち寄りましょうか。
―거기는 들르지 맙시다. ―そこは立ち寄るのはよしましょう。
그럼 다른 식당에 들를까요? それじゃ他の食堂に立ち寄りましょ
 うか。
―아니, 오늘은 우리 집에서 ―いや、きょうは家でいっしょに
 같이 저녁식사를 합시다. 夕食をしましょう。

【語句】

이제는 もう／그만 それくらいで、それくらいにして／돌아갑시다(←돌아가다) 帰りましょう(←帰る)／벌써 もはや、すでに、もう／퇴근할까요(← 퇴근하다) 退社しましょうか(←退社する)／그렇게 そう／합시다(← 하다) しましょう(←する)／오래간만 久しぶり／라도 でも／볼까요(← 보다) 見ましょうか(←見る)／봅시다 見ましょう／어느 どの／갈까요(← 가다) 行きましょうか(←行く)／단성사 団成社(ソウル市鍾路区にある映画館)／갑시다 行きましょう／를 を／탈까요(←타다) 乗りましょうか(←乗る)／탑시다 乗りましょう／불고기집 焼き肉屋／들를까요(← 들르다) 立ち寄りましょうか(←立ち寄る)／들르지 맙시다 立ち寄るのはよしましょう／다른 他の／아니 いや／우리 집 私の家

勧誘の表現

1. 勧誘の表現とは

話し手が相手にあることをするよう、勧めて誘うのが勧誘の表現。

この表現の代表的な文末形式は「〜ましょう」。

- いっしょに帰りましょう。
- お茶でも飲みましょう。

2. 〜까요?と〜시다

誘いをかけるときの言葉には、〜까요?(〜ましょうか)と〜시다(〜ましょう)がある。前者は後者に比べ、より婉曲的な誘い方。

- 같이 퇴근할〈連体形の未来形〉까요?
- 오래간만에 영화라도 볼〈連体形の未来形〉까요?
- 이제는 그만 돌아갑〈ていねいな勧誘形〉시다.
- 지하철을 탑〈ていねいな勧誘形〉시다.

動詞〈連体形の未来形〉까요? = 〜ましょうか

動詞の語幹 + ㅂ시다〈ていねいな勧誘形〉= 〜ましょう

3. 〜지 맙시다

〜지 맙시다は、中止を促す誘いかけで、否定の勧誘の表現。

動詞〈語幹形〉지 맙시다 = 〜のはよしましょう

영화를 보〈語幹形〉지 맙시다. 映画を見るのはよしましょう。
지하철을 타〈語幹形〉지 맙시다. 地下鉄に乗るはよしましょう。
거기는 들르〈語幹形〉지 맙시다. そこは立ち寄るのはよしましょう。

22 私は歌劇が見たいです

당신은 오늘 무엇을 하시겠습니까? あなたはきょう何をなさいますか。
―나는 가극을 보고 싶습니다. ―私は歌劇が見たいです。
어떤 가극을 보고 싶습니까? どんな歌劇を見たいんですか。
―"춘향전"을 보고 싶습니다. ―「春香伝」が見たいです。
―나는 이전부터 이 가극을 ―私は以前からこの歌劇が見た
 보고 싶었습니다. かったんです。
당신은 고전을 좋아하시는군요. あなたは古典がお好きなんですね。
―예, 나는 고전을 좋아합니다. ―はい、私は古典が好きです。
―그런데 오늘 볼 수 있습니까? ―ところで、きょう見ることがで
   きますか。
―마침 국립극장에서 "춘향전" ちょうど、国立劇場で「春香伝」
 을 공연중입니다. を公演中なんです。
―그래요, 거참 잘 됐습니다. ―そうですか、それはよかったですね。
낮 공연을 보시겠습니까, 저녁 昼の公演をご覧になりますか、夕方
 공연을 보시겠습니까? の公演をご覧になりますか。
―저녁 공연을 보았으면 합니다. ―夕方の公演を見れたらと思いますが。
―그러면 저녁에 같이 갑시다. ―それじゃ、夕方いっしょに行き
   ましょう。
낮에 축구경기가 있는데 보고 昼にサッカーの競技がありますが見
 싶지 않습니까? たくないですか。
―보고싶지 않습니다. ―見たくないです。
―나는 축구에는 별로 흥미가 ―私はサッカーにはあまり興味が
 없습니다. ないんですよ。

【語句】
 하시겠습니까(←하다) なさいますか(←する)／가극(오페라) 歌劇／
 보고싶습니다(←보다) 見たいです(←見る)／이전부터 以前から、前か
 ら／보고싶었습니다 見たかったです／고전(클래식) 古典／좋아하시는군요(←좋아하다) お好きなんですね(←好きだ)／볼 수 있습니까(←보다) 見ることができますか(←見る)／마침 ちょうど／공연중 公演中／거참 それは／잘 됐습니다 よかったですね／낮 昼／저녁 夕方／보시겠습니까(←보다) ご覧になりますか(←見る)／있는데(←있다) ありますが(←ある)／보고 싶지 않습니까 見たくないですか／보고 싶지 않습니다 見たくないです／별로 あまり／흥미 興味

希望の表現

1. 希望の表現

あることが実現するように、願い望むのが希望の表現。この表現には典型的な「〜たいです」の他にも「〜たらなあ」「〜たらなあと思います」のような婉曲的な表現もある。

・わたしは映画が見たいです。
・英語がすらすらと話せたらなあ。
・早く春が来たらなあと思います。

2. 〜싶습니다、〜으면 합니다

싶습니다は希望を表す代表的な言葉。これは単独で使われることはなく、通常助詞고を伴って、補助形容詞のような形で用いられる。

・나는 가극을 보〈語幹〉고 싶습니다.

動詞〈語幹〉고 싶습니다 ＝ 〜たいです

으면 합니다は싶습니다より控えめな表現。

・저녁 공연을 보았〈過去形〉으면 합니다.

動詞〈過去形〉으면 합니다 ＝ 〜たら(なあ)と思います

3. 質問の形

~싶습니다를 싶습니까、~으면 합니다를 ~으면 합니까와 直せば、質問の形になる。

> 動詞〈語幹〉고 싶습니까? ＝ ~たいですか

> 動詞〈過去形〉으면 합니까? ＝ ~たら(なあ)と思いますか

- 어떤 가극을 보〈語幹〉고 싶습니까
 どんな歌劇を見たいですか。
- 어떤 가극을 봤〈過去形〉으면 합니까?
 どんな歌劇が見れたらなあと思いますか。

4. 否定の形

> 動詞〈語幹〉＝고 싶지 않습니다. ~たくありません

- 축구는 보〈語幹〉고 싶지 않습니다.
 サッカーは見たくありません。

5. 希望＋過去

> 動詞〈語幹〉＝~たかったです

- 이 가극을 보〈語幹〉고 싶었습니다.
 この歌劇が見たかったです。

23 あしたまで待ってください

한 가지 부탁이 있는데요. ひとつお願いがあるんですが。
－무엇인지요? －何でしょうか。
「일한사전」을 며칠만 빌릴 「日韓辞典」を何日かだけ貸しても
　수 없을까요? らえないでしょうか。
－지금 그 사전이 없는데요. －今その辞典がありませんが。
아, 그렇습니까? 유감인데요. あ、そうですか。残念ですね。

―내일까지 기다려 주십시오. ―あしたまで待ってください。
―미안하지만 내일 와주십시오. ―すみませんが、あした来てください。
―내일은 시간이 없습니다. ―あしたは時間がありません。
 그래서 오지 못합니다. それで来れません。
 그러면 모레 와 주실 수 없 それじゃ、あさって来ていただけ
 겠습니까? ないでしょうか。
―예, 그렇게 하겠습니다. ―はい、そうします。あさっての
 모레 오후에 오겠습니다. 午後に来ます。
―만약의 경우를 생각해서 ―もしもの場合を考えてあらかじ
 미리 전화를 걸어주십시오. め電話をかけてください。
―알겠습니다. 그럼 부탁하 ―わかりました。それじゃお願い
 겠습니다. します。

【語句】

한 가지 ひとつ/부탁 お願い/있는데요(←있다) あるんですが(←ある)/무엇인지요 何でしょうか/일한사전 日韓辞典/며칠만 何日か/빌릴 수 없을까요(←빌리다) 貸してもらえないでしょうか(←借りる)/없는데요(←없다) ありませんが(←ない)/아 あ/그렇습니까 そうですか/유감인데요 残念ですね/기다려 주십시오(←기다리다) 待ってください(←待つ)/미안하지만 すみませんが/와주십시오(←오다) 来てください(←来る)/없습니다(←없다) ありません(←ない)/그래서 それで/오지 못합니다(←오다) 来れません(←来る)/와 주실 수 없겠습니까 来ていただけないでしょうか/그렇게 そう(そのように)/하겠습니다(←하다) します(←する)/오겠습니다(←오다) 来ます(←来る)/만약의 もしもの/경우 場合/생각해서(←생각하다) 考えて(←考える)/미리 あらかじめ/걸어주십시오(←걸다) かけてください(←かける)/알겠습니다(←알다) わかりました(←わかる)/부탁하겠습니다(←부탁하다) お願いします(←お願いする)

依頼の表現

1. 依頼の表現とは

頼みごとを述べるのが依頼の表現。依頼の表現では相手の心中をはばかる気持ちが働くので、言い表し方もそれなりに微妙に異なることがよくある。

・辞書を貸してください。
・辞書を貸してくださいませんか。
・辞書を貸してもらえないでしょうか。
・辞書を貸してもらいたいんですか。
・辞書を貸していただけないでしょうか。

2. ~주십시오. ~수 없을까요? ~주실 수 없겠습니까?

~주십시오(~てください)はもっとも一般的な依頼の表現。

~수 없을까요?(~てもらえないでしょうか)は~주십시오より控えめな感じを与え、~주실 수 없겠습니까?(~ていただけないでしょうか)はたいへん丁重な感じを与える。

・내일까지 기다려〈連用形〉주십시오(주세요).
・미안하지만 내일 와〈連用形〉주십시오(주세요).
・만약의 경우를 생각해서 미리 전화를 걸어〈連用形〉주십시오.
・「일한사전」을 며칠만 빌릴 수 없을〈連体形の未来形〉까요?
・그러면 모레 와〈連用形〉주실 수 없겠습니까?

動詞〈連用形〉주십시오 =~てください。(세요にしても同義)

動詞〈連体形の未来形〉수 없을까요?
　　　　　　　　　=~てもらえないでしょうか

動詞〈連用形〉주실 수 없겠습니까?
　　　　　　　　　=~ていただけないでしょうか

3. ~데요

~데요は「~んですが」「~ますが」「~ですね」「~ますね」などの意味を表す終結助詞。~니다より打ちとけた感じ。

- 한 가지 부탁이 있는〈動詞の連体形〉데요.
  ひとつお願いがあるんですが。
- 지금 그 사전이 없는〈形容詞の連体形〉데요.
  今、その辞典がありませんが。
- 유감〈体言〉인데요.
  残念ですね。

用言〈連体形〉데요 ＝ 〜んですが(ますが・ですね・ますね)

〜데요 / 인데요 ＝ 〜ですね

※なお、ハングルの用言の連体形は過去、現在、未来によって形が異なる。

	過去	現在	未来
가다(行く)	간	가는	갈
예쁘다(きれいだ)	예쁜	예쁜	예쁠

24 あれはヒバリでしょう

나는 새 이름을 잘 모릅니다.	私は鳥の名前をよく知りません
당신은 새 이름을 잘 아십니까?	あなたは鳥の名前をよくご存じですか。
―나도 잘 모릅니다.	―私もよく知りません。
저건 무엇일까요?	あれは何でしょうか。
―저건 종달새일 것입니다.	―あれはヒバリでしょう。
저건 무슨 새일까요?	あれは何の鳥でしょうか。
―저건 까치가 아닐까요?	―あれはカササギではないでしょうか。
까치는 아닐 것입니다. 까치야 꼬리가 더 길지요.	カササギではないでしょう。カササギは尾がもっと長いでしょ。
―까치가 아니면 아마 딱다구리겠지요.	―カササギでなければおそらくキツツキでしょうよ。
옳습니다. 딱다구리일지도 모릅니다.	そうですね。キツツキかもしれませんね。

다른 사람한테 물어봅시다.　他の人に聞いてみましょう。
－저, 대학생, 저건 무슨 새　－あの、大学生さん、あれは何の
　입니까?　　　　　　　　　　鳥ですか。
　저건 딱다구리입니다.　　　あれはキツツキです。

【語句】
이름 名前／잘 よく／모릅니다(←모르다) 知りません(←知らない)／아십니까(←알다) ご存じですか、知っていらっしゃいますか(←知る)／무엇일까요 何でしょうか／가 では／아닐까요(←아니다) ないでしょうか(←ない)／까치는 カササギでは／아닐 것입니다 ないでしょう／야 は／꼬리 尾／더 もっと／길지요(←길다) 長いでしょ(←長い)／아니면(←아니다) なければ(←ない)／아마 おそらく、多分／딱다구리 キツツキ／겠지요 でしょうよ／옳습니다(←옳다) 正しいです、もっともです、その通りです(正しい)／일지도 모릅니다 かもしれません／다른 他の／물어봅시다(←물어보다) 聞いてみましょう(←聞いてみる)／저 あの／대학생 大学生

推量の表現(1) －体言－

1. 推量の表現とは

不確かなことがらを、おしはかって述べるのが推量の表現。推量を表す言葉には「～でしょう」「～でしょうよ」「～かもしれません」などがある。これらは体言や用言に付くが、ここでは体言の推量の表現についてみることにする。

　・あれはバラでしょう。
　・あれはバラでしょうよ。
　・あれはバラかもしれません。

2. ～일 것입니다、～(이)겠지요、～일지도 모릅니다

～(이)겠지요は～일 것입니다よりうちとけた形。不確かさの程度は3者似たり寄ったり。

> ~일 것입니다 ＝ ~でしょう

> ~겠지요 / 이겠지요 ＝ ~でしょうよ

> ~일지도 모릅니다 ＝ ~かもしれません

- 저건 종달새일 것입니다.　　あれはヒバリでしょう。
- 저건 딱다구리겠지요.　　　　あれはキツツキでしょうよ。
- 저건 꿩이겠지요.　　　　　　あれはキジでしょうよ。
- 저건 딱다구리일지도 모릅니다.　あれはキツツキかもしれません。

3. 推量＋疑問

> ~일까요？＝~でしょうか

- 저건 무엇일까요?　　　　あれは何でしょうか。
- 저건 종달새일까요?　　　あれはヒバリでしょうか。

4. 推量＋否定

> ~아닐 것입니다＝~ではないでしょう

- 까치는 아닐 것입니다.　　カササギではないでしょう。
- 꿩은 아닐 것입니다.　　　キジではないでしょう。

5. 推量＋否定＋疑問

> 아닐까요？＝~ではないでしょうか

- 저건 까치가 아닐까요?　あれはカササギではないでしょうか。
- 저건 꿩이 아닐까요?　　あれはキジではないでしょうか。

25 あしたは天気がいいでしょう

어제는 날씨가 나빴습니다.　　きのうは天気が悪かったです。
어제는 비가 왔습니다.　　　　きのうは雨が降りました。

어제는 추웠습니다.	きのうは寒かったです。
그리고 바람까지 불었습니다.	そして風まで吹きました。
오늘도 비가 오고 바람이 붑니다.	きょうも雨が降り風が吹いています。
내일은 날씨가 좋을까요?	あしたは天気がいいでしょうか。
－내일은 날씨가 좋을 것입니다.	－あしたは天気がいいでしょう。
－비는 오지 않을 것입니다.	－雨は降らないでしょう。
내일은 바람이 불지 않을까요?	あしたは風が吹かないでしょうか。
－바람이 불지도 모릅니다.	－風が吹くかもしれません。
내일도 춥겠지요?	あしたも寒いでしょうね。
－내일도 아마 춥겠지요.	－あしたも多分寒いでしょうね。
－그러나 어제처럼 춥지 않을 것입니다.	－だけどきのうみたいに寒くないでしょう。

【語句】

날씨 天気／나빴습니다(←나쁘다) わるかったです(←わるい)／왔습니다(←오다) 降りました(←降る)／추웠습니다(←춥다) 寒かったです(←寒い)／불었습니다(←불다) 吹きました(←吹く)／오고(←오다) 降って, 降り(←降る)／붑니다 吹きます／좋을까요(←좋다) いいでしょうか(←いい)／좋을 것입니다 いいでしょう／오지 않을 것입니다(←오지 않다←오다) 降らないでしょう(←降らない←降る)／불지 않을까요 吹かないでしょうか／불지도 모릅니다 吹くかもしれません／춥겠지요 寒いでしょうね／그러나 しかし, だけど／처럼 みたいに／춥지 않을 것입니다 寒くないでしょう

推量の表現(2) －用言－

1. 用言の推量の表現

未来形は「でしょう」「～でしょうね」「～かもしれません」「～はずです」などがある。

・あしたは晴れるでしょう。

- あしたは寒いでしょうね。
- 風が吹くかもしれません。
- 姉さんもいっしょに来るはずです。

2. ～것입니다、～겠지요、～지도 모릅니다

付属語は体言の推量の表現の場合と基本的には同じ。最初の部分が少し違っているので注意。

- 내일은 날씨가 좋을〈連体形の未来形〉것입니다.
  明日は天気が寒いでしょう。
- 내일도 아마 춥〈語幹〉겠지요.
  明日もおそらく寒いでしょう。
- 바람이 불〈語幹〉지도 모릅니다.
  風が吹くかも知れません。

用言〈連体形の未来形〉＝～でしょう(はずです)

用言〈語幹〉＝～でしょうね(でしょうよ)

用言〈連体形の未来形〉＝～かもしれません

3. 推量＋疑問

用言〈連体形の未来形〉＝～でしょうか

用言〈語幹〉＝～でしょうか(ね)

- 내일은 날씨가 좋을〈連体形の未来形〉까요?
  明日は天気がよいでしょうか。
- 내일도 바람이 불〈連体形の未来形〉까요?
  明日も風が吹くでしょうか。
- 내일도 바람이 불〈語幹〉까요?
  明日も風が吹くでしょうか。

4. 推量＋否定

> 用言〈語幹〉＝～ないでしょう(ないはずです)

- 비는 오〈語幹〉지 않을 것입니다.
  雨は降らないでしょう。
- 내일은 어제처럼 춥〈語幹〉지 않을 것입니다.
  明日は昨日のように寒くないでしょう。

5. 推量＋否定＋疑問

> 用言〈語幹〉＝～ないでしょうか

- 내일은 바람이 불〈語幹〉지 않을까요?
  明日は風が吹かないでしょうか。

26 例年より暖かかったでしょう

올해 겨울은 춥지 않았습니다.	今年の冬は寒くありませんでした。
남쪽 지방에서는 강물이 얼지 않았습니다.	南の地方では川の水が凍りませんでした。
눈도 적게 내렸습니다.	雪も少し降りました。
그리고 한번은 비까지 내렸는데 그것이 1(일)월 상순이었을까요?	そして、一度は雨まで降りましたが、それが1月上旬だったでしょうか。
―아마 중순이었을 것입니다.	―多分中旬だったはずです。
―아니, 하순이었을지도 모릅니다.	―いや、下旬だったかもしれません。
북쪽 지방은 어떠했을까요?	北の地方ではどうだったでしょうか。
―거기도 그리 춥지 않았을 것입니다.	―そこもそんなに寒くなかったでしょう。
―예년보다 따뜻했을 것입니다.	―例年より暖かかったでしょう。
눈이 많이 내렸을까요?	雪がたくさん降ったでしょうか。

―이쪽보다는 많이 내렸을 것   ―こっちよりはたくさん降った
　입니다.　　　　　　　　　　　 でしょう。
―어떤 곳에서는 적게 내렸을   ―ある所では少く降ったかもし
　지도 모릅니다.　　　　　　　　 れません。
비는 내리지 않았을까요?　　　　雨は降らなかったでしょうか。
―비는 내리지 않았을 것입니다.   ―雨は降らなかったでしょう。
강물이 얼었을까요?　　　　　　　川の水が凍ったでしょうか。
―강물이야 얼었겠지요.　　　　　 ―川の水は凍ったでしょうよ。

【語句】

올해 今年／지방 地方／강물 川の水／얼지 않았습니다(←얼다) 凍りませんでした(←凍る)／적게 少し、少く／내렸습니다(←내리다) 降りました(←降る)／한번 一度／내렸는데 降りましたが／상순 上旬／이었을까요(←이었다←이다) だったでしょうか(←だった←だ)／중순 中旬／하순 下旬／이었을지도 모릅니다 だったかもしれません／어떠했을까요(←어떠하다) どうだったでしょうか(←どうだ)／그리 そんなに／춥지 않았을 것입니다 寒くなかったでしょう／예년 例年／따뜻했을 것입니다(←따뜻하다) 暖かかったでしょう(←暖かい)／많이 たくさん／내렸을까요 降ったでしょうか／내렸을 것입니다 降ったでしょう／어떤 ある／내렸을지도 모릅니다 降ったかもしれません／내리지 않았을까요 降らなかったでしょうか／내리지 않았을 것입니다 降らなかったでしょう／얼었을까요 凍ったでしょうか／이야 は／얼었겠지요 凍ったでしょうよ

推量の表現(3) －過去－

1. 過去の推量の表現

「～だったでしょう」「～たでしょう」「～たかもしれません」「～たはずです」などが過去の推量の表現。

・あれはバラだったでしょう。

・ずいぶん重かったでしょう。

・手紙は多分届いたでしょう。

- ひょっとしたら合格したかもしれません。
- 公演はもう始まったはずです。

2. ~였을 것입니다、~(ㅆ)을 것입니다、~였을지도 모릅니다、~(ㅆ)을지도 모릅니다、

~였(이었)을 것입니다や~였(이었)을지도 모릅니다は体言に、~(ㅆ)을 것입니다や、~(ㅆ)을지도 모릅니다は用言に付いて過去の推量を表す。

~였(이었)을 것입니다 = ~だったでしょう(だったはずです)

用言〈過去形〉을 것입니다 = ~たでしょう(たはずです)

~였(이었)을지도 모릅니다 = ~だったかもしれません

用言〈過去形〉을지도 모릅니다 = ~たかもしれません

- 아마 중순〈名詞〉이었을 것입니다.
- 이쪽보다는 많이 내렸〈動詞の過去形〉을 것입니다.
- 예년보다 따뜻했〈形容詞の過去形〉을 것입니다.
- 아니, 하순〈名詞〉이었을지도 모릅니다.
- 어떤 곳에서는 적게 내렸〈動詞の過去形〉을지도 모릅니다.

3. ~(이)였겠지요と~~(ㅆ)겠지요

겠지요는 것입니다のくだけた表現。

~였(이었)겠지요 = ~だったでしょうよ(だったはずですよ)

用言〈過去形〉겠지요 = ~たでしょうよ(たはずですよ)

- 아마 중순〈名詞〉이었겠지요.
 多分中旬だったでしょうよ。
- 강물이야 얼었〈動詞の過去形〉겠지요.
 川の水は凍ったでしょうよ。

4. 過去の推量＋疑問

| ~였(이었)을까요? ＝ ~だったでしょうか |

| 用言〈過去形〉을까요? ＝ ~たでしょうか |

- 그것은 1월 상순〈名詞〉이었을까요?
  それは1月上旬だったでしょうか。
- 눈이 많이 내렸〈動詞の過去形〉을까요?
  雪がたくさん降ったでしょうか。

5. 過去の推量＋否定

| ~가/이 아니었을 것입니다 ＝ ~ではなかったでしょう |

| 用言〈語幹〉지 않았을 것입니다 ＝ ~なかったでしょう |

- 중순〈名詞〉이 아니었을 것입니다.
  中旬ではなかったでしょう。
- 비는 내리〈動詞の語幹〉지 않았을 것입니다.
  雨は降らなかったでしょう。

27 赤い色は暖かい感じを与えます

색은 여러 가지 느낌을 줍니다.	色はいろんな感じを与えます。
다시 말해서 색에는 여러 가지 심리작용이 있습니다.	言い換えれば、色にはいろんな心理作用があります。
예를들면 붉은 색은 뜨거운 감을 줍니다.	たとえば、赤い色は暖かい感じを与えます。
반대로 푸른 색은 찬 감을 줍니다.	反対に、青い色は冷たい感じを与えます。
그리고 노란색은 밝은 감을 줍니다.	そして、黄色い色は明るい感じを与えます。

또한 흰색은 깨끗한 감을 주며 검은 색은 엄숙한 감을 줍니다.	また、白い色は清潔な感じを与え、黒い色は厳粛な感じを与えます。
그 밖에도 녹색은 안전하고 신선한 감을 주며 보라색은 장엄하고 고귀한 감을 줍니다.	そのほかにも緑色は安全で、新鮮な感じを与え、紫色はおごそかで高貴な感じを与えます。
일반적으로 어두운 색은 무겁게 느껴집니다.	一般に、暗い色は重く感じられます。
반대로 밝은 색은 가볍게 느껴집니다.	反対に、明るい色は軽く感じられます。
이와 같이 색의 심리작용은 실로 다양합니다.	このように、色の心理作用は実に多様です。

【語句】

여러 가지 いろんな／느낌 感じ／줍니다(←주다) 与えます(←与える)／다시 말해서 つまり、言い換えれば／에는 には／심리작용 心理作用／예를들면 たとえば／붉은(← 붉다) 赤い(←赤い)／뜨거운(←뜨겁다) 熱い(←熱い)／감 感じ／반대로 反対に／푸른(←푸르다) 青い(←青い)／찬(← 차다) 冷たい(←冷たい)／노란(← 노랗다) 黄色い(←黄色い)／밝은(← 밝다) 明るい(←明るい)／또한 また／흰(← 희다) 白い(←白い)／깨끗한(← 깨끗하다) 清潔な(←清潔だ)／주며 与え／검은(← 검다) 黒い(←黒い)／엄숙한(← 엄숙하다) 厳粛な(←厳粛だ)／그 밖 そのほか／안전하고(← 안전하다) 安全で(←安全だ)／신선한(← 신선하다) 新鮮な(←新鮮だ)／장엄하고(← 장엄하다) おごそかで(←おごそかだ)／고귀한(← 고귀하다) 高貴な(←高貴だ)／일반적으로 一般に／어두운(← 어둡다) 暗い(←暗い)／무겁게(← 무겁다) 重く(←重い)／느껴집니다(← 느끼다) 感じられます(←感じる)／가볍게(← 가벼운) 軽い(←軽い)／이와 같이 このように／실로 実に／다양합니다(← 다양하다) 多様です(←多様だ)

体言修飾の表現(1) －形容詞の連体形－

1. 体言修飾の表現とは

　体言のもつ意味や内容をはっきりさせるものを体言修飾の表現と言う。体言はいろいろな面から修飾することができる。

1)「どんなか」を表すもの
 ・明るい(形容詞)色
 ・新鮮な(形容動詞)感じ
2)「どうする」を表すもの
 ・朝早く起きる(動詞)習慣をつけます。
 ・食事をする(動詞)場面を撮ります。
3)「どうした」を表すもの
 ・わたしはクムガン(金剛)山を見た(動詞＋た)ことがあります。
4)「どうだった」を表すもの
 ・小川が流れていた(動詞＋た)山のふもと
5)「何の」を表すもの
 ・兄はフランス語の(名詞＋の)先生です。

この他にもいろいろあるが、ここでは1)についてみることにする。

2. 形容詞(形容動詞)による体言修飾

体言修飾の表現で代表的なものとしては、形容詞によるものがある。形容詞の連体形は、その後に置かれた体言を修飾する。

$$\boxed{\text{形容詞〈連体形〉〜 ＝ 〜(い)(な)〜}}$$

붉은〈連体形〉색.
엄숙한〈連体形〉느낌.

日本語では形容詞が体言の後に置かれたときも、前に置かれたときも語形が同じだが、ハングルでは位置によって、つまり連体修飾を表すのか、述語を表すのかによって語形が変化することに注意。

｛붉은 색	赤い色
색이 붉다.	色が赤い
｛깨끗한 방	清潔な部屋
방이 깨끗하다.	部屋が清潔だ

28 手紙は礼儀正しく書かなければなりません

편지는 중요한 교제수단의 하나입니다.	手紙は大切な交際手段の1つです。
편지를 쓰기 위해서는 다음과 같은 점을 지켜야 합니다.	手紙を書くためには次のような点を守らなければなりません。
편지는 예절있게 써야 합니다.	手紙は礼儀正しく書かなければなりません。
편지의 말씨는 상대방에게 어울려야 합니다.	手紙の言葉遣いは相手にふさわしくなければなりません。
편지의 내용은 간결하여야 합니다.	手紙の内容は簡潔でなければなりません。
특히 의뢰 편지나 문의 편지는 내용이 명확하여야 합니다.	特に依頼の手紙や問い合わせの手紙は内容が明確でなければなりません。
편지는 또한 제삼자가 알 수 있도록 써야 합니다.	手紙はまた第3者がわかるように書かなければなりません。
편지지는 깨끗한 종이어야 합니다.	便箋はきれいな紙でなければなりません。
글씨는 단정하게 써야 합니다.	字はきちんと書かなければなりません。
편지 봉투에는 주소와 이름을 정확하게 써야 합니다.	封筒には住所と名前を正確に書かなければなりません。
답장은 될수록 빨리 내야 합니다.	返信はできるだけ早く出さなければなりません。

【語句】

중요한(←중요하다) 大切な(←大切だ)／교제 수단 交際手段／하나 ひとつ／쓰기 위하여서는 書くためには／다음 次／과 같은 のような／점 点／지켜야(←지키다) 守らなけらば(←守る)／예절있게 礼儀正しく／써야(←쓰다) 書かなければ(←書く)／말씨 言葉遣い／상대방 相手／어울려야(←어울리다) ふさわしくなければ(←ふさわしい)／내용 内容／간결하여야(←간결하다) 簡潔でなけらば(←簡潔だ)／특히 特

に、殊に／의뢰 편지 依頼の手紙／문의 問い合わせ(の)／명확하여야 (←명확하다) 明確でなければ(←明確だ)／제삼자가 第3者が／알 수 있도록 わかるように／깨끗한 きれいな／글씨 字／단정하게 きちんと／봉투 封筒／주소 住所／정확하게 正確に／답장 返信／될수록 できるだけ／빨리 早く／내야(←내다) 出さなければ(←出す)

義務の表現

1. 義務の表現

当然そうでなければならない、あるいはそうしなければならないことを表すものが義務の表現。

この表現の文末形式は「〜でなければなりません」「〜なければなりません」「〜であるべきです」「〜べきです」などが挙げられる。

- 専門家(名詞)でなければなりません。
- できるだけ新しく(形容詞)なければなりません。
- まずは健康で(形容動詞)あるべきです。
- 何でもよく食べ(動詞)なければなりません。
- 約束は守る(動詞)べきです。

2. 〜(이)어야 합니다

〜(이)어야 합니다は体言に付いて義務を表す。

> 〜(이)어야 합니다
> = 〜でなければなりません(であるべきです)

- 깨끗한 종이어야 합니다.
- 신품이어야 합니다.　　新品でなければなりません。

※〜(이)어야 합니다は、「〜であるべきです」。「〜でなければなりません」は、〜가(이) 않으면 안 됩니다という言い方もある。これも日本語ととてもよく似ている。

3. 〜야 합니다

〜야 합니다は用言に付く。

| 用言〈連用形〉야 합니다＝〜なければなりません(べきです) |

- 편지는 예절있게 써〈動詞の連用形〉야 합니다.
- 편지를 쓰기 위해서는 다음과 같은 점을 지켜〈動詞の連用形〉야 합니다.
- 편지의 말차림새는 상대방에게 어울려〈動詞の連用形〉야 합니다.
- 편지의 내용은 간결하여〈形容詞の連用形〉야 합니다.
- 특히 의뢰편지나 문의편지는 내용이 명확하여〈形容詞の連用形〉야 합니다.

※「〜でなければなりません」は、〜지 않으면 안 됩니다.

4. 形容詞を副詞化させる게

게は形容詞の接続形に付き、形容詞を副詞化させる働きをする。

편지는 예절있〈語幹〉게 써야 합니다.
글씨는 단정하〈語幹〉게 써야 합니다.
편지 봉투에는 주소와 이름을 정확하〈語幹〉게 써야 합니다.

예절있게(礼儀正しく)、단정하게(きちんと)、정확하게(正確に)はいずれも써야 합니다を修飾。

| 形容詞〈語幹〉게 = 〜く、〜に、〜と |

29 なかったら、ウールの手袋でも結構です

언제 우체국에 갑니까?	いつ郵便局に行きますか。
－이제 가겠습니다.	－今行きます。
한가지 미안한 부탁을 해도 괜찮겠습니까?	1つ迷惑なお願いをしてもかまいませんか。
－뭔데요?	－何でしょう？

오다가 백화점에 들러서 장갑을 사 와 주십시오.
― 아무 장갑이나 됩니까?
가죽 장갑이면 좋겠는데.
― 만약 가죽 장갑이 없으면 어떻게 할까요?
없으면 털장갑이라도 괜찮습니다.
― 색깔은 어떤 것이 좋습니까?
검은 색이 좋은데 밤색(갈색)이라도 상관없습니다.
― 무늬는 없어도 됩니까?
없어도 됩니다.
― 한 벌(짝)이면 됩니까?
두 벌 필요한데 둘 다 같은 것을 사도 됩니다.

帰りがけに百貨店に立ち寄って手袋を買ってきてください。
― どんな手袋でもいいですか。
皮の手袋だったらいいんだけど。
― もし皮の手袋がなかったら、どうしましょうか。
なかったら、ウールの手袋でも結構です。
― 色はどんなのがいいですか。
黒色がいいんですが、栗色(茶色)でもかまいません。
― 紋様はなくてもいいですか。
なくてもいいですよ。
― １組でいいですか。
２組要るんですが、２つとも同じのを買ってもいいですよ。

【語句】

이제 今／한 가지 1つ／미안한 迷惑な／부탁 お願い／상관없습니까(← 상관없다) かまいませんか(←かまわない)／뭔데요 何でしょう／오다가(← 오다) 帰りがけに(←来る)／들러서(← 들르다) 立ち寄って(←立ち寄る)／장갑 手袋／사와주십시오(← 사오다) 買ってきてください(←買ってくる)／아무 どんな／됩니까 いいですか(←いい)／가죽 皮／좋겠는데(← 좋다) いいんだけど(←いい)／만약 もしも／할까요(← 하다) しましょうか(←する)／털 毛、ウール／괜찮습니다(← 괜찮다) 結構です(←結構だ)／색깔 色／어떤 것이 どんなのが／아니면 でなければ／무늬 紋様／없어도(← 없다) なくても(←ない)／벌(짝) 組／필요한데(← 필요하다) 要るんだけど(←要る)／둘 다 2つとも／같은 것 同じの／사도(← 사다) 買っても(←買う)／됩니다 いいです

許容の表現

1. 許容の表現とは

この程度ならよしと、許してもらえるものが許容の表現である。主に「〜ても(でも)+いいです(かまいません、結構です)」の文末形式をとる。

・中古(名詞)でもいいです。
・高く(形容詞)てもかまいません。
・使用し(動詞)ても結構です。

2. 됩니다, 괜찮습니다, 상관없습니다

됩니다(いいです)、괜찮습니다(結構です)、상관없습니다(かまいません、関係ないです)はいずれも許容を表すが、意味が似かよっているのでどれを用いても大差はない。

・무늬는 없어〈形容詞の連用形〉도 됩니다.
・없으면 털 장갑〈名詞〉이라도 괜찮습니다.
・검은 색이 필요한데 밤색〈名詞〉이라도 상관없습니다.

```
〜이라도 됩니다 =〜でもいいです
```

```
用言〈連用形〉도 됩니다 (괜찮습니다, 상관없습니다)
 =〜てもいいです(結構です、かまいません)
```

3. 좋습니다も使われる

됩니다, 괜찮습니다, 상관없습니다などの代わりに、좋습니다(いいです)を用いることもできる。

・털장갑이라도 좋습니다. ウールの手袋でもいいです。
・무늬는 없어도 좋습니다. 紋様はなくてもいいです。
・같은 것을 사도 좋습니다. 同じのを買ってもいいです。

※もともと좋다(よい)は優れている、まさっている、という意味の「よい」であって、許容を意味する「よい」ではないが、許容の意味と混同して使われることもある。

4. 質問の形

됩니다는 됩니까?, 괜찮습니다는 괜찮습니까?, 상관없습니다는 상관없습니까?とすると質問の形になる。

30 1階でなくてもいいです

어서 오십시오.	いらっしゃいませ。
－빈 방 있습니까?	－空き部屋がありますか。
일층은 다 찼습니다.	1階は皆埋ってます。
－일층이 아니라도 됩니다.	－1階でなくてもいいです。
이층에 빈 방이 있는데 좀 좁습니다.	2階に空き部屋がありますが、少々狭いんです。
－넓지 않아도 괜찮습니다.	－広くなくてもかまいません。
그러면 한 번 보시겠습니까?	それじゃ一度ご覧になりますか。
－봅시다. 안내해 주십시오.	－見せてもらいましょう。案内してください。
이 방입니다.	この部屋です。
－좋습니다. 이 방으로 하겠습니다.	－よろしい。この部屋にします。
－식당은 어디에 있습니까?	－食堂はどこにありますか。
아래층에 있습니다.	下の階にあります。
－저녁 식사는 몇 시부터 됩니까?	－夕食は何時からできますか。
6(여섯)시부터입니다. 식사를 방까지 가져다 드릴까요?	6時からです。食事をお部屋まで持ってまいりましょうか。
－아니, 가져오지 않아도 됩니다.	－いや、持ってこなくてもいいです。
－내려가서 하겠습니다.	－降りていって(食事)します。

【語句】

어서 오십시오 いらっしゃいませ／빈 방 空き部屋／일층 1階／다 찼습니다(←다 차다) 満員です(←満員だ)／이 아니라도 됩니다 でなくてもいいです／좀 少々／좁습니다(←좁다) 狭いです(←狭い)／넓지 않아도(←넓다) 広くなくても(←広い)／봅시다(←보다) 見ましょう(←見る)／안내해 주시오(←안내하다) 案内してください(←案内する)／듣겠습니다(←듣다) 入ります(←入る)／아래층 下の階／가져다 드릴까요(←가지다) 持ってまいりましょうか(←持つ)／가져오지 않아도(←가져오다) 持ってこなくても(←持ってくる)／내려가서(←내려가다) 降りていって(←降りていく)

否定の許容の表現

1. 否定の許容の表現とは

そうでなくてもよい、またはそうしなくてもよいということを表すものが、否定の許容の表現。

文末形式は「～でなくてもいいです」「～なくてもかまいません(けっこうです)」など。

- ・新品(名詞)でなくてもいいです。
- ・正確で(形容動詞)なくてもいいです。
- ・早く(形容詞)なくてもかまいません。
- ・いっしょに行か(動詞)なくても結構です。

2. ～가/이 아니라도 됩니다.

体言に付いて否定の許容を表す。

> ～가/이 아니라도 됩니다 ＝ ～でなくてもいいです

3. ～지 않아도 됩니다

用言に付いて否定の許容を表す。

> 用言〈語幹〉지 않아도 됩니다(괜찮습니다・상관없습니다)
>   ＝～なくてもいいです(結構です、かまいません)

넓〈形容詞の語幹〉지 않아도 상관없습니다.
아니, 가져오〈動詞の語幹〉지 않아도 됩니다.

31 バスに乗ってお行きなさい

미안하지만 말씀 좀 물읍시다.	すみません、ちょっとおたずねしたいのです。
－예.	－はい。
시민병원이 어디에 있습니까?	市民病院はどこにありますか。
－남문 맞은편에 있습니다.	－南門の向かい側にあります。
남문을 아십니까?	南門をご存じですか。
－나는 목포가 처음이어서 잘 모르겠습니다.	－私はモクポ(木浦)が初めてでよくわからないです。
－그러면 버스를 타고 가십시오.	－でしたら、バスに乗ってお行きなさい。
버스 정류장은 어디에 있습니까?	バスの停留所はどこにありますか。
－나를 따라오십시오.	－私についていらっしゃい。
－가르쳐 드리겠습니다.	－教えてあげます。
이거 참 안 됐습니다.	これはどうもすみません。
－저기가 버스 정류장인데 24번 버스을 타십시오.	－あれがバスの停留所ですが、24番バスにお乗りなさい。
－그리고 세번째 정류장에서 내리세요.	－そして3番目の停留所で降りなさい。
－정류장 앞이 남문입니다.	－停留所の前がちょうど南門ですよ。
잘 알았습니다. 정말 고맙습니다.	よくわかりました。本当にありがとうございました。

【語句】

미안하지만 すみませんが／말씀 좀 물읍시다 ちょっとおたずねしたいんですが／시민병원 市民病院／남문 南門／맞은편 向かい／아십니까(←알다) ご存じですか(←知る)／타고 가십시오(←타고 가다) 乗ってお行きなさい(←乗って行く)／정류장 停留所／따라오십시오(←따라오다) ついていらっしゃい(←ついてくる)／가르쳐 드리다(←가르치다) 教えて差し上げる(←教える)／이거 どうも／안됐습니다 すみません／24번버스 24番バス／내리세요(←내리다) 降りなさい(←降りる)／바로 ちょうど／잘 よく／알았습니다(←알다) わかりました(←わかる)／고맙습니다(←고맙다) ありがとうございます(←ありがたい)

命令の表現

1. 命令の表現

話し手が聞き手に行動を要求するのが命令の表現。

典型な例として、「お～なさい」「～なさい」があげられる。

部屋にお入りなさい。

新聞をお読みなさい。

勉強をしなさい。

早く寝なさい。

2. ～십시오と～세요

～십시오(お～なさい)は丁重な命令の表現で、～세요(～なさい)は前者よりていねいさは劣り、対等もしくは目下の人に対して用いられる。しかし、ほとんど区別なく同じ意味で使われている。

> 動詞〈仮定形〉십시오 ＝ お～なさい

> 動詞〈仮定形〉세요 ＝ ～なさい

- 그러면 버스를 타고 가〈仮定形〉십시오.
- 나를 따라 오〈仮定形〉십시오.
- 그리고 세번째 정류장에서 내리〈仮定形〉세요.

3. ～십시오は依頼の意味ももっている

～십시오には「～てください」という意味もある。

- 나를 따라오십시오.   わたしについてきてください。
- 저를 믿으세요.   わたくしを信じてください。
- 이걸 좀 보세요.   これをちょっと見てください。

32 窓を開けないでください

창문을 열까요?	窓を開けましょうか。
―아니요, 열지 마십시오.	―いいえ、開けないでください。
―열어서는 안 됩니다.	―開けてはいけません。
문을 닫을까요?	戸を閉めましょうか。
―아니요, 닫지 마십시오.	―いいえ、閉めないでください。
―닫아서는 안됩니다.	―閉めてはいけません。
전등(전기불)을 끌까요?	電灯を消しましょうか。
―아니요(아뇨), 끄지 마십시오.	―いいえ、消さないでください。
―꺼서는 안됩니다.	―消してはいけません。
텔레비전(티비)을 켤까요?	テレビを点けましょうか。
―아니요, 켜지 마십시오.	―いいえ、点けないでください。
―켜서는 안됩니다.	―点けてはいけません。
여기서 담배를 피워도 됩니까?	ここでタバコを吸ってもいいですか。
―아니요, 안됩니다.	―いいえ、いけません。
―담배를 피우지 말아주십시오.	―タバコを吸わないでください。
―여기서 담배를 피우면 곤란합니다.	―ここでタバコを吸っては困ります。

【語句】

열까요(←열다) 開けましょうか(←開ける)／열지 마십시오 開けないでください／열어서는 開けては／안됩니다(←안되다) いけません(←いけない)／닫을까요(←닫다) 閉めましょうか(←閉める)／닫지 마십시오 閉めないでください／닫아서는 閉めては／끌까요(←끄다) 消しましょうか(←消す)／끄지 마십시오 消さないでください／꺼서는 消しては／켤까요(←켜다) 点けましょうか(←点ける)／켜지 마십시오

点けないでください／켜서는 点けては／피워도(←피우다) 吸っても(←吸う)／피우지 말아주십시오 吸わないでください／피우면 吸っては／곤란합니다(←곤란하다) 困ります(←困る)

禁止の表現

1. 禁止の表現とは

相手に行動をしないように要求するものを禁止の表現と言う。

文末形式は「〜ないでください」「〜てはいけません」が代表的だが、この他にも「〜ては困ります」「〜のはやめましょう」のような婉曲的な言い方もある。

・戸を開けないでください。

・電灯を消してはいけません。

・ここでタバコを吸っては困ります。

・行くのはやめましょう。

2. 〜지 마십시오, 〜서는 안됩니다, 〜면 곤란합니다

〜지 마십시오(마세요)(〜ないでください)、〜서는 안됩니다(〜てはいけません)、〜면 곤란합니다(〜たら困ります)は、代表的な禁止の表現。

| 動詞〈語幹〉지 마십시오(마세요)＝〜ないでください |

| 動詞〈連用形〉서는 안됩니다＝〜てはいけません |

| 動詞〈仮定形〉면 곤란합니다＝〜たら(ては)困ります |

문을 열다(戸を開ける)についてみると、

・문을 열〈語幹〉지 마십시오.　　戸を開けないでください。

・문을 열어〈語幹〉서는 안됩니다.　戸を開けてはいけません。

・문을 열〈仮定形〉면 곤란합니다.　戸を開けては困ります。

3. ~지 말아주십시오

~지 말아주십시오는、~지 마십시오가命令的な禁止の表現であるのに比べ、願望的な禁止の表現で、日本語の「~ないでください」により近い言い方(表現)だが、実際にはあまり使われない。

> 動詞〈語幹〉지 말아주십시오 ＝ ~ないでください

※담배를 피우〈語幹〉지 말아주십시오は一般的でなく、実際には、담배를 피우지 마십시오(마세요)が使われる。

33 もう1年になりますね

항공편이군요? 일본에서 왔습니까?	航空便ですね。日本から来ましたか。
—예, 우리 동생한테서 왔습니다.	—はい、うちの弟から来ました。
무슨 좋은 소식이라도 있습니까?	何かいい知らせでもありますか。
—4(사)월 초에 고향방문으로 동생부부가 온답니다.	—4月の初めに故郷訪問で弟夫婦が来るそうです。
그래요, 4월 초면 한달 후군요.	そうですか、4月の初めなら1か月後ですね。
작년에도 동생이 4월에 방문했지요.	去年も弟さんが4月に訪問したでしょう。
—예, 4월이었습니다.	—はい、4月でした。
작년에는 제수는 오지 않았지요?	去年は弟さんの奥さんは来なかったでしょう。
—동생 혼자서 왔습니다.	—弟1人で来ました。
벌써 삼년이 되는군요. 세월은 참 빠르군요.	もう3年になりますね。月日のたつのはまったく早いものですね。
—정말입니다.	—本当ですね。
동생이 의사였지요?	弟さんは医者でしたね。
—그렇습니다.	—そうです。

자주 오는군요.　　　　　よく来ますね。
―세번째입니다.　　　　 －3度目です。

【語句】

항공편 航空便／군요 ですね／왔습니까(←오다) 来ましたか(←来る)／우리 うちの／동생 弟、弟さん／한테서 から／무슨 何か／좋은(←좋다) いい(←いい)／소식 便り、知らせ／4월 4月／초 初め／단기방문단 短期訪問団／으로 で／부부 夫婦／옵니다(←오다) 来ます(←来る)／그래요 そうですか／면 なら／한달 1ヵ月、ひとつき／후 後／작년 去年／에도 にも、も／방문했지요(←방문하다) 訪問したでしょう(←訪問する)／제수 弟の妻／오지 않았지요 来なかったでしょう／혼자서 ひとりで／벌써 もう／되는군요(←되다) なりますね(←なる)／세월 歳月、年月／참 まったく／빠르군만요(←빠르다) 早いですね(←早い)／정말 本当／의사 医者／자주 よく／오는군요 来ますね／세번째 3度目、3回目

確認要求の表現(2)

1. ～군요, ～네요

確認要求の表現には確認要求の表現(1)で学んだ～지요(～でしょう)の他にも～구만요、～군요がある。～군요は～구만요の簡約形。～군요は、詠嘆的表現と言われる。

～군요 ＝ ～ですね

形容詞〈語幹〉군요 ＝ ～ですね

動詞〈連体形〉군요 ＝ ～ますね

항공편〈名詞〉군요.
세월은 참 빠르〈形容詞の語幹〉군요.
벌써 일년이 되는〈動詞の連体形〉군요.

2. 確認要求＋否定

~가/이 아니군요(아니지요)
＝~ではありませんね(ないでしょう)

形容詞〈語幹〉지 않군요(않지요)
＝~ないですね(ないでしょう)

動詞〈語幹〉지 않는군요(않지요)
＝~ませんね(ないでしょう)

항공편〈名詞〉이 아니군요(아니지요).
　航空便ではありませんね(ないでしょう)。
오늘은 춥〈語幹〉지 않군요(않지요).
　きょうは寒くないですね(ないでしょう)。
편지가 오〈語幹〉지 않는군요(않지요).
　手紙が来ませんね(ないでしょう)。

3. 確認要求＋過去

~이었군요(였지요)＝~だったのですね(だったでしょう)

形容詞〈過去形〉군요(지요)＝~たですね(たでしょう)

動詞〈過去形〉군요(지요)＝~ましたね(たでしょう)

・항공편〈名詞〉였군요(였지요).
　航空便だったのですね(だったでしょう)。
・어제는 추웠〈形容詞の過去形〉군요(지요).
　きのうは寒かったですね(たでしょう)。
・편지가 왔〈動詞の過去形〉군요(지요).
　手紙が来ましたね(たでしょう)。

4. 確認要求＋否定＋過去

> ~가/이 아니었군만요(아니었지요)
> ＝~ではなかったのですね(なかったでしょう)

> 形容詞〈語幹〉지 않았군요(않았지요)
> ＝~なかったですね(なかったでしょう)

> 動詞〈語幹〉지 않았군요(않았지요)
> ＝~ませんでしたね(なかったでしょう)

・항공편〈名詞〉이 아니었군요(아니었지요).
  航空便ではなかったのですね(なかったでしょう)。
・어제는 춥〈形容詞の語幹〉지 않았군요(않았지요).
  きのうは寒くなかったですね(なかったでしょう)。
・편지가 오〈動詞の語幹〉지 않았군요(않았지요)
  手紙が来ませんでしたね(なかったでしょう)。

34 空には星が輝いています

지금은 밤입니다.	今は夜です。
하늘에는 별들이 반짝이고 있습니다.	空には星が輝いています。
그리고 바람이 약간 불고 있습니다.	そして風が少し吹いています。
아파트의 창문들은 밝은 빛을 뿌리고 있습니다.	アパート(マンション)の窓は明るい光を放っています。
3층 1호실을 잠깐 들여다 봅시다.	3階1号室をちょっとのぞいてみましょう。
방 안에는 아버지와 어머니, 남자아이와 여자아이, 그리고 고양이가 있습니다.	部屋の中にはお父さんとお母さん、男の子と女の子、それに猫がいます。
아버지는 신문을 읽고 있습니다.	お父さんは新聞を読んでいます。

어머니는 뜨개질을 하고 있습니다. お母さんは編み物をしています。
남자아이는 텔레비전를 보고 있습니다. 男の子はテレビを見ています。
여자아이는 그림을 그리고 있습니다. 女の子は絵を描いています。
고양이는 소파 위에서 자고 있습니다. 猫はソファーの上で寝ています。
이 집은 화목한 가정입니다.　　　この家はむつまじい家庭です。
3층 2호실도 화목한 가정입니다. 3階2号室もむつまじい家庭です。
이 아파트 사람들은 모두 다　　このアパート(マンション)の人々は
　사이좋게 지내고 있습니다.　　　みんな仲よく暮しています。

【語句】
반짝이고 있습니다(←반짝이다) 輝いています(←輝く)／불고 있습니다(←불다) 吹いています(←吹く)／뿌리고 있습니다(←뿌리다) 放っています(←放つ)／들여다봅시다(←들여다보다) のぞいてみましょう(←のぞく)／읽고 있습니다(←읽다) 読んでいます(←読む)／뜨개질 編み物／보고 있습니다(←보다) 見ています(←見る)／그리고 있습니다(←그리다) 描いてます(←描く)／자고 있습니다(←자다) 寝ています(←寝る)／화목한 むつまじい／사이좋게 仲よく／지내고 있습니다(←지내다) 暮しています(←暮す)

状態の表現(1) －進行中を表す「～ています」－

1. 状態の表現とは

　動作や出来事のいろいろな有様を言い表すのが状態の表現。

　日本語では主に「～ています」「～ていきます」「～いてきます」「～ておきます」「～てみます」「～てしまいます」「～てやります」などのように「て＋補助動詞」の形や、「～始めます」「～つづけます」「～だします」「～にくいです」などのように「動詞連用形＋補助用言」の形で表現される。

・私は英語を習っています。

・道ばたにハンカチが落ちています。

・階段をゆっくりと降りていきます。

・だんだん寒くなってきます。

・念のために強調しておきます。
・熱をはかってみます。
・家に帰ると、まず宿題をやってしまいます。
・困っている人を助けてあげます。
・雨が降り始めます。
・日が照りつづきます。
・電車が動きだします。
・粉薬は飲みにくいです。

2.「〜ています」について

「〜ています」はいろいろな意味をもっている。

1) 進行中の動作・出来事を表す。
　・私は英語を習っています。
2) 結果の存続を表す。
　・道ばたにハンカチが落ちています。
3) 物事の性質を表す。
　・あの水は濁っています。

以上のように、異なった内容・意味が、日本語では「〜ています」という同一の形で表現されるが、ハングルではその点、比較的はっきりとした形態上の区別がみられるのが特徴。(→p.140〜146の**36**、**37**参照のこと)

3. 〜고 있습니다

進行中の動作や出来事を表す。

・아버지는 신문을 읽〈語幹〉고 있습니다.
　父は新聞を読んでいます。
・어머니는 뜨개질을 하〈語幹〉고 있습니다.
　母は編み物をしています。
・남자아이는 텔레비전(티브이)을 보〈語幹〉고 있습니다.
　男の子はテレビを見ています。

| 動詞〈語幹〉고 있습니다 ＝ ～ています |

4. 質問の形

| 動詞〈語幹〉고 있습니까? ＝ ～ていますか |

・아버지는 무엇을 하〈語幹〉고 있습니까?
　お父さんは何をしていますか。
・어머니는 뜨개질을 하〈語幹〉고 있습니까?
　お母さんは編み物をしていますか。

㉟ 本棚の中に本が入っています

방 안에 무엇이 있습니까?	部屋の中に何がありますか。
―책상과 책장, 어항, 테이블, 거울, 그리고 인형이 있습니다.	―机と本棚、金魚鉢、テーブル、鏡、そして人形があります。
책상은 어디에 있습니까?	机はどこにありますか。
―창문 옆에 있습니다.	―窓のそばにあります。
책장은 어디에 있습니까?	本棚はどこにありますか。
―책상 옆에 있습니다.	―机のそばにあります。
책장 안에 무엇이 들어 있습니까?	本棚の中に何が入っていますか。
―책이 들어 있습니다.	―本が入っています。
어항은 어디에 놓여 있습니까?	金魚鉢はどこに置いてありますか。
―테이블 위에 놓여 있습니다.	―テーブルの上に置いてあります。
거울은 어디에 걸려 있습니까?	鏡はどこにかけてありますか。
―벽에 걸려 있습니다.	―壁にかけてあります。
책상 위에 인형이 있습니까?	机の上に人形がありますか。
―아니요, 인형은 책상 밑에 떨어져 있습니다.	―いいえ、人形は机の下に落ちています。

【語句】

어항 金魚鉢／인형 人形／들어 있습니까(← 들다) 入っていますか(←入る)／놓여 있습니까(← 놓다) 置いてありますか(←置く)／걸려 있습니까(← 걸다) かけてありますか(←かける)／떨어져 있습니다(← 떨어지다) 落ちています(←落ちる)

状態の表現(2) －結果の存続を表す「～ています」－

1. 結果の存続とは

あることがすでに起って、その結果の状態が今もなお残っているのが結果の存続。

たとえば、

・机の下に人形が落ちています。

というのは、人形が落ちるという出来事が起こった後、現在もそのときの状態のままで残っていることを意味する。

結果の存続を表す言葉には、「～ています」の他に「～てあります」がある。

・テーブルの上に金魚鉢が置いてあります。

2. 「～ています」と「～てあります」はどう違うか

結びつく動詞が違う。すなわち、「～ています」は自動詞と結びつき、「～てあります」(～ています)は他動詞と結びつく。したがって、

・落ちる(自動詞)→落ちています
・入る(自動詞)→入っています
・かかる(自動詞)→かかっています
・置く(他動詞)→置いてあります(います)
・かける(他動詞)→かけてあります(います)

となる。

3. ハングルでは

自動詞の連用形に있습니다を付けて、結果の存続を表す。

> 自動詞〈連用形〉있습니다 ＝ 〜ています

- 가방 안에 책이 들어〈自動詞の連用形〉있습니다.
- 인형은 책상 밑에 떨어져〈自動詞の連用形〉있습니다.

4. 他動詞ではどうなるか

他動詞の場合は、それを受け身の形に置きかえたものの連用形に있습니다を付ける。つまり、

놓다(他動詞) 置く → 놓이다(受け身) → 놓여〈連用形〉있습니다.
걸다(他動詞) かける → 걸리다(受け身) → 걸려〈連用形〉있습니다.

※他動詞は受け身(＝受動態)をもつが、自動詞はもたない。

> 他動詞〈受け身の連用形〉있습니다 ＝ 〜てあります

- 어항은 테이블 위에 놓여〈受け身の連用形〉있습니다.
- 거울은 벽에 걸려〈受け身の連用形〉있습니다.

ハングルには「います」と「あります」の区別はなく、ともに「있습니다」だが、日本語にするときは「〜ています」と「〜てあります」に使いわけたほうがいいだろう。

36 私はテレビを見ていました

당신은 어제 어디에 갔었습니까?	あなたはきのうどこに行っていましたか。
―도서관에 갔었습니다.	―図書館に行っていました。
하루 종일 가있었습니까?	1日中行っていましたか。
―오후는 집에 있었습니다.	―午後は家にいました。
4(네)시 경에 무엇을 하고 있었습니까?	4時頃何をしていましたか。

－티비를 보고 있었습니다. －テレビを見ていました。
아이들은 그때 티비를 보고 　子供たちはそのときテレビを見てい
　있지 않았습니까? 　　　　　ませんでしたか。
－아이들은 티비를 보고 있지 －子供たちはテレビを見ていません
　않았습니다. 　　　　　　　でした。
－아이들은 밖에서 놀고 있었습니다. －供ちは外で遊んでました。
지금 집에 손님이 와 있습니까? 今、家にお客さんが来ていますか。
－아니요, 와 있지 않습니다. －いいえ、来ていません。
어제는 손님이 왔었습니까? 　きのうはお客さんが来ていましたか。
－어제는 오씨가 왔었습니다. －きのう呉さんが来ていました。
다른 사람은 오지 않았었습니까? 他の人は来てませんでしたか。
－다른 사람은 오지 않았었습니다. －他の人は来てませんでした。

【語句】

갔었습니까(← 가다) 行っていましたか(←行く)／갔었습니다 行っていました／하루 종일 1日中／가있었습니까(← 가있다 ← 가다) 行っていましたか(←行っている←行く)／있었습니다 いました／경 頃／하고 있었습니까(← 하고 있다 ← 하다) していましたか(←している←する)／보고 있었습니다(← 보고 있다 ← 보다) 見ていました(←見ている←見る)／보고 있지 않았습니까 見ていませんでしたか／밖 外／놀고 있었습니다(← 놀다) 遊んでました／와있습니까(← 와있다 ← 오다) 来ていますか(←来ている←来る)／와있지 않습니다 来ていません／왔었습니까 来ていましたか／왔었습니다 来ていました／다른 사람 他の人／오지 않았었습니까(← 오지 않다 ← 오다) 来ていませんでしたか(←来ない←来る)／오지 않았었습니다 来ていませんでした

状態の表現(3) －「〜ていました」－

1. 「〜ていました」

　過去のある時点で行われていた、または継続していた動作や作用は「〜ていました」で表現される。

　・私はきのうテレビを見ていました。
　・子供たちは外で遊んでいました。

2.「〜ています」の２つの側面

ここで「〜ています」の意味をもう一度考えてみることにする。

1) 呉さんは、今こちらの方へ来ています(＝来つつあります。向っています)。

2) 呉さんは、1時間前にすでに来ています。

1)は動作が進行していることを、2)は完了した動作の存続を意味する。日本語では両者の形の上での違いはまったく見られないが、ハングルでは1)の「来ています」は오고 있습니다となり、2)の「来ています」は와 있습니다とはっきり区別される。しかし、実際の会話上では区別なく使われているようだ。

3. 〜고 있었습니다と〜(ㅆ)댔습니다

〜고 있었습니다(ていました)は進行中の動作(1)の過去形で、〜(ㅆ)댔습니다(ていました)は存続している動作(2)の過去形。

　　도서관에 갔댔습니다. (図書館に行っていました)

は、도서관에 가고 있었습니다.(図書館に行きつつありました)ではなく、도서관에 가있었습니다(図書館にすでに行っていました)という意味。ところが도서관에 가댔습니다と言うと、これは도서관에 가고 있었습니다と同じ意味に受けとられる。つまり、

> 動詞〈接続形〉고 있었습니다 ＝〈動詞の語幹〉댔습니다
> 　　　　　　　　　　　　　＝〜ていました

> 動詞〈連用形〉있었습니다 ＝〈動詞の過去形〉댔습니다
> 　　　　　　　　　　　＝〜ていました

※この댔습니다の表現はそれほど用いられることはない。

- 텔레비전을 보〈語幹〉고 있었습니다. (＝보았었습니다)
- 아이들은 밖에서 놀〈語幹〉았댔습니다. (＝놀고 있었습니다)
- 도서관에 가〈連用形〉있었습니다. (＝갔댔습니다)
- 어제 오씨가 왔〈過去形〉댔습니다. (＝와 있었습니다)

4. 否定の形と否定＋疑問の形

> 動詞〈語幹〉고 있지 않았습니다 ＝ ～ていませんでした

> 動詞〈語幹〉지 않았댔습니다 ＝ ～ていませんでした

- 아이들은 텔레비전을 보〈語幹〉고 있지 않았습니다.
- 다른 손님은 오〈語幹〉지 않았댔습니다.

> 動詞〈語幹〉고 있지 않았습니까? ＝ ～ていませんでしたか

> 動詞〈語幹〉지 않았댔습니까? ＝ ～ていませんでしたか

- 아이들은 텔레비를 보〈語幹〉고 있지 않았습니까?
- 다른 손님은 오〈語幹〉지 않았댔습니까?

③⑦ 夜が明けてきます

새날이 밝아옵니다.	夜が明けてきます。
밝은 태양이 조국의 강산을 비칩니다.	明るい太陽が祖国の山河を照らします。
조선반도(한반도)의 자연은 아름답습니다.	朝鮮半島(韓半島)の自然は美しいです。
문자 그대로 우리 나라는 삼천리 금수강산입니다.	文字通りわが国は三千里錦繡江山です。
우리는 대대로 이 땅에서 화목하게 살아왔습니다.	私たちは代々この地でむつまじく暮してきました。
일본은 산이 많은 나라입니다.	日本は山の多い国です。
산에는 여러 가지 짐승들과 새들이 있습니다.	山にはいろんなけものや鳥がいます。
봄이 오면 철새들이 날아옵니다.	春が来ると渡り鳥が飛んできます。
또한 도시에서 행락객들이 많이 찾아옵니다.	また、都市から行楽客たちもたくさん訪れます。

그들은 여기서 휴식의 한때를 즐깁니다.	彼らはここで休息のひと時を楽しみます。
어디선가 새들의 울음소리가 들려옵니다.	どこからか鳥の鳴き声が聞こえてきます。
강물은 쉬임 없이 바다로 흘러갑니다.	川の水が止めどもなく海へ流れていきます。
어느덧 하루가 지나갔습니다.	いつの間にか1日が過ぎていきました。
해가 서산에 저물어갑니다.	陽が西の山に暮れていきます。
저녁노을이 아름답습니다.	夕焼けが美しいです。
기러기 떼가 하늘 높이 날아갑니다.	雁の群れが空高く飛んでいきます。

【語句】

새날 夜明け／밝아옵니다(←밝다) 明けてきます(←明ける)／비칩니다(←비치다) 照らします(←照らす)／문자 文字／그대로 そのまま／화목하게 むつまじく／살아왔습니다(←살다) 暮してきました(←暮す)／철새 渡り鳥／날아옵니다(←날다) 飛んできます(←飛ぶ)／또한(＝또) また／많이 たくさん／찾아옵니다(←찾아오다) 訪れます(←訪れる)／한때 一時／즐깁니다(←즐기다) 楽しみます(←楽しむ)／어디선가 どこからか／울음소리 鳴き声／쉬임없이 止めどもなく／흘러갑니다(←흐르다) 流れていきます(←流れる)／어느덧 いつの間にか／지나갔습니다(←지나다) 過ぎていきました(←過ぎる)／서산 西の山／저물어갑니다(←저물다) 暮れていきます(←暮れる)／저녁노을 夕焼け／기러기 雁／떼 群れ／높이 高く／날아갑니다 飛んでいきます

状態の表現(4) －「～ていきます」と「～てきます」－

1. 「～ていきます」と「～てきます」の働き

「～ていきます」の働き

1) 話し手から遠ざかる動作を表す

   ・停留所の方へ歩いていきます。
   ・子供たちが走っていきます。

2) 動作の進行・継続・変化を表す
  ・希望をもって生きていきます。
  ・子供がすくすくと成長していきます。
  ・人口がだんだん増えていきます。

「〜てきます」の働き
1) 話し手に近よる動作を表す
  ・鳥の鳴き声が聞こえてきます。
  ・卒業式が目前に迫ってきました。
2) 動作の進行・継続・変化を表す
  ・都市の生活に慣れてきました。
  ・ポチはいつも駅までついてきます。
  ・空がくもってきました。

2. ~갑니다と~옵니다

~갑니다(〜ていきます)と~옵니다(〜てきます)は、発想法も用法も日本語のそれと同じである。

```
動詞〈連用形〉갑니다 ～ 〜ていきます
```

```
動詞〈連用形〉옵니다 ～ 〜てきます
```

・강물은 쉬임없이 바다로 흘러〈連用形〉갑니다.
  川の水は休みなく海へと流れていきます。
・해가 서산에 저물어〈連用形〉갑니다.
  太陽が西の山に暮れていきます。
・아침 해가 밝아〈連用形〉옵니다.
  朝日が輝いてきます。
・어디선가 새들의 울음소리가 들려〈連用形〉옵니다.
  どこからか、鳥たちの鳴き声が聞こえてきます。

3. ～갑니다, ～옵니다の形をとらないもの

動作の進行・継続・変化を表すものには、～갑니다や～옵니다の形をとらないものも一部ある。

- 인구가 점차 늘어〈連用形〉납니다.
 人口がだんだん増えていきます(増えてきます)。
- 호수의 물이 점차 줄어〈連用形〉듭니다.
 湖の水がだんだん減っていきます(減ってきます)。

～납니다, ～듭니다は動作の進行・継続・変化を表す補助動詞で、「～ていきます」とも「～てきます」とも訳される。

38 植木鉢は窓際に置いておきます

물건들은 제자리에 놓아야 집 안이 정돈되어 보입니다.
品物はしかるべき場所に置いてこそ、家の中が整って見えます。

아무리 좋은 물건도 어울리지 않는 장소에 놓으면 빛이 나지 않습니다.
いくらいい品物でも不似合な場所に置くと光りません。

보통 화분은 어디에 놓아둡니까?
普通植木鉢はどこに置いておきますか。

―화분은 창가에 놓아둡니다.
―植木鉢は窓際に置いておきます。

벽시계는 어디에 걸어둡니까?
柱時計はどこにかけておきますか。

―벽시계는 벽에 걸어둡니다.
―柱時計は壁にかけておきます。

책은 어디에 넣어둡니까?
本はどこに入れておきますか。

―책은 책장 안에 넣어둡니다.
―本は本棚の中に入れておきます。

신발은 어디에 건사해 둡니까?
はきものはどこにしまっておきますか。

―신발은 신발장 안에 건사해둡니다.
―はきものは下駄箱の中にしまっておきます。

우산은 어디에 세워둡니까?
傘はどこに立てておきますか。

―우산은 우산꽂개에 세워둡니다.
―傘は傘立てに立てておきます。

물건은 제자리에 놓으면 쓰기도 편리하고 보기도 좋습니다.	品物をてごろな場所に置くと使うのにも便利で、見た目にもいいものです。

【語句】

물건 品物／제자리 しかるべき場所、てごろな場所／놓아야(←놓다) 置いてこそ(←置く)／정돈되어(←정돈되다) 整って(←整う)／아무리 いくら／어울리지 않는(←어울리다) 似合わない(←似合う)／놓으면 置くと／빛이 나지 않습니다(←빛이 나다) 光りません(←光る)／보통 普通／놓아둡니까(←놓다) 置いておきますか(←置く)／창가 窓際／걸어둡니까(←걸다) かけておきますか(←かける)／넣어둡니까(←넣다) しまっておきますか(←しまう)／건사해둡니까(←건사하다) 立てておきますか(←立てる)／쓰기도 使うのにも／편리하고(←편리하다) 便利で(←便利だ)／보기도 見た目にも

状態の表現(5) －「～ておきます」－

1.「～ておきます」の働き

「～ておきます」は放置、準備などを表す。

1) 放置
  ・電灯を点けておきます。
  ・窓を開けておきます。
2) 準備
  ・予習をしておきます。
  ・内容を調べておきます。

2. ～둡니다と～놓습니다

두다と놓다は両方とも「置く」という意味で、いずれも補助動詞として用いられる。たとえば「かけておきます」は걸어둡니다, 걸어놓습니다と2通りの表現が可能だ。ただし、놓습니다は、둡니다に比べて使いみちが狭いのが特徴。

置いておきます → $\begin{cases} 놓아둡니다 (正) → 놓아놓습니다 (誤) \\ 두어둡니다 (正) → 두어놓습니다 (誤) \end{cases}$

入れておきます → 넣어둡니다 (正) → 넣어놓습니다 (誤)

> 動詞〈連用形〉둡니다(または놓습니다) = 〜ておきます

- 화분은 창문가에 놓아〈連用形〉둡니다.
- 벽시계는 벽에 걸어〈連用形〉둡니다.

3. 〜둡니다の活用のいろいろ

〜둡니다は次のように変化する(例: 걸어두다 かけておく)

- 걸어둡니다(걸어두겠습니다)　　かけておきます。
- 걸어둡니까(걸어두겠습니까)　　かけておきますか。
- 걸어두었습니다　　　　　　　　かけておきました。
- 걸어두었습니까?　　　　　　　　かけておきましたか。
- 걸어두지 않습니다　　　　　　　かけておきません。
- 걸어둘까요?　　　　　　　　　　かけておきましょうか。
- 걸어둡시다　　　　　　　　　　 かけておきましょう。

39 図書館に行ってみましたか

안녕하십니까?　　　　　　　　　こんにちは。
—어떻게 오셨습니까?　　　　　　—何のご用でしょうか。
한가지 선생님의 도움을 받　　　　ひとつ先生のご助力をいただきたく
　고 싶어서 왔습니다.　　　　　　　参りました。
—뭰데요?　　　　　　　　　　　—何でしょう?
저는 고대 조선어와 일본어의　　　わたくしは古代朝鮮語と日本語との
　관계에 대하여 연구하고 있　　　　関係について研究しておりますが、
　습니다. 혹시 선생님한테 그　　　　ひょっとして先生の所にその部門の
　부문의 참고문헌이 없습니까?　　　参考文献がございませんか。

―유감이지만 나한테는 그런 자료가 없습니다. 도서관에 가보았습니까?

거기에도 없어서 이렇게 찾아 왔습니다.

―물론 목록은 다 찾아보았겠지요?

다 찾아보았습니다.

―국회도서관에도 가보았습니까?

―거기에는 좋은 참고문헌이 있을 수 있습니다.

아직 가보지 않았는데 한번 기회를 봐서 가겠습니다.

―가만, 전화를 걸어 봅시다.

그게 빠르지요. 전화로 문의해 봅시다.

―残念ですがわたしの所にはそういう資料がありません。図書館に行ってみましたか。

そこにもないので、こうしてうかがいました。

―もちろん目録は全部(全て)調べてみたんでしょうね。

全部調べてみました。

―国会図書館にも行ってみましたか。

―そこにはいい参考文献があるはずです。

まだ行ってみていませんが、一度機会をみていくことにします。

―ああちょっと、電話をかけてみましょう。

それが早いでしょう、電話で問い合わせてみましょう。

【語句】

한가지 ひとつ／도움 助力／받고싶어서(← 받고싶다 ← 받다) 受けたくて(←受けたい←受ける)／왔습니다(← 오다) 来ました(←来る)／에 대하여 について／연구 研究／혹시 ひょっとして／유감이지만 残念ですが／가보았습니까(← 가보다 ← 가다) 行ってみましたか(←行ってみる←行く)／찾아왔습니다(← 찾아오다) 訪れました(←訪れる)／다 全部、みんな／있을 수 있습니다(← 있다) あり得ます(←ある)／걸어봅시다(← 걸어보다 ← 걸다) かけてみましょう(←かけてみる←かける)／그게(＝그것이) それが／빠르지요(← 빠르다) 早いでしょう(←早い)／문의해봅시다(← 문의해보다 ← 문의하다) 問い合わせてみましょう(←問い合わせてみる←問い合わせる)

状態の表現(6) －「～てみます」－

1.「～てみます」の働き

「～てみます」は動作の試みを表す。

- ハングルで手紙を書いてみます。
- 自動車を運転してみます。
- 文献を調べてみます。

2. 봅니다(보겠습니다)

봅니다(見ます＝みます)は보다(見る＝みる)の敬体だが、補助動詞として使われるときは「試みる」を意味する。

主語が一人称の場合は主に～보겠습니다となる。

```
動詞〈連用形〉봅니다(보겠습니다) ＝ ～てみます
```

- 도서관에 가〈連用形〉보았습니까?
- 물론 목록은 다 찾아〈連用形〉보았겠지요?
- 가만 전화를 걸어〈連用形〉봅시다.

3. ～봅니다の活用のいろいろ

～봅니다は次のように変化する(例文：문의해보다 問い合わせてみる)

・문의해 봅니다(문의해 보겠습니다)	問い合わせてみます
・문의해 봅니까(문의해 보겠습니까)?	問い合わせてみますか
・문의해 보았습니다.	問い合わせてみました
・문의해 보았습니까?	問い合わせてみましたか
・문의해 보지 않습니까? ・문의해 보지 않겠습니까?	問い合わせてみませんか
・문의해 볼까요?	問い合わせてみましょうか
・문의해 봅시다.	問い合わせてみましょう

4.「〜て見ます」と「〜てみます」の違い

たとえば、「行って見ます」と「行ってみます」は意味が同じではない。

① 行って見ます→行って、(それから何かを)見ます。
② 行ってみます→(ためしに)行きます。

ハングルでは、漢字と仮名で区別するのでなく、表記で区別している。

① は、가〈連用形〉서 봅니다.
② は、가〈連用形〉봅니다.

となる。しかし、実際の使用では、②で表現されることが多いようだ。

40 石は重いから沈んでしまいます

물 속에 나무를 넣으면 어떻게 됩니까?
―나무는 가볍기 때문에 물 위에 뜹니다.
물속에 돌을 넣으면 어떻게 됩니까?
―돌은 무겁기 때문에 가라앉고 맙니다.
물 속에 성냥불을 넣으면 어떻게 됩니까?
―성냥불은 꺼지고 맙니다.
얼음을 더운 물속에 넣으면 어떻게 됩니까?
―얼음은 녹아버립니다.
냉장고 안에 물을 넣으면 어떻게 됩니까?
―물은 얼어버립니다.

水の中に木を入れたらどうなりますか。
―木は軽いから水の上に浮きます。
水の中に石を入れたらどうなりますか。
―石は重いから沈んでしまいます。
水の中にマッチの火を入れたらどうなりますか。
―マッチの火は消えてしまいます。
氷を湯の中に入れたらどうなりますか。
―氷は溶けてしまいます。
冷蔵庫の中に水を入れたらどうなりますか。
―水は凍ってしまいます。

물을 계속 끓이면 어떻게 됩니까?	水をわかし続けたらどうなりますか。
―물은 증발해버립니다.	―水は蒸発してしまいます。
꽃에 물을 주지 않으면 어떻게 됩니까?	花に水をやらなかったらどうなりますか。
―그 꽃은 죽어버립니다.	―その花は死んでしまいます。

【語句】

넣으면(←넣다) 入れたら(←入れる)／어떻게 どう／됩니까(←되다) なりますか(←なる)／가볍기(←가볍다) 軽い(←軽い)／때문에 から、ため／뜹니다(←뜨다) 浮きます(←浮く)／돌 石／무겁기(←무겁다) 重い(←重い)／가라앉고 맙니다(←가라앉다) 沈んでしまいます(←沈む)／맙니다(←말다) しまいます(←しまう)／성냥불 マッチの火／꺼지고 맙니다(←꺼지다) 消えてしまいます(←消える)／얼음 氷／더운 물 湯／녹아버립니다(←녹다) 溶けてしまいます(←溶ける)／버립니다(←버리다) しまいます(←しまう)／얼어버립니다(←얼다) 凍ってしまいます／계속 ずっと、続けて／주지 않으면(←주다) やらなかったら(←やる)／그 その／죽어버립니다(←죽다) 死んでしまいます(←死ぬ)

状態の表現(7) ―「～てしまいます」―

1.「～てしまいます」の働き

「～てしまいます」は動作の完了を表す。

- この本はあしたまで読んでしまいます。
- 水をひといきに飲んでしまいます。
- 手紙を見もしないで破ってしまいました。

2. ～맙니다と～버립니다

맙니다も버립니다も「～しまいます」という意味で、応用範囲は同じだが、両者は接続関係が異なる。また～맙니다は常に고という助詞を介して語幹に付くが、～버립니다は直接連用形に付くという点も違っている。

> 動詞〈語幹〉고 맙니다 ＝ 〜てしまいます

> 動詞〈連用形〉버립니다 ＝ 〜てしまいます

돌은 무겁기 때문에 가라앉〈語幹〉고 맙니다(＝가라앉아 버립니다).
성냥불은 꺼지〈語幹〉고 맙니다(＝꺼져버립니다).
얼음은 녹아〈連用形〉버립니다(＝녹고 맙니다).
물은 얼어〈連用形〉버립니다(＝얼고 맙니다).
물은 증발해〈連用形〉버립니다(＝증발하고 맙니다).
그 꽃은 죽어〈連用形〉버립니다(＝죽고 맙니다).

3. 〜맙니다(〜버립니다)의 活用의 여러가지

가라앉고 말다(가라앉아 버리다)(原形)	沈んでしまう。
가라앉고 맙니까(가라앉아 버립니까)?	沈んでしまいますか。
가라앉고 말았습니다(가라앉아 버렸습니다)	沈んでしまいました。
가라앉고 말았습니까(가라앉아 버렸습니까)?	沈んでしまいましたか。
가라앉고 말 것입니다(가라앉아 버릴 것입니다)	沈んでしまうでしょう。
가라앉고 말까요(가라앉아 버릴까요)?	沈んでしまうでしょうか。

41 1週間したら目が見え始めます

갓난아이는 나서 일주일 지나면 눈이 보이기 시작합니다.	赤ん坊は生まれて1週間したら目が見え始めます。
－두달이 지나면 소리를 들을 수 있게 됩니다.	－2か月たつと音が聞こえるようになります。
일곱달 경(쯤)에는 혼자서 앉게 됩니다.	7か月頃にはひとりで座るようになります。

열두달 경에는 걷기 시작하며 간단한 말을 하게 됩니다.	12か月頃には歩き始め、簡単なことばを話すようになります。
이 애기는 몇 달이 되었습니까?	この赤ちゃんは何か月になりましたか。
—여덟달이 되었습니다.	—8か月になりました。
혼자서 앉습니까?	ひとりで座りますか。
—예, 혼자서 앉습니다.	—はい、ひとりですわります。
언제부터 앉게 되었습니까?	いつから座るようになりましたか。
—전달부터 앉게 되었습니다.	—先月から座るようになりました。
—그런데 아직 걷지 못합니다.	—けれどもまだ歩けません。
언제면 걷기 시작합니까?	いつになったら歩き始めますか。
—이제 두~석달 있으면 걷기 시작할 것입니다.	—もう2、3か月したら歩き始めるでしょう。

【語句】

갓난아이 赤ん坊／나서(←나다) 生まれて(←生まれる)／일주일 1週間／지나면(←지나다) したら、すると(←過ぎる、たつ、する)／보이기 시작합니다(←보이기 시작하다←보이다) 見え始めます(←見え始める←見える)／시작합니다(←시작하다) 始めます(←始める)／달 月／소리 音／들을 수 있게(←들을 수 있다←듣다) 聞けるように(←聞ける←聞く)／됩니다(←되다) なります(←なる)／경(쯤) 頃／앉게(←앉다) 座るように／걷기 시작하며(←걷다) 歩き始め(←歩く)／간단한 簡単な／말 言葉／하게(←하다) 話すように(←話す)／몇 달 何か月／이 に、が／되었습니까(←되다) なりましたか(←なる)／되었습니다 なりました／앉습니까(←앉다) 座りますか(←すわる)／언제 いつ／부터 から／앉게 되었습니까 座るようになりましたか／전달 先月／아직 まだ／걷지 못합니다(←걷지 못하다←걷다) 歩けません(←歩けない←歩く)／언제면 いつになったら／걷기 시작합니까 歩き始めますか／이제 もう、今に、そのうちに／걷기 시작할 것입니다 歩き始めるでしょう

状態の表現(8) —「～始めます」と「～ようになります」—

1. 動作の始まり

動作の始まりは「〜始めます」「〜ようになります」などで表現される。

　　花が咲き始めます。
　　春風が吹くようになりました。

2. 〜기 시작합니다と〜게 됩니다

　〜기 시작합니다(〜始めます)の기は、用言の語幹についてその用言を体言化したり、補助用言 시작하다(始める)、쉽다(やさしい)、어렵다(難しい)、좋다(よい)などを用言に結びつける役割をする主要な助詞。기は、特別の意味がないので、通常は訳されない。

　〜게 됩니다(〜ようになります)の게は、用言の語幹に付いて用言を副詞化させる助詞で、動作や状態の方向、程度、限界などを表し、通常「〜ように」と訳される。

　　動詞〈語幹〉기 시작합니다 ＝ 〜始めます

　　動詞〈語幹〉게 됩니다 ＝ 〜ようになります

・일주일 지나면 눈이 보이〈語幹〉기 시작합니다.
・열두달 경에는 걷〈語幹〉기 시작합니다.
　12か月頃には歩き始めます。
・두달 지나면 들을 수 있〈語幹〉게 됩니다.
・일곱달 경에는 혼자서 앉〈語幹〉게 됩니다.

3. 〜기 시작합니다と〜게 됩니다の活用のいろいろ

・걷기 시작하다 (原形)　　　歩き始める。
・걷기 시작합니까?　　　　　歩き始めますか。
・걷기 시작하였습니다.　　　歩き始めました。
・걷기 시작하였습니까?　　　歩き始めましたか。
・걷기 시작하지 않습니다.　　歩き始めません。
・걷기 시작하지 않습니까?　 歩き始めませんか。

- 걷기 시작할 것입니다　　　歩き始めるでしょう。
- 걷기 시작할까요?　　　　　歩き始めるでしょうか。
- 앉게 되다 (原形)　　　　　座るようになる。
- 앉게 됩니까?　　　　　　　座るようになりますか。
- 앉게 되었습니다.　　　　　座るようになりました。
- 앉게 되었습니까?　　　　　座るようになりましたか。
- 앉게 되지 않습니다　　　　座るようになりません。
- 앉게 되지 않습니까?　　　座るようになりませんか。
- 앉게 될 것입니다　　　　　座るようになるでしょう。
- 앉게 될까요?　　　　　　　座るようになるでしょうか。

42 石油・石炭はいろんな分野で広く使われます

땅 속에는 여러가지 보물들이 매장되어 있습니다.
地下にはいろんな宝物が埋もれています。

석유와 석탄도 그런 보물들 중의 하나입니다.
石油と石炭もそのような宝物のうちの1つです。

한국에서는 삼국시대에 석탄이 처음으로 발견되었습니다.
韓国では三国時代に石炭が初めて発見されました。

석유는 여러가지 분야에서 널리 쓰입니다.
石油はいろんな分野で広く使われます。

석유는 공업의 동력으로 이용됩니다.
石油は工業の動力として利用されます。

석유는 가정에서 연료로서도 쓰입니다.
石油は工場で燃料としても使われます。

또 석유로 여러 가지 화학제품들이 생산됩니다.
また、石油でいろんな化学製品が生産されます。

화학섬유도 석유에서 만들어집니다.
ナイロンも石油から造られます。

공업의 발전도 생활의 향상도 석유와 떼어놓고 생각할 수 없습니다.
工業の発展も、生活の向上も石油と切り離して考えることはできません。

때문에 석유는 「공업의 쌀」이라고도	ゆえに石油は「工業のコメ」とも呼
불리고 있습니다.	ばれています。
한국에는 석유는 나오지 않지만	韓国では石油は出ないが、石炭は
석탄은 많이 묻혀 있습니다.	沢山埋もれています。

【語句】

땅 地下／속 中／여러가지 いろんな／보물 宝物／매장되어 있습니다(←매장되다) 埋蔵されています(←埋蔵する)／석유 石油／석탄 石炭／그런 そのような／중의 うちの／삼국시대 三国時代／처음으로 初めて／발견되었습니다(←발견하다) 発見されました(←発見する)／분야 分野／널리 広く／쓰입니다(←쓰다) 使われます(←使う)／공업 工業／동력 動力／이용됩니다(←이용하다) 利用されます(←利用する)／연료 燃料／화학제품 化学製品／생산됩니다(←생산하다) 生産されます(←生産する)／화학섬유 化学繊維／만들어집니다(←만들다) 造られます(←造る)／발전 発展／생활 生活／향상 向上／떼어놓고(←떼어놓다) 切り離なして(←切り離なす)／생각할 수 없습니다 考えることができません／때문에 ゆえに／식량 食量／불리고 있습니다(←부르다) 呼ばれています(←呼ぶ)／묻혀 있습니다(←묻다) 埋れています(←埋める)

受け身の表現

1. 受け身の表現とは

主体が他から動作、作用の影響を受けることを表すのが受け身の表現。

日本語では「れる(られる)」という受け身の助動詞を付けて表す。

・先生にほめられます。
・ハチに刺されます。
・4月に美術館が開館されます。

2. ハングルの受け身の表現の特色

ハングルの受け身の表現は、日本語とはっきり区別される。

1) 受け身の形式が多様である。

2) 日本語に比べて受け身の形は少ない。
3) いわゆる日本語の「迷惑の受け身」(「雨に降られると困る」など、自動詞だが受け身の形をもつもの)というものをハングルでは持たず、また受け身の形をもたない他動詞もかなりある。

受け身の形式は次のように大別することができる。

① 히、기、이、리などの受け身を表す助詞が付くもの

　먹다 (食べる)　→ 먹히다 (食べられる)
　쫓다 (追う)　　→ 쫓기다 (追われる)
　놓다 (置く)　　→ 놓이다 (置かれる)
　속다 (騙される) → 속이다 (騙す)
　물다 (かむ)　　→ 물리다 (かまれる)

主なものを表にすると次の通り。

受け身形の語尾	動詞	受け身の動詞	受け身形の語尾	動詞	受け身の動詞
-이-	보다(見る)	보이다	-리-	팔다(売る)	팔리다
	쓰다(書く・使う)	쓰이다		몰다(追う)	몰리다
	놓다(置く)	놓이다		밀다(押す)	밀리다
	쌓다(積む)	쌓이다		풀다(解く)	풀리다
	섞다(混ぜる)	섞이다		열다(開く)	열리다
	깎다(削る)	깎이다		걸다(掛ける)	걸리다
	바꾸다(換える)	바뀌다		듣다(聞く)	들리다
-기-	안다(抱く)	안기다	-히-	먹다(食べる)	먹히다
	씻다(洗う)	씻기다		읽다(読む)	읽히다
	감다(閉じる)	감기다		잡다(握る)	잡히다
	찢다(裂く)	찢기다		밟다(踏む)	밟히다
	쫓다(追う)	쫓기다		접다(畳む)	접히다

② 名詞に되다、받다、당하다などの動詞が付くもの

発견하다 (発見する) → 발견되다 (発見される)
　　사랑하다 (愛する)　 → 사랑받다 (愛される)
　　거절하다 (拒絶する) → 거절당하다 (拒絶される)
③ 지다という補助動詞の付くもの
　　만들다 (つくる)　　　→ 만들어지다 (つくられる)
　　밝히다 (明らかにする) → 밝혀지다 (明らかにされる)

※「ㅏ, ㅗ, (ㅑ, ㅛ, ㅘ)」を陽母音、これ以外を陰母音と言う。
語幹の最後の母音が陽母音であるものを陽語幹と言い、陰母音であるものを陰語幹と言う。～하다는하다用言と言って別扱いとする。

陽語幹用言	가다(行く)、오다(来る)、받다(受ける)、좋다(良い)
陰語幹用言	먹다(食べる)、가르치다(教える)、무겁다(重い)
하다用言	하다(する)、공부하다(勉強する)、조용하다(静かだ)

　語尾には、以下のように語幹の陰陽に合わせて語尾の形の陰陽も変わるものがある。このような現象を「母音調和」と言う。ハングルにおけるその一例として連用形の母音調和を以下に挙げる。

動詞〈連用形〉＝～て
　2つの動詞を合成して複合動詞を作る場合、動詞と動詞をつなぐ部分に使われる接続語尾。文の途中に用いられる場合もある。

| 用言の陽語幹＋아 |
| 用言の陰語幹＋어 |
| 하다用言の陽語幹＋여 |

　돌다(まわる)+아+오다(来る)　돌아오다(帰って来る)
　일다(起こる)+어+나다(出る)　일어나다(起きる)
　하다(する)　 +여+보다(みる)　하여보다(してみる)

④まったく別個の形をとるもの
　　욕하다 (叱る) → 욕먹다 (叱られる)

このようにハングルの受け身の形は複雑で、一定の法則を見いだすことが困難なので、辞書には普通独立の見出し語として示される。
なお、次のような動詞は受け身の形をもっていない。

　　보다 (見る)　　말하다 (言う)　　듣다 (聞く)　　가다 (行く)
　　죽다 (死ぬ)　　내리다 (降りる)　　울다 (泣く)…

43 スンヒさんはヨンスさんに字を教えてやります

승희씨와 영수씨는 형제입니다.	スンヒさんとヨンスさんは姉弟です。
승희씨는 누나이고 영수씨는 동생입니다.	スンヒさんは姉さんで、ヨンスさんは弟です。
승희씨는 영수씨에게 매일 동화책을 읽어 줍니다.	スンヒさんはヨンスさんに毎日童話の本を読んでやります。
승희씨는 영수씨에게 글도 가르쳐 줍니다.	スンヒさんはヨンスさんに字も教えてやります。
승희씨는 말합니다.	スンヒさんは言います。
나는 동생에게 매일 동화책을 읽어줍니다.	私は弟に毎日童話の本を読んでやります。
또 글도 가르쳐 줍니다.	－また字も教えてやります。
이번에는 영수씨가 말합니다.	こんどはヨンスさんが言います。
누나는 나에게 매일 동화책을 읽어줍니다.	姉さんは僕に毎日童話の本を読んでくれます。
또 글도 가르쳐 줍니다.	また字も教えてくれます。
영수씨는 누구한테 글을 배웁니까?	ヨンスさんはだれに字を教えてもらいますか。
－영수씨는 승희씨한테 글을 배웁니다.	－ヨンスさんはスンヒさんに字を教えてもらいます。

【語句】

형제 兄弟／동화책 童話の本／읽어 줍니다(← 읽다) 読んでやります、読んでくれます(←読む)／또 また／글 字／가르쳐줍니다(← 가르치다) 教えてやります、教えてくれます(←教える)／말합니다(← 말하다) 言います(←言う)／이번 こんど／이번에는 こんどは／한테서 から、に／배웁니까(← 배우다) 習いますか、教えてもらいますか(←習う)

「やりもらいの表現」

1.「やりもらいの表現」とは

　他人に利益を与えたり、他人から利益を受けるという考えや態度を表すものを「やりもらいの表現」と呼ぶ。
　「やりもらいの表現」は「〜てやります」「〜てくれます」「〜てもらいます」で表される。
　・姉さんは弟に字を教えてやります。
　・姉さんはぼくに字を教えてくれます。
　・ぼくは姉さんに字を教えてもらいます。

2. ハングルにも「やりもらいの表現」があるのか

　「やりもらいの表現」はきわめて日本語的な表現である。
　ハングルは「やりもらいの表現」がはっきりとした体系をなしておらず、不均衡な様相を呈しているのが日本語と比べて大きな特色だと言える。
　ハングルは、次のような理由から、「やりもらいの表現」というものをもち合わせていない。
　① ハングルには「やる」と「くれる」の区別がない(両方とも주다)。
　② ハングルに「もらう」(받다)という言葉はあっても「〜てもらう」に相当する表現はない。たとえば、
　　　글을 가르쳐 줍니다.
は、「字を教えてやります」とも「字を教えてくれます」とも受けとれる。また「字を教えてやります」とは言っても「字を教えてもらいます」という言い方はない。
　「やりもらいの表現」は、ある動作や行為をだれの立場で、どう見ているのかという立脚点と考え方に根ざしている表現だが、日本語はこのことがきわめて明確であるのに対して、ハングルは「だれが」「だれに」を伴って初めて「〜てやります」と「〜てくれます」の区別がつくようになっている。

1) 나는 동생에게 매일 동화책을 읽어줍니다.
2) 누나는 나에게 매일 동화책을 읽어줍니다.

1)의 읽어줍니다는 読んでや̇り̇ま̇す̇と訳され、2)の읽어줍니다は読んでく̇れ̇ま̇す̇と訳される。

> 動詞〈連用形〉줍니다 = ①～てやります ②～てくれます

ハングルには「～てもらいます」に相当する表現はなく、ただそれに近い感じを与えるものが部分的にあって、そのような場合に限って「～てもらいます」と意訳されているにすぎない。

글을 배웁니다.
　字を習います(→教えてもらいます)。
주사를 맞습니다.
　注射を打たれます(→打ってもらいます)。
의사에게 보입니다.
　医者にみせます(→みてもらいます)。
친구한테 도움받습니다.
　友人に助けを受けます(→助けてもらいます)。

44 朝早く起きるのはよい習慣です

아침 일찍(이) 일어나는 것은 좋은 습관입니다.	朝早く起きるのはよい習慣です。
늦잠을 자는 것은 나쁜 습관입니다.	寝坊をするのは悪い習慣です。
운동을 하는 것은 건강에 이롭습니다.	運動をするのは健康ためになります。
무리를 하는 것은 건강에 해롭습니다.	無理するのは健康によくありません。
좋은 것을 본뜨(본받)는 것은 장려하여야 합니다.	よいことをまねるのは奨励しなければなりません。

약속을 지키지 않는 것은 남을 속이는 것이 됩니다.	約束を守らないのは人を騙すことになります。
거짓말을 하는 것도 남을 속이는 것이 됩니다.	うそをつくのも人を騙すことになります。
모자를 쓴 채 식사를 하는 것은 실례입니다.	帽子をかぶったまま食事をするのは失礼です。
식사를 하면서 이야기를 하는 것은 실례가 아닙니다.	食事をしながら話をするのは失礼ではありません。
큰 것은 작은 것을 대신합니다.	大きいものは小さいものを兼ねます。
없는 꼬리는 흔들지 못합니다.	ないそでは振れません。

【語句】

일찍 早く／일어나는(←일어나다) 起きる／것 こと、の、もの／좋은(←좋다) よい／습관 習慣／늦잠 寝坊／자는(←자다) 寝る(←寝る)／나쁜(←나쁘다) 悪い／운동 運動／하는(←하다) する(←する)／건강 健康／이롭습니다(←이롭다) ためになります(←ためになる)／무리 無理／해롭습니다(←해롭다) 有害です、ためになりません(←有害だ)／본뜨는(←본뜨다) まねる(←まねる)／장려하여야(←장려하다) 奨励しなければ(←奨励する)／말려야(←말리다) 止めなければ(←止める)／약속 約束／지키지 않는(←지키다) 守らない(←守る)／남 人、他人／속이는(←속이다) 騙す(←騙す)／거짓말 うそ／하다 言う、つく／쓴채 かぶったまま／실례 失礼／하면서(←하다) しながら(←する)／이야기 話し／큰(←크다) 大きい／작은(←작다) 小さい／대신합니다(←대신하다) 代わりをします(←代わりをする)／없는(←없다) ない／꼬리 しっぽ、尾／흔들지 못합니다(←흔들다) 振れません(←振る)

体言修飾の表現(2) －動詞の連体形－

1. 動詞の連体形の働き

　動詞の連体形も形容詞の連体形と同様に、後に置かれた体言を修飾する。すなわち用言の連体形は、次にくる名詞や不完全名詞と結びつき、語句全体を体言化する働きをする。

- うそをつく〈連体形〉人〈名詞〉はみんなに嫌われます。
- 朝早く起きる〈連体形〉の〈不完全名詞〉は健康によい。
- ない〈連体形〉そで〈名詞〉は振れぬ。

2. 動詞の連体形と形容詞の連体形の違い

　動詞の連体形は形容詞の連体形とは形が異なる。動詞の連体形は語幹末が는, 形容詞では ㄴ で終わっているのが特徴(없다だけは例外)。

- 아침 일찍(이) 일어나는〈動詞の連用形〉것은 좋은〈形容詞の連体形〉습관입니다.
- 나쁜〈形容詞の連体形〉것을 본뜨는〈動詞の連体形〉것은 말려야 합니다.
- 거짓말을 하는〈動詞の連体形〉것도 남을 속이는〈動詞の連体形〉것이 됩니다.
- 큰〈形容詞の連体形〉것은 작은〈形容詞の連体形〉것을 대신합니다.
- 없는〈形容詞の連体形〉꼬리는 흔들지 못합니다.

$$\boxed{\text{動詞〈連体形〉= ～(する)～}}$$

3. 것と「こと」

　것は「こと」(=の)、「もの」などを意味する不完全名詞で、日本語の「こと」と形態・意味・用法の上で非常によく似ており、両者の関連性が多くの専門家によって指摘されている。

- 아침 일찍 일어나는 것은 좋은 습관입니다.
  朝早く起きるの(=こと)はよい習慣です。
- 좋은 것을 본따는 것은 장려하여야 합니다.
  よいことをまねるのは奨励しなければなりません。

45 まず単語を習得させます

이 학교에서는 학생들에게 외국어 공부를 어떻게 시키고 있습니까?	この学校では生徒たちに外国語の勉強をどのようにさせていますか。
－우선 단어를 습득시킵니다.	－まず単語を習得させます。
단어는 어떤 방법으로 습득시킵니까?	単語はどんな方法で習得させますか。
－먼저 여러번 반복해서 듣게 합니다.	－最初に何回もくりかえして聞かせます。
그 다음은 소리를 내어 읽힙니다.	－その次は声に出して読ませます。
단어 공부에서 요령은 무엇입니까?	単語の勉強でコツは何ですか。
－반대어나 유사어를 같이 외우게 하는 것입니다.	－反対語や類似語をいっしょに覚えさせることです。
두번째 단계에서는 어떻게 합니까?	2番目の段階ではどうするんですか。
－간단한 일상회화로 넘어갑니다.	－簡単な日常会話へ移ります。
그 다음 단계에서는 어떻게 합니까?	その次の段階ではどうしますか。
－학생에게 외국어문장을 씌웁니다.	－外国語の文章を書かせます。
－하루에 있은 일을 일기장에 쓰게하고 다음날에 그것을 발표시킵니다.	－1日の出来事を日記帳に書かせて、翌日それを発表させます。
문장을 씌우면 어떤 점에서 좋습니까?	文章を書かせるとどんな点でいいんですか。
－외국어로 일기를 쓰면 글도 늘고 외국어의 표현법에도 빨리 익숙해집니다.	－外国語で日記を書いたら字も上達し、外国語の表現法にも早く慣れます。

【語句】

외국어 外国語／공부 勉強／어떻게 どんなふうに、どう／시키고 있습니까(←시키다) させていますか(←させる)／우선 まず／단어 単語／습득시킵니다(←습득시키다) 習得させます(←習得させる)／어떤 どんな／방법 方法／먼저 最初に／여러번 何回も／반복해서 くりかえして(←くりかえす)／듣게(←듣다) 聞くように／소리 声／내어(←내다) 出して(←出す)／읽힙니다(←읽히다) 読ませます(←読ませる)／요령 コツ／반대어 反対語／유사어 類似語／같이 いっしょに／외우게(←외우다) 覚えるように(←覚える)／단계 段階／일상회화 日常会話／넘어갑니다(←넘어가다) 移ります(←移る)／일기 日記／쓰게 합니다(←쓰게 하다) 書かせます(←書かせる)／하루 1日／있은 일 出来事／일기장 日記帳／다음날 翌日／발표 発表／어떤 どんな／점 点／글 字／늘고(←늘다) 上達し(←上達する)／표현법 表現法／익숙합니다(←익숙하다) 慣れます(←慣れる)

使役の表現

1. 使役の表現とは

主体が他のものに何かをさせるという意味を表すものが使役の表現。

日本語では助動詞「せる(させる)」を付けて使役を表す。

・先生が生徒に問題の本質を理解させます。
・父が兄を名古屋へ行かせます。

2. 多様なハングルの表現形式

ハングルの使役の表現形式は受け身の表現形式と同様に種々さまざま。

① 〜시키다(させる)の文末形式をとるもの

〜하다型の動詞はすべてこの形をとる。

・우선 단어를 습득시킵니다.
・이튿날에 그것을 발표시킵니다.

② 이, 히, 우, 리, 기, 구などの助詞が付くもの

・그 다음은 소리를 내어 읽힙니다.
・학생에게 글씨를 씌웁니다.

- 아이가 애기를 울립니다.　子供が赤ちゃんを泣かせます。
- 원숭이가 사람들을 웃깁니다.　猿が人を笑わせます。
- 냉장고에서 물을 얼굽니다.　冷蔵庫で水を凍らせます。
- 입히다 ← 입다(着る)　　녹이다 ← 녹다(溶け)
- 먹이다 ← 먹다(食べる)　죽이다 ← 죽다(死ぬ)

③ ～게 하다の形をとるもの
- 먼저 여러번 반복해서 듣게 합니다.
- 반대어나 유사어를 같이 외우게 하는 것입니다.

使役の形は辞書に独立の見出し語として出ている。

3. ～게 하다 ―本やりでも何とか間に合う

上の区別がよくわからないときは、少々舌足らずの感はあるが、すべて～게 하다(～ようにする、～させる)でも意味は通じる。

　　우선 단어를 습득시킵니다→우선 단어를 습득하〈語幹〉게 합니다.

　　그 다음은 소리를 내어 읽힙니다→그 다음은 소리를 내어 읽〈語幹〉게 합니다.

　　외국어로 일기를 씌웁니다→외국어로 일기를 쓰〈語幹〉게 합니다.

> 動詞〈語幹〉게 합니다 ＝ ～せます(させます)

46 心配することはありません

선생님, 저의 병은 무엇입니까?	先生、私の病気は何でしょうか。
―위궤양입니다.	―胃潰瘍です。
심합니까?	ひどいですか。
―걱정할 건(것) 없습니다.	―心配することはありません。
―심하지 않습니다.	―ひどくありません。
수술을 받는 편이 좋을까요?	手術を受けたほうがよいでしょうか。

－지금은 수술을 할 필요는 없습니다.	－今手術をする必要はありません。
담배는 피우지 말아야 합니까?	タバコを吸ってはいけませんか。
－담배는 피우지 않는 것이 좋습니다.	－タバコは吸わないほうがいいです。
－당신은 술을 많이 마시는 편입니까?	－あなたは酒をたくさん飲むほうですか。
예, 좀 하는 편입니다.	はい、少しやるほうです。
－술도 당분간 끊게 좋습니다.	－酒も当分やめたほうがいいです。
－담배를 피우거나 술을 마시면 병이 도질 수 있습니다.	－タバコを吸ったり、酒を飲んだりしたら病気がぶりかえすことがあります。
운동을 하는 것도 나쁩니까?	運動をするのも悪いですか。
－아니요, 운동을 해서 나쁠 것은 없습니다.	－いいえ、運動をして悪いことはありません。

【語句】

저 私(わたくし、わたし)／병 病気／위궤양 胃潰瘍／심합니까(←심하다) ひどいですか(←ひどい)／걱정할(← 걱정하다) 心配する(←心配する)／건(＝것은) ことは／수술 手術／받는(← 받다) 受ける、受けた(←受ける)／편 ほう／할(← 하다) する(←する)／필요 必要／피우지 말아야 합니까 吸ってはいけませんか／많이 たくさん／마시는(←마시다) 飲む(←飲む)／당분간 当分／끊다(← 끊다) やめる、やめた(←やめる)／게(＝것이) ほうが、のが／피우거나(← 피우다) 吸ったり(←吸う)／마시면(← 마시다) 飲むと(←飲む)／도질 수 있습니다(←도지다) ぶりかえすことがあります(←ぶりかえす)／해서 して／나쁠(← 나쁘다) 悪い(←悪い)

体言修飾の表現(3) －用言の未来形－

1. 用言の未来形の働き

用言の連体形の他にも体言を修飾するものがある。未来形がそれ

だ。未来形は未来・推量・可能性・意志などを表すが、単に修飾的な働きだけをする場合もある。

これは主に、
① 時間を表す名詞(때 とき／때 際、とき／무렵 頃／동안 間など)
② 不完全名詞(것 こと／경우 場合／수 こと／리 はず／줄 すべ／턱 わけなど)
③ 必然・義務などを表す名詞(필요 必要／의무 義務／임무 任務／책임 責任など)

にかかわるときに見受けられる。

```
動詞〈連体形の未来形〉～ ＝ ～(する)～
```

・걱정할〈連体形の未来形〉건(＝것은) 없습니다.
・지금은 수술을 할〈連体形の未来形〉필요는 없습니다.
・담배를 피우거나 술을 마시면 병이 도질〈連体形の未来形〉수 있습니다.

```
形容詞〈連体形の未来形〉～ ＝ ～(い)(な)～
```

・운동을 해서 나쁠〈連体形の未来形〉것은 없습니다.

2. 편, 것, 게 「～ほうがいいです」

いずれも「ほう」と訳したが、것は「こと」「もの」という意味の他に 좋다「よい」を伴うときには「ほう」という意味もある。

게는 것이の短縮形で、会話体ではよく用いられる。

・수술을 받는〈連体形〉편이(것이・게) 좋을까요?
・담배는 피우〈語幹〉지 않는 것이(편이・게) 좋습니다.
・술도 당분간 끊는〈連体形〉게(것이・편이) 좋습니다.

```
用言〈連体形〉편이(것이・게) 좋습니다
  ＝～ほうがいいです
```

> 用言〈語幹〉지 않는 편이(것이・게) 좋습니다
> ＝～ないほうがいいです

47 かぜ薬はかぜをひいたときに飲みます

그건 무슨 약입니까?	それは何の薬ですか。
－감기약입니다.	－かぜ薬です。
감기약은 어떤 때 먹습니까?	かぜ薬はどんなときに飲みますか。
－감기약은 감기에 걸렸을 때 먹습니다.	－かぜ薬はかぜをひいたときに飲みます。
감기는 어떤 때에 자주 걸립니까?	かぜはどんなときによくひきますか。
－감기는 날씨가 추울 때에 자주 걸립니다.	－かぜは(気候が)寒いときによくひきます。
－또 몸이 약해졌을 때도 걸립니다.	－また体が弱くなったときにもかかります。
－감기는 몸이 건강할 때는 잘 걸리지 않습니다.	－かぜは体が健康なときはあまりかかりません。
－물론 건강한 사람이 걸릴 때도 있습니다.	－もちろん健康な人がかかるときもあります。
감기 때는 어떻게 해야 합니까?	かぜのときはどうしなければなりませんか。
－감기 때는 몸을 따뜻하게 하고 안정해야 합니다.	－かぜのときは体を暖かくして安静にしなければなりません。
감기가 낫지 않을 때는 어떻게 해야 합니까?	かぜが治らないときはどうしなければなりませんか。
－그 때는 병원에 가서 치료를 받아야 합니다.	－そのときは病院へ行って治療を受けなければなりません。

【語句】

감기약 かぜ薬／어떤 どんな／때 とき／먹습니까(←먹다) 飲みますか(←飲む)／감기 かぜ／걸렸을(←걸리다) かかった、ひいた(←かかる)／먹습니다 飲みます／자주 よく／걸립니까(←걸리다) かかりますか、ひきますか(←かかる)／날씨 天気、気候、日和り／추울(←춥다) 寒い(←寒い)／또 また／약해졌을(←약해지다) 弱くなった(←弱くなる)／건강할(←건강하다) 健康な(←健康だ)／걸리지 않습니다 かかりません／물론 もちろん／걸릴(←걸리다) かかる(←かかる)／어떻게 どう／해야 합니까(←하다) しなければなりませんか(←する)／따뜻하게(←따뜻하다) 暖かく(←暖かい)／안정 安静／낫지 않다(←낫다) 治らない(←治る)／병원 病院／가서(←가다) 行って(←行く)／치료 治療／받아야 합니다(←받다)) 受けなければなりません(←受ける)

体言修飾の表現(4) －とき－

1. 「とき」を修飾するいろいろのことば

「とき」はいろいろなことばによって修飾される。

かぜの(何の)ときは、熱が出ます。

かぜ薬はかぜにかかった(どうした)ときに飲みます。

かぜは寒い(どんな)ときに、よくかかります。

かぜは健康な(どんな)ときにはあまりかかりません。

その(どの)ときは、病院で治療を受けなければなりません。

2. 接続関係

修飾語と때との接続関係は次の通り。

~ 때 = ~ のとき

用言〈連体形の未来形〉때 = ~(い)(な)(する)とき

用言〈過去形〉을 때 = ~(かっ)(だっ)(し)たとき

用言〈語幹〉지 않을 때 = ~ないとき

※以上、때に似た表現に적があるが使用範囲は比較的狭い。

- 감기〈名詞〉때는 어떻게 해야 합니까?
- 그〈代名詞〉때는 병원에 가서 치료를 받아야 합니다.
- 감기는 날씨가 추울〈形容詞の未来形〉때에 자주 걸립니다.
- 감기는 몸이 건강할〈形容詞の未来形〉때는 잘 걸리지 않습니다.
- 물론 건강한 사람이 걸릴〈動詞の未来形〉때도 있습니다.
- 감기약은 감기에 걸렸〈動詞の過去形〉을 때에 먹습니다.
- 감기가 낫〈動詞の語幹〉지 않을 때는 어떻게 해야 합니까?

3. 表現の仕方の違い

次の文は、表現のしかたが日本語と異なるので、注意を要する。
1) 감기약은 감기에 걸렸을 때에 먹습니다.
2) 감기는 날씨가 추울 때에 자주 걸립니다.
3) 감기 때는 몸을 덥게 하고 안정해야 합니다.
1)「薬」は마십니다(飲みます)を用いず、먹습니다(食べます)を用いる。
2) ハングルには날씨가 춥습니다(天気が寒いです)という表現がある。
3)「安静にする」を안정에 한다とか、안정으로 한다とするのは間違い。안정한다(安静する)が正しい。

48 あなたは金剛山を見たことがありますか

당신은 금강산을 본 일이 있습니까?	あなたはクムガン(金剛)山を見たことがありますか。
－예, 영화로 본 일이 있습니다.	－はい、映画で見たことがあります。
가본 일은 없습니까?	行ってみたことはありませんか。
－없습니다.	－ありません。

―나는 아직 한번도 금강산에 가 본 일이 없습니다.

―유감이군요.
―당신은 금강산 팔선녀에 대한 전설을 들을 일이 있습니까?

―예, 들은 일이 있습니다.
―「금강산 팔선녀」라는 가극도 본 일(적)이 있습니다.
아, 그렇습니까. 나는 팔담에서 사진을 찍은 일도 있습니다.
팔담이란 무엇입니까?
―팔담이란 선녀들이 목욕을 한 곳입니다.

이것이 팔담에서 찍은 사진입니다.

―私はまだ一度もクムガン山に行ってみたことがありません。

―残念ですね。
―あなたはクムガン山八仙女の伝説を聞いたことがありますか。

―はい、聞いたことがあります。
―「クムガン山八仙女」という歌劇も見たことがあります。
あ、そうですか。私はパルダム(八潭)で写真を撮ったこともあります。
パルダムというのは何ですか。
―パルダムというのは仙女たちが沐浴(水浴び)をした所です。

これがパルダムで撮った写真です。

※일이、일도의 대신에、적이、적도를 사용해도 의미는 거의 동일.

【語句】

본(←보다) 見た(←見る)／일 こと／로 で／가 본(←가 보다←가다) 行ってみた(←行ってみる←行く)／아직 まだ／한번도 一度も／유감이군요 残念ですね／팔선녀 八天女、八仙女／에 대한 に対する／전설 伝説／들은(←듣다) 聞いた(←聞く)／라는 という／가극 歌劇／그렇습니까(←그렇다) そうですか(←そうだ)／찍은(←찍다) 撮った(←撮る)／이란 とは、というのは／선녀 天女、仙女／목욕 沐浴、水浴び／한(←하다) した(←する)／곳 所

体言修飾の表現(5) －過去連体形－

1. 「どうした」を表す体言修飾

日本語で「～た～」と表現されるのがこれだ。

・私はパンダを見たことがあります。
・これはきょう届いた手紙ですか。

日本語では動詞の連用形＋助動詞「た」の連体形で表される。

2. 過去連体形

ハングルには「どうした」を表す過去連体形という活用形が別にある。過去連体形は上で述べた「動詞の連用形＋助動詞「た」の連体形」に相当する。

> 動詞〈過去連体形〉～ ＝～(し)た～

・당신은 금강산을 본〈過去連体形〉일〈名詞〉이 있습니까?
・가본〈過去連体形〉일〈名詞〉은 없습니까?
・당신은 금강산 팔선녀에 대한 전설을 들은〈過去連体形〉일〈名詞〉이 있습니까?
・이것이 팔담에서 찍은〈過去連体形〉사진〈名詞〉입니다.

過去連体形の語幹末はㄴ/은で終わっているが、これは形容詞の連体形と同形。なお、일でなく적を使ってもほぼ同じ。

3. 形容詞には過去連体形がない

形容詞には過去連体形という活用形がない。形容詞の場合は、接続形に修飾を表す던という助詞を付けて、「どうであった」を表す。これについては次の **49** で扱う。

49 私が住んでいた家の跡には、大きな病院が建てられました

나는 30(삼십)년만에 고향에 돌아왔습니다.

고향은 모든 것이 변하였습니다.

갈대만 무성하던 들에는 식품공장이 들어섰고 시냇물이 흐르던 산기슭에는 아담한 중학교가 세워졌습니다.

나와 초등학교 동창이던 윤식군이 이 학교 교장으로 일하고 있었습니다.

내가 살던 집 자리에는 큰 병원이 건설되었습니다.

어린 시절에 놀던 뒷산에는 과수원이 생겨났습니다.

초가집 밖에 없던 마을에 현대적인 문화주택들이 줄지어 서 있었습니다.

소로 밭갈이 하던 논밭에서는 트랙터들이 밭을 갈고 있었습니다.

30년 전의 모습은 어디서도 찾아 볼 수 없었습니다.

私は30年ぶりに故郷に帰ってきました。

故郷はすべてが変わりました。

アシ(芦)ばかり生い繁っていた野には食品工場が建ち、小川が流れていた山のふもとには小じんまりした中学校が建てられました。

私と小学校が同窓であったユンシク君がこの学校の校長を務めていました。

私が住んでいた家の跡には大きな病院が建てられました。

幼い頃遊んでいた裏山には果樹園ができました。

わらぶきの家しかなかった村に現代的な文化住宅が立ちならんでいました。

牛で畑を耕していた田畑ではトラクターが畑を耕していました。

30年前の様子(姿)はどこにもうかがうことはできませんでした。

【語句】

만 ぶり、ばかり、だけ／고향 故郷、ふるさと／돌아왔습니다(←돌아오다)帰って来ました(←帰る)／모든 あらゆる／것 もの／변하였습니다(←변하다) 変わりました(←変わる)／갈대 アシ／무성하던(←무

성하다) 生い繁っていた(←生い繁る)／들 野／식품공장 食品工場／들어섰고(←들어서다) 立ち上がり、建ち(←立ち上がる)／시냇물 小川／흐르던(←흐르다) 流れていた(←流れる)／기슭 ふもと／아담한(←아담하다) 小じんまりした(←小じんまりしている)／세워졌습니다(←세워지다) 建てられました(←建てられる)／소학교 小学校／동창 同窓／이던 であった～／군 君／교장 校長／으로 で、として／일하고 있었습니다(←일하다) 働いていました(←働く)／살던(←살다) 住んでいた(←住む)／자리 跡／큰 大きな／건설되었습니다(←건설되다) 建設されました(←建設される)／어린시절 幼い頃／놀던(←놀다) 遊んでいた(←遊ぶ)／뒷산 裏山／과수원 果樹園／생겨났습니다(←생겨나다) できました(←できる)／초가집 わらぶきの家／밖에 しか／없던(←없다) なかった(←ない)／마을 村／현대적인 現代的な／문화주택 文化住宅／줄지어 列をつくって／서 있었습니다 立っていました(←立っている←立つ)／밭갈이 作／하던(←하다) していた(←する)／논밭 田畑／갈고 있었습니다(←갈다) 耕していました(←耕す)／모습 様子／어디서도 どこにも／찾아볼 수 없었습니다(←찾아보다) うかがうことができませんでした(←うかがう)

体言修飾の表現(6) －過去持続－

1. 過去持続を表す体言修飾

体言修飾の表現には「どんな」「どうする」「どうした」の他にも「どうしていた」「どうであった」「何であった」を表すものがある。これが過去持続を表す体言修飾である。

・これは父が愛用していた万年筆です。
・成績のよかった彼がこの頃はあまりふるわない。
・会長だった山田さんがこのたび亡くなられました。

2. 던

던은 過去持続や回想を表す助詞で、用言の語幹および体言に付き、「～していた～」「～だった～」という意味を表す。

・갈대만 무성하＜形容詞の語幹＞던 들에는 식품공장이 들어섰고

- 시내물이 흐르〈動詞の語幹〉던 산기슭에는 아담한 중학교가 세워졌습니다.
- 내가 살〈動詞の語幹〉던 집 자리에는 큰 병원이 건설되었습니다.
- 어린 시절에 놀〈動詞の語幹〉던 뒷산에는 과수원이 생겨났습니다.
- 초가집 밖에 없〈形容詞の語幹〉던 마을에 현대적인 문화주택들이 줄지어 서있었습니다.
- 나와 초등학교 동창〈名詞〉이던 윤식군이 이 학교 교장으로 일하고 있었습니다.

```
用言〈語幹〉던～
  ＝～(し)ていた、(かっ)た、～(だっ)た～
```

```
～던 / 이던～ ＝ ～だった～
```

50 私は英語を勉強しようと思います

당신은 언제 귀국할 예정입니까?

あなたはいつ帰国するつもりですか。

-다음 달에 귀국하려고 생각하고 있습니다.

-来月に帰国しようと思っています。

귀국한 다음 무엇을 할 생각입니까?

帰国してから何をするつもりですか。

-나는 3년정도 공부를 할 예정입니다.

-私は3年くらい勉強をするつもりです。

무슨 공부를 하려고 합니까?

何の勉強をしようと思っていますか。

-우선 영어공부를 하려고 합니다.

-まず英語を勉強をしようと思います。

혹시 어학자가 될 생각입니까?

―아니요, 어학자가 될 생각은 없습니다.
―무역관계의 일을 하고 싶습니다.

언제부터 그 일을 하려고 생각하고 있었습니까?

―대학때부터 그 일을 할 생각이었습니다.

그런데 왜 영어부터 배우려고 합니까?

―영어를 모르면 아무 일도 할 수 없지 않습니까?
―물론 다른 외국어 공부도 계속 할 생각입니다.

ひょっとして語学者になるつもりですか。

―いいえ、語学者になる気はありません。
―貿易関係の仕事をしたいんです。

いつからその仕事をしようと思っていましたか。

―大学のときからその仕事をするつもりでした。

ところでなぜ英語から習おうとするんですか。

―英語を知らないと、何もできないじゃないですか。
―もちろん他の外国語の勉強も続けるつもりです。

【語句】

언제 いつ／귀국 帰国／예정 つもり、予定／다음 달 来月／하려고 (← 하다) しようと(←する)／생각하고 있습니다(← 생각하다) 思っています(←思う)／다음 次、あと／생각 考え、気、つもり／정도 くらい、ほど／무슨 何の／우선 まず／혹시 ひょっとして／어학자 語学者／될(← 되다) なる(←なる)／무역 貿易／관계 関係／일 仕事／그런데 ところで／왜 なぜ／배우려고(← 배우다) 習おうと、学ぼうと(←習う、学ぶ)／모르면(← 모르다) 知らないと、知らなくては(←知らない)／아무 일도 何も／할 수 없지 않습니까(← 할 수 없다) できないじゃないですか(←できない)／물론 もちろん／외국어 外国語／계속할(← 계속하다) 続ける(←続ける)

意志の表現

1. 意志の表現とは

動作の実現、中止についての話し手の決意を表すものが意志の表現。

「～よう」「～ましょう」「～と思います」「～と考えています」「～つもりです」「～と思ってはいません」「～気はありません」など。

あしたは早く起きよう。
私もついて行きましょう。
私は作曲家になろうと思います。
できるだけ歩こうと考えています。
夏は登山でもするつもりです。
まだ結婚しようと思ってはいません。
専門家になる気はありません。

2. ～작정입니다, ～려고 합니다. ～려고 생각하고 있습니다. ～생각입니다

ハングルの意志の表現も多様だが、日常会話では～작정입니다(～つもりです)、～려고 합니다(～うと思います)、～려고 생각하고 있습니다(～うと思っています)、～생각입니다(～気です、～つもりです)で十分。

| 動詞〈連体形の未来形〉작정입니다 = ～つもりです |

| 動詞〈仮定形〉려고 합니다 = ～うと思います |

| 動詞〈仮定形〉려고 생각하고 있습니다 = ～うと思っています |

| 動詞〈連体形の未来形〉생각입니다 = ～気(つもり)です |

・나는 3년정도 공부를 할〈連体形の未来形〉작정입니다.
・우선 한국말을 공부하〈仮定形〉려고 합니다.
・다음 달에 귀국하〈連体形の未来形〉려고 생각하고 있습니다.
・물론 외국어공부도 계속할〈連体形の未来形〉생각입니다.

180　第3章　文型

3. 疑問の形

接続関係は上と同じで、ただ語末の〜다を〜까?に直せばよい。

- 당신은 언제 귀국할 예정입니까?
- 무슨 공부를 하려고 합니까?
- 언제부터 그 일을 하려고 생각하고 있습니까?
- 혹시 어학자가 될 생각입니까?

4. 否定の形

動詞〈連体形の未来形〉생각은 없습니다 ＝ 〜気はありません

動詞〈仮定形〉려고는 생각하고 있지 않습니다.
　＝ 〜うとは思っていません

- 아니요. 어학자가 될〈連体形の未来形〉생각은 없습니다.
- 어학자가 되〈仮定形〉려고는 생각하고 있지 않습니다.
  語学者になろうとは思っていません。

51 2、3日したら全快しそうです

어머니 병은 좀 어떻습니까?
ーー며칠 있으면 다 나을 것 같습니다.
언제쯤 퇴원합니까?
ーー이달 말에는 퇴원할 수 있을 것 같습니다.
그렇게 빨리 퇴원해도 괜찮을까요?
ーー지금 같아서는 별 일 없을 것 같습니다.
ーー어머니는 온천에 갔으면 하고 있습니다.

おかあさんの病気はどうですか。
ー数日したら全快しそうです。
いつ頃退院しますか。
ー今月末には退院できそうです。

そんなに早く退院してもいいでしょうか。
ー今の調子でしたら別状はなさそうです。
ー母は温泉に行きたがっているんですが。

온천에요? 의사선생님과 상담해 보았습니까?	温泉にですか。お医者さんと相談してみましたか。
－아니요, 상담해야 할까요?	－いいえ、相談しなければならないでしようか。
상담해 보는게 좋을 것 같습니다. 온천이 도리어 몸에 나쁠 수도 있으니까요	相談してみる方がよさそうです。温泉がかえって体に悪いこともありますからね。
－그래요? 그러면 한번 선생님을 만나 보겠습니다.	－そうですか。それじゃ1度先生に会ってみます。

【語句】

병 病気／좀 ちょっと／어떻습니까 どうですか／며칠 数日、2、3日／있으면(←있다) したら(←する、いる)／다 全部、みんな、すっかり／나을 것 같습니다(←낫다) 治りそうです(←治る)／언제쯤 いつ頃／이 달 今月／말 末／퇴원할 수 있을 것 같습니다(←퇴원할 수 있다←퇴원하다) 退院できそうです(←退院できる←退院する)／그렇게 そんなに／괜찮을까요(←괜찮다) かまわないでしょうか、いいでしょうか(←かまわない)／지금 같아서는 今のようでしたら／별 일 別状／없을 것 같습니다(←없다) なさそうです(←ない)／온천 温泉／갔으면 하고 있습니다(←갔으면 하다←가다) 行けたらなあと言っています、行きたがっています(←行きたがる←行く)／좋을 것 같습니다(←좋다) よさそうです(←よい)／도리어 かえって／나쁠 수도 있으니까요(←나쁘다) 悪いこともありますからね(←悪い)

様態の表現

1. 様態の表現とは

そのような様子が見られるという意味を表すものが様態の表現。この表現の文末形式は「〜そうです」になる。

・どうやら雨が降りそうです。
・なにかわけがありそうです。
・神仙炉(宮廷料理の一種)は見ただけでもおいしそうです。

・あの人はいかにも健康そうです。

2. ~것 같습니다

> 用言〈連体形の未来形〉것 같습니다 ＝ ~そうです。

・며칠 있으면 다 나을〈動詞の未来形〉것 같습니다.
・이달 말에는 퇴원할 수 있을〈動詞の未来形〉것 같습니다.
・지금 같아서는 별일 없을〈形容詞の未来形〉것 같습니다.
・상담해 보는게 좋을〈形容詞の未来形〉것 같습니다.

3. ~것 같습니다のいろいろな活用

같습니다を少し変えるだけでいろんな表現が可能。

・병은 꼭 나을 것 같습니다.
　病気はすぐに治りそうです。
・병은 꼭 나을 것 같습니까?
　病気はすぐに治りそうですか。
・병은 꼭 나을 것 같지 않습니다.
　病気はすぐに治りそうにありません。
・병은 꼭 나을 것 같았습니다.
　病気はすぐに治りそうでした。
・병은 꼭 나을 것 같지 않았습니다.
　病気はすぐに治りそうにありませんでした。
・병은 꼭 나을 것 같이 보입니다.
　病気はすぐに治りそうに見えます。
・병은 꼭 나을 것 같은 예감이 듭니다.
　病気はすぐに治りそうな予感がします。
・병은 꼭 나을 것 같군요.
　病気はすぐに治りそうですね。

52 キョンホさんの知人のようです

저 분은 누구입니까?
ーあの方はだれですか。
ー누구 말입니까?
ーだれのことですか。
경호씨하고 이야기하고 있는 여성분 말입니다.
ーキョンホさんと話をしている女性の方のことです。
ー경호씨가 잘 아는 분 같습니다.
ーキョンホさんの知り合いのようです。
혹시 애인은 아닙니까?
ーひょっとしたら恋人じゃないですか。
ー글쎄요, 애인인지 어떤지는 모르겠습니다.
ーそうですね、恋人かどうかは知りませんが。
경호씨한테 누이동생이 있습니까?
ーキョンホさんに妹さんがいますか。
ー하나 있는 것 같습니다.
ー１人いるみたいです。
저 분이 경호씨의 누이동생이 아닐까요?
ーあの方がキョンホさんの妹さんじゃないでしょうか。
ー동생은 아닌 것 같습니다.
ー妹さんじゃないみたいです。
저 분은 어제도 경호씨를 찾아왔지요.
ーあの方はきのうもキョンホさんを訪ねてきたでしょう。
ー어제 왔는지 어떤지는 모르겠습니다.
ーきのう来たかどうかは知りません。
ー하지만 자주 오는 것 같습니다.
ーだけどよく来るようです。
어느 직장에 다니는지 모릅니까?
ー勤め先はどこだか知りませんか。
ー무슨 연구소에 다니는 것 같습니다.
ー何かの研究所に勤めているようです。

【語句】

말입니까 ～のことですか／이야기하고 있는(←이야기하다) 話をしている、話している(←話す)／여성분 女の方／말입니다 ～のことです／잘 아는 사람 知人、よく知っている人／같습니다(←같다) ようです、みたいです(←ようだ、みたいだ)／글쎄요 そうですね、まあね／인지 어떤지는 ～かどうかは／모르겠습니다(←모르다) 知りません、

わかりません(←知らない、わからない)／있는 것 같습니다(←있다) 있는みたいです(←いる)／아닌 것 같습니다(←아니다) 違うみたいです(←違う)／찾아왔지요(←찾아오다) 訪ねてきたでしょう(←訪ねてくる、訪ねる)／왔는지 어떤지는(←오다) 来たかどうかは(←来る)／오는 것 같습니다(←오다) 来るようです(←来る)／어느 どの／직장 職場／다니는지(←다니다) 勤めているのやら(←勤める)／무슨 何か、何かの／연구소 研究所／다니는 것 같습니다 勤めているようです

不確かな断定の表現(1) －「〜ようです」－

1. 不確かな断定の表現とは

「〜ようです」、「〜みたいです」、「〜かどうかは知りません(わかりません)」、「〜かもしれません」などのように確かでないことがらを示すのが不確かな断定の表現。

・これはどうもにせもののようです。
・特にこれといった用事はないようです。
・かぜをひいたみたいです。
・彼はお金には無関心なようです。
・時間があるかどうかはわかりません。
・今日あたり手紙が届くかもしれません。

2. 〜같습니다と〜것 같습니다

ハングルでは「〜ようです」と「〜みたいです」の区別はなく、両方とも〜같습니다。様態の表現にもこの〜같습니다が使われる。両者の違いは次のとおり。

・경호씨가 잘 아는 사람〈名詞〉같습니다.
・하나 있는〈動詞の連体形〉것 같습니다.
・하지만 자주 오는〈動詞の連体形〉것 같습니다.
・동생은 아닌〈形容詞の連体形〉것 같습니다.

~같습니다 ＝ ～のようです(みたいです)

用言〈連体形〉것 같습니다 ＝～ようです(みたいです)

3. ～인지 어떤지는 모르겠습니다と～지 어떤지는 모르겠습니다

前者は体言に、後者は用言に付いて、不確かな断定を表す。

~인지 어떤지는 모르겠습니다
　＝かどうかはわかりません(知りません)

用言〈連体形〉지 어떤지는 모르겠습니다
　＝～かどうかはわかりません(知りません)

애인〈名詞〉인지 어떤지는 모르겠습니다.
- 동생이 있는〈動詞の連体形〉지 어떤지는 모르겠습니다.
  妹がいるかどうかは知りません。
- 동생이 예쁜〈形容詞の連体形〉지 어떤지는 모르겠습니다.
  妹がきれいかどうかは知りません。

53 だれかがかたづけたようです

책상 위에 편지가 없었습니까?	机の上に手紙がありませんでしたか。
－있었던 것 같습니다.	－あったようです。
어디서 온 편지였습니까?	どこから来た手紙でしたか。
－고향에서 온 편지였던 것 같습니다.	－故郷から来た手紙だったようです。
그 편지가 지금 어디 있습니까?	その手紙は今どこにありますか。
－없습니다.	－ありません。
－누가 치운 것 같습니다.	－だれかがかたづけたようです。

책상 위에 연필이 없었습니까? 机の上に鉛筆がありませんでしたか。
－연필은 없었던 것 같습니다. －鉛筆はなかったようです。
책상 밑에 가방이 있었습니까? 机の下にかばんがありましたか。
－있었습니다. ありました。
가방은 무슨 색이었습니까? －かばんは何色でしたか。
－검었던 것 같습니다. －黒かったようです。
－아니, 밤색이었던 것 같습니다. －いや、茶色だったみたいです。
가방 안에 무엇이 들어 있었습니까? かばんの中に何が入っていましたか。
－책이 들어 있던 것 같습니다. －本が入っていたみたいです。

【語句】
있었던 것 같습니다(←있다) あったようです、あったみたいです(←ある)／어디서 어디서 어디로부터／온(←오다) 来た(←来る)／였던 것 같습니다(←이다) だったようです(←だ、である)／누가 だれかが／치운 것 같습니다(←치우다) かたづけたようです、かたづけたみたいです(←かたづける)／없었던 것 같습니다(←없다) なかったようです(←ない)／무슨 색 何色／검었던 것 같습니다(←검다) 黒かったようです(←黒い)／무엇이 何が、何か／들어 있던 것 같습니다 入っていたみたいです(←入っている)

不確かな断定の表現(2) －「～たようです」－

1. 過去の不確かな断定の表現

「～だったようです(みたいです)」や「～たようです(みたいです)」などが過去の不確かな断定の表現。

・彼が来たのは先々週の水曜日だったようです。
・大野さんは名古屋にも2、3年住んでいたようです。
・どこか手落ちがあったみたいです。

2. ～였/이었던 것 같습니다と～(ㅆ)던 것 같습니다

~이었던 것 같습니다 ＝ ～だったようです(みたいです)

用言〈過去形〉던 것 같습니다 ＝ ～たようです(みたいです)

- 청진에서 온 편지〈名詞〉였던 것 같습니다.
- 아니, 밤색〈名詞〉이었던 것 같습니다.
- 책상 위에 편지가 있었〈動詞の過去形〉던 것 같습니다.
- 볼펜은 없었〈形容詞の過去形〉던 것 같습니다.
- 가방 색은 검었〈形容詞の過去形〉던 것 같습니다.

3. ～(ㄴ)것 같습니다

過去の不確かな断定を表すのに動詞の過去連体形が用いられることもある。

動詞〈過去連体形〉것 같습니다 ＝ ～たようです(みたいです)

- 누가 치운〈過去連体形〉것 같습니다.
- 책이 들어있은〈過去連体形〉것 같습니다.

これはもちろん、動作や存在、状態などを表す動詞に限ってだが、前述の動詞〈過去形〉＋던 것 같습니다とは多少時間的なニュアンスの違いがある。

たとえば、

{ 있었던 것 같습니다. (比較的長時間)あったようです。
{ 있던 것 같습니다. (比較的短時間)あったようです。

{ 누가 치운 것 같습니다.
{   だれかがかたづけたようです。
{ 누가 치웠던 것 같습니다.
                だれかがかたづけてしまっていたようです。

{ 책이 들어 있은 것 같습니다.
　　　　　　　本が(少し前まで)入っていたみたいです。
{ 책이 들어 있었던 것 같습니다.
　　　　　　　本が(おそらく以前は)入っていたみたいです。

54 ナムスさんのふるさとは水原だそうです

남수씨의 고향은 어디랍니까? — ナムスさんのふるさとはどこなんですか。
—수원이랍니다. — －スウォン(水原)だそうです。
식구는 많답니까? — 家族は多いんですか。
—많답니다. — －多いそうです。
얼마나 된답니까? — 何人いるんですか。
—여섯이랍니다. — －6人だそうです。
부모님들은 건강하답니까? — 両親は元気なんですか。
—건강하답니다. — －元気だそうです。
형은 무슨 일을 한답니까? — お兄さんは何の仕事をしているんですか。
—조선소에서 일을 했답니다. — －造船所で仕事をしていたそうです。
지금 일을 하지 않는답니까? — 今仕事をしていないんですか。
—작년에 그만두었답니다. — －去年やめたそうです。
남동생은 무슨 일을 한답니까? — 弟さんは何の仕事をしているんですか。
—남동생은 설계기사라는 것 같습니다. — －弟は設計技師だということです。
어느 학교를 나왔답니까? — どこの学校を卒業したんですか。
—작년에 공대를 졸업했다는 것 같습니다. — －去年工大を卒業したということらしいです。
그러면 아직 젊겠군요. — だったらまだ若いんでしょうね。
—젊답니다. — －若いそうです。
—그리고 상당히 유능하다는 것 같습니다. — －そしてなかなか有能だということです。

【語句】

어디 どこ／랍니까 だそうですか, 何ですか／가족 家族／많답니까(←많다) 多いんですか(←多い)／많답니다 多いそうです／답니다 そうです／얼마나 どれくらい, どんな／된답니까(←되다) いるんですか(←いる)／건강하답니까(←건강하다) 元気なんですか(←元気だ)／무슨 何の／한답니까(←하다) しているんですか(←する)／조선소 造船所／했답니다(←하다) したそうです, していたそうです(←する)／작년 去年／그만두었답니다(←그만두다) やめたそうです(←やめる)／남동생 弟(さん)／설계기사 設計技師／라는 것 같습니다 だということです／어느 どの／나왔답니까(←나오다) 卒業したんですか(←卒業する)／공대 工(業)大(学)／졸업했다(←졸업하다) 卒業した(←卒業する)／다는 것 같습니다 ということ(らしい)です／아직 まだ／젊겠군요(←젊다) 若いんでしょうね, 若いことでしょうね(←若い)／상당히 なかなか, 相当／유능하다는 것 같습니다 有能だとのことです

伝聞の表現

1. 伝聞の表現とは

他の人から伝え聞いたことがらを述べるものが伝聞の表現。「〜そうです」「〜だそうです」「〜ということです」などが代表的な形。

・あしたは雨が降るそうです。
・李さんと彼とは親戚だそうです。
・加藤君は軽音楽が好きだそうです。
・姉さんは背がとても高いそうです。
・あそこはなかなか景色がいいということです。

2. 〜랍니다と〜답니다

〜랍니다は体言に、〜답니다は用言に付いて、伝聞を表し、「〜そうです」と訳される。

> 〜이랍니다 ＝ 〜だそうです

> 用言〈現在形〉답니다 ＝ 〜そうです

> 用言〈過去形〉답니다 ＝ 〜たそうです

- 남수씨의 고향은 인천〈名詞〉이랍니다.
- 식구는 많〈形容詞の現在形〉답니다.
- 부모님들은 건강하〈形容詞の現在形〉답니다.
- 조선소에서 일을 했〈動詞の過去形〉답니다.
- 작년에 그만두었〈動詞の過去形〉답니다.

※ 젊었〈形容詞の過去形〉답니다は「若かったそうです」ではなく「若いそうです」となる点に注意。

3. ～라는 것 같습니다と～다는 것 같습니다

前者は体言に、後者は用言に付いて、「～ということです」という伝聞を表す。

> ～이라는 것 같습니다 ＝ ～だということです

> 用言〈現在形〉다는 것 같습니다 ＝ ～ということです

> 用言〈過去形〉다는 것 같습니다 ＝ ～たということです

- 남동생은 설계기사〈名詞〉라는 것 같습니다.
- 그리고 상당히 유능하〈形容詞の現在形〉다는 것 같습니다.
- 작년에 공대를 졸업했〈動詞の過去形〉다는 것 같습니다.

4. ～랍니까?と～답니까?

～랍니까?と～답니까?はそれぞれ～랍니다(～だそうです)、～답니다(～そうです)に対する質問の形で、直訳すると「～だそうですか」「～そうですか」となるが、一般には「～なんですか(なんでしょうか)」「～んですか(んでしょうか)」と訳す。

55 挨拶は重要な意味をもっていると思います

다른 사람을 만났을 때 주고 받는 사교적인 말이나 동작을 인사라고 합니다.

他の人に会ったとき交わす社交的な言葉や動作を挨拶と言います。

우리 생활에서 인사는 매우 중요한 의미를 가진다고 생각합니다.	私たちの生活で、挨拶はとても重要な意味をもっていると思います。
하루생활은 인사로 시작되고 인사로 끝난다고 말할 수 있습니다.	1日の生活は、挨拶で始まり挨拶で終わると言えます。
일상생활에서 인사를 하지 않는 날은 거의 없습니다.	日常生活で、挨拶をしない日はほとんどありません。
일상적인 생활장면에서의 인사는 되풀이되는 것이 특징입니다.	日常的な生活場面での挨拶は、くりかえされるのが特徴です。
이를테면 일상적인 생활장면에서는 장면에 따라서 격식화된 인사가 진행됩니다.	いわば日常的な生活場面では、場面によって定型化された挨拶が行われます。
이것을 〈인사의 격식성〉이라고 합니다.	これを「挨拶の定型性」と言います。
인간관계를 원활하게 하기 위해서는 이와 같은 격식화된 인사도 중요하지만 충심으로 위로하거나 격려하기 위해서는 격식화된 인사말은 피해야 하며 상황(장면)에 어울리는 인사말을 적극 찾아서 써야 한다고 생각합니다.	人間関係を円滑にするためには、このような定型化された挨拶も大切ですが、心から慰めたり、励ましたりするためには定型化された挨拶言葉は避けるべきで、状況(場面)にふさわしい挨拶言葉を積極的に選んで使うべきだと思います。

【語句】
　다른 他の／만났을(← 만나다) 会った(←会う)／주고 받는(← 주고받다) 交わす(←交わす)／사교적인 社交的な／말 言葉／이나 や／동작 動作／인사 挨拶／라고 と／합니다(← 하다) 言います(←言う)／생활 生活／매우 とても／중요한(← 중요하다) 重要な、大切な(←重要だ、大切だ)／의미 意味、意義／가진다고(← 가지다) もつと(←もつ)／생각합니다(← 생각하다) 思います(←思う)／하루 1日(の)／시작되고(← 시작되다) 始まり(←始まる)。「始める」は시작하다／끝난다고(← 끝

나다) 終わると(←終わる)／말할 수 있습니다(← 말하다) 言えます(←言う)／하지 않는(← 하다) しない(←する)／날 日／거의 ほとんど／일상적인 日常的な／상황 状況／장면 場面／되풀이되는(← 되풀이되다←되풀이하다) くりかえされる(←くりかえされる←くりかえす)／특징 特徴／이를테면 いわば／따라서 よって／격식화 定型化／된(←되다) された(←される)／진행됩니다(← 진행되다← 진행하다) 行われます／격식성 定型性／인간관계 人間関係／원활하게(← 원활하다) 円滑に(←円滑だ)／하기 위해서는 するためには／이와 같은 このような／중요하지만(← 중요하다) 大切だが(←大切だ)／충심으로 心から／위로하거나(← 위로하다) 慰めたり(←慰める)／격려하기(← 격려하다) 励ます(←励ます)／피해야(← 피하다) 避けなければ(←避ける)／하며(← 하다) ならず(←する)／어울리는(← 어울리다) ふさわしい(←ふさわしい)／적극 積極的に／찾아 써야(← 찾아쓰다) 選んで使わなければ(←選んで使う)／한다고 ならないと

引用の表現

「〜と思います」、「〜と言います」、「〜と見えます」のように内容をとりあげてそれと示すものが引用の表現。

常に動詞の前に「と」が置かれるのがこの表現の特徴。

・一番大切なのは健康だと思います。
・ハングルは発音が難しいと思います。
・無理が通れば道理がひっこむと言います。
・とうとうあきらめたものと見えます。

2. 〜라고と〜다고

この「と」に当る言葉が라고と다고である。前者は体言に、後者は用言に付く。

> 〜라고/이라고 생각합니다(말합니다・합니다)
> = 〜だと思います(言います)

> 用言〈現在形〉다고 생각합니다(말합니다・합니다)
> = 〜と思います(言います)

> 用言〈過去形〉다고 생각합니다(말합니다・합니다)
> ＝ 〜たと思います(言います)

※합니다는 말합니다의 말이 省略된 것.

- 사교적인 말이나 동작을 인사〈名詞〉라고 합니다.
- 이것을 〈인사의 격식성〉〈名詞〉이라고 합니다.
- 우리 생활에서 인사는 매우 중요한 의미를 가진〈動詞の現在形〉다고 생각합니다.
- 하루 생활은 인사로 시작되고 인사로 끝난〈動詞の現在形〉다고 말할 수 있습니다.
- 일상생활에서 인사를 하지 않는 날은 없〈形容詞の現在形〉다고 생각합니다.
  日常生活で挨拶をしない日はないと思います。
- 인사는 옛날부터 있었〈動詞の過去形〉다고 생각합니다.
  挨拶は昔からあったと思います。

3. 引用の表現に伴う動詞

引用の表現に伴う動詞には、생각합니다や말합니다(합니다)のほかにも부릅니다(呼びます)、봅니다(見ます、思います)、인정합니다(認めます)、주장합니다(主張します)などがある。

- 이 개는 "얼룩이"라고 부릅니다.
  この犬は"ブチ"と呼びます。
- 나는 그가 옳다고 봅니다.
  私は彼が正しいとみます(思います)。
- 그에게는 죄가 없다고 인정합니다.
  彼には罪がないと認めます。
- 지구가 움직인다고 주장합니다.
  地球が動くと主張します。

56 景色がいいですねえ!

경치가 좋습니다!	景色がいいですね!
경치가 좋구만요!	景色がいいですねえ!
경치가 좋구만!	景色がいいな!
경치가 좋구나!	景色がいいなあ!
경치가 좋은데요!	景色がいいですね(いいのね)!
경치가 좋은데!	景色がいいね!
경치가 좋기도 하네!	景色がいいこと!
경치가 참 좋습니다.	景色が本当にいいですね!
경치가 참 좋구만요!	景色が本当にいいですねえ!
경치가 참 좋은데요!	景色が本当にいいですね(いいのね)!
경치가 얼마나 좋습니까?	景色がなんていいんでしょう!
얼마나 경치가 좋습니까?	なんて景色がいいんでしょう!
얼마나 좋은 경치입니까?	なんていい景色でしょう!
아, 참 경치가 좋습니다!	あ、本当に景色がいいですね!
아이구, 경치가 좋군요!	ひゃあ、景色がいいですねえ!
야, 참 경치가 좋은데요!	やあ、本当に景色がいいですね!
아이, 참 경치가 좋기도 하네!	あら、本当に景色がいいこと!

【語句】

경치 景色／좋습니다(←좋다) いいですね(←いい)／좋구만요 いいですねえ／좋구만 いいな／좋구나 いいなあ／좋은데요 いいですね、いいのね／좋은데 いいね／좋기도 하네 いいこと／참 本当に／얼마나 なんて／아 あ、ああ／아이구 ひゃあ／야 やあ／아이 あら

感動の表現

1. 感動の表現の多様さ

感動の表現にはいろいろな形がある。

たとえば、「美しい景色」に接したとき

- 景色がいいですねえ!
- 景色が本当にいいですねえ!
- 本当に景色がいいですねえ!
- いい景色ですねえ!
- なんて景色がいいんでしょう!
- なんていい景色でしょう!
- ああ、景色がいいですねえ!
- ああ、景色が本当にいいですねえ!
- ああ、いい景色ですねえ!
- ああ、なんて景色がいいんでしょう!
- ああ、なんていい景色でしょう!

など、表現のしかたは実に色とりどりだ。

また付属語や感動詞をとりかえることによって、感動の表現はさらに倍加する。

2. ハングルでは

ハングルでもまったく同じことが言える。

聞き手が話し手から受ける印象は、日本語と同様に主に付属語によって大きく左右される。

感動の表現の語末形式は좋습니다、좋군요、좋습니까の他にも좋구만、좋구나、좋은데요、좋은데、좋아요、좋기도 하네などいろいろある。

形容詞〈ていねいな断定形〉니다! = 〜ですね!
形容詞〈語幹〉군요! = 〜ですねえ!
形容詞〈ていねいな断定形〉니까! = 〜んでしょう!
形容詞〈語幹〉구만! = 〜な!
形容詞〈語幹〉구나! = 〜なあ!
形容詞〈語幹〉데요! = 〜ですね、〜のね!
形容詞〈語幹〉데! = 〜ね!
形容詞〈語幹〉요! = 〜わ!
形容詞〈語幹〉기도 하네! = 〜こと!

・경치가 좋습〈ていねいな断定形〉니다!
・경치가 좋〈語幹〉군요!
・경치가 얼마나 좋습〈ていねいな断定形〉니까!
・경치가 좋〈語幹〉군!
・경치가 좋〈語幹〉구나!
・경치가 좋은〈連体形〉데요!
・경치가 좋은〈連体形〉데!
・경치가 좋아〈連体形〉요!
・경치가 좋〈語幹〉기도 하네!

第4章　助詞

　ハングルや日本語を他の言語と比べたとき、目につく際立った特徴は、付属語、すなわち助詞(てにをは)によって文章が綴られているということです。

　この助詞は、ハングルや日本語のような膠着語の特質を支えている重要な要素です。したがって、ハングルらしいハングルを読み・書き・話すためには、単語に次いで助詞に通じていなければなりません。

　助詞というものは、外国人にとっては厄介がられていますが、日本人には特に難しくも何ともないはずです。

　さらに、ハングルの助詞には、一部発音や意味が、日本語の「てにをは」を彷彿させるほど酷似しているものがあります。最も典型的なものとして、発音も意味も共通している「ガ」と「가」があります。また、語法の共通性はあり過ぎるほどあります。

　しかし反面、日本語にはないハングル独特の助詞もあれば、日本語の助詞とは意味がずれているものもあります。この点は解説で示しておきましたので、ぜひ注意して読むようにしてください。

　本章では「日本語との比較」を考慮し、従来は助詞には含まれていないものも、もう少し広い意味に解釈して収めたものもあります。特に重要だと思われるものには❶印を付けておきました。この印のある語から、まず選択的に学習するのも１つの方法でしょう。

　「用言に付く助詞」では用言の活用に注意を払いながら、活用形と助詞の結びつきかたの習得に力を入れるようにしてください。

Ⅰ. 体言に付く助詞

〔1〕 主語、強意、例示などを表す助詞

1. 는 / 은●

① は

나는 대학생입니다. 　　　　　　　私は大学生です。
이 책은 책방에서 샀습니다. 　　　　この本は本屋で買いました。
여름은 덥고 겨울은 춥습니다. 　　　夏は暑く、冬は寒いです。
평양에는 언제 가십니까? 　　　　　ピョンヤン(平壌)にはいつ行かれますか。
농촌에서는 모내기가 시작되었습니다. 　農村では田植えが始まりました。
아들한테서는 소식이 없습니까? 　　息子さんからは便りがありませんか。
촛불로는 쇠를 녹일 수 없습니다. 　　ろうそくの火では鉄を熔かすことができません。

영철씨와는 한 아파트에서 삽니다. 　ヨンチョルさんとは同じアパートで住んでいます。
아무 일이나 말처럼은 안 됩니다. 　　何ごとも言葉のようにはいきません。
영수씨는 영희씨보다는 키가 큽니다. 　ヨンスさんはヨンヒさんよりは背が高いです。
여기서부터는 걸어가야 합니다. 　　ここからは歩いて行かなければなりません。

부산에서 마산까지는 차로 몇 시간이나 걸립니까? 　プサン(釜山)からマサン(馬山)までは、車で何時間くらいかかりますか。

② (는 / 은＋아니다の形で) では、じゃあ

저건 붕어는 아닙니다. 　　　　　　あれはフナではありません。
어쨌든 거짓말은 아닌 것 같습니다. 　とにかくうそではなさそうです。

2. 가 / 이●

① が [1)]

비가 옵니다. 　　　　　　　　　　雨が降ります。
바람이 붑니다. 　　　　　　　　　風が吹きます。

② (가/이＋되다の形で) に 2)

너는 크면 무엇**이** 되겠니? お前は大きくなったら何になるんだい。

나는 음악가**가** 되고 싶습니다. 私は音楽家になりたいです。

벌써 12(열두)시**가** 되었습니까? もう12時になりましたか。

③ (가/이＋아니다の形で) では、じゃ

나는 어린애**가** 아닙니다. 私は子供ではありません。

여기는 은행**이** 아닙니다. ここは銀行ではありません。

아니. 김씨**가** 아닙니까? おや、金さんじゃありませんか。

④ の 3)

여름은 음식**이** 상하기 쉬운 계절입니다. 夏は食物のいたみやすい季節です。

아이**가** 없는 집은 빈집 같습니다. 子供のいない家は空屋のようです。

3. 께서 4)

① (께서＋는の形で) には、におかれましては

선생님**께서는** 무고하십니까? 先生にはお変わりございませんか。

아버님**께서는** 요즘 어떻게 지내십니까? 父上にはこの頃いかががお過ごしでいらっしゃいますか。

② が

선생님**께서** 오십니다. 先生がいらっしゃいます。

이 만년필은 아버님**께서** 쓰시던 것입니다. この万年筆は父上が使われていたものです。

③ から

이것은 아버님**에게(서)** 들은 이야기입니다. これは父上から聞いた話です。

4. 란/이란

① とは、というのは

공해**란** 무엇입니까? 公害とは何ですか。

유술**이란** 유도를 말합니다. 柔術というのは柔道のことです。

② という

김영수씨**란** 사람을 아십니까? 　金ヨンスさんという人をご存知
　　　　　　　　　　　　　　　　　ですか。

이건 불도저**란** 기계입니다. 　　　これはブルドーザーという機械です。

5. 야 / 이야 [5]

① は
공부**야** 젊었을 때 해야지요. 　　勉強は若いときにやるべきですよ。
당신**이야** 아직 젊지만 나**야** 　　あなたはまだ若いけど、私はも
　이제는 늦었지요. 　　　　　　　　う年ですよ。

② (야/이야＋아니다の形で) では、じゃ
고래는 물론 물고기**야 아니지요**. 　クジラはもちろん魚ではありま
　　　　　　　　　　　　　　　　　せんよ。

오늘은 쉬는 날**이야 아니지** 않습 　きょうは休日じゃないじゃあり
　니까? 　　　　　　　　　　　　　ませんか。

③ くらいは、なんかは
자기 방**이야** 자기가 청소해야지. 　自分の部屋くらいは自分で掃除
　　　　　　　　　　　　　　　　　しなくちゃ。

소나무**야** 여기도 많습니다. 　　　松の木なんかはここにもたくさ
　　　　　　　　　　　　　　　　　んあります。

돈**이야** 나한테도 있습니다. 　　　お金なんかは私にもありますよ。

6. 마저 [6] さえ
이름**마저** 잊어버렸습니다. 　　　名前さえ忘れてしまいました。
비가 오는데 바람**마저** 불기 시작 　雨が降っているのに風さえ吹き
　했습니다. 　　　　　　　　　　　　出しました。
꽃**마저** 반겨 맞이하는 것 같습니다. 　花さえ喜んで迎えるようでした。

7. 조차 [7] すら
우리 아이는 인사**조차** 변변히 못 　うちの子は挨拶すらろくにでき
　합니다. 　　　　　　　　　　　　　ません。
아버지는 초등학교**조차** 나오지 못했습니다. 　父は小学校すら出ていません。

아직 한글로 자기 이름**조차**도 쓰 　まだハングルで自分の名前すら
지 못합니다. 　　　　　　　　　書けません。

8. 커녕
(常に 는/은＋커녕の形で) どころか、はさておいて

이 돈으로는 시계**는커녕** 혁대도 　この金では時計どころかバンド
못 삽니다. 　　　　　　　　　　も買えません。

주소**는커녕** 얼굴도 모릅니다. 　住所はさておいて顔も知りません。

9. 일지언정　こそすれ、ではあっても

이득**일지언정** 손해는 없습니다. 　得こそすれ、損はありませんよ。

그와는 서로 아는 사이**일지언정** 　彼とは知り合いではあっても、愛
사랑하는 사이는 아닙니다. 　　　し合っている仲ではありません。

10. 야말로 / 이야말로　こそ、こそは

텔레비전**야말로** 우리 생활에 없어 　テレビこそ我々の生活になくて
서는 안될 물건입니다. 　　　　　はならない物です。

이것**이야말로** 20(이십)세기의 기적 　これこそ20世記の奇跡です。
입니다.

지금**이야말로** 절호의 기회입니다. 　今こそ絶好の機会です。

11. 등, 같은 것, 따위[8)]　など、なんか

나는 그림이나 조각 **등** 미술에 흥 　私は絵や彫刻など美術に興味を
미를 가지고 있습니다. 　　　　　もっています。

노트, 연필, 지우개 **등(같은것, 따** 　ノート、鉛筆、消ゴムなどを学
위)을 학용품이라고 합니다. 　　用品と言います。

채송화나 나팔꽃 **같은 것(등, 따** 　マツバボタンや朝顔なども植え
위)도 심읍시다. 　　　　　　　ましょう。

나 **같은 것**은 그 사람 발 밑에도 　私なんかはその人の足元にもお
못갑니다. 　　　　　　　　　　よびませんよ。

아직 결혼 **같은 것(따위)**은 생각 　まだ結婚なんかは考えていませ
하고 있지 않습니다. 　　　　　　ん。

금붕어 **따위**는 아무 집이나 있지요. 　金魚なんかどこの家にもいますよ。

12. 라도 / 이라도 9)❂　でも

그런 일은 나**라도** 할 수 있습니다.	そんなことは私でもできます。
아무리 맛이 있는 것**이라도** 매일 먹으면 싫증납니다.	いくらおいしいものでも毎日食べたら飽きがきます。
꿈**이라도** 꾼게 아닙니까?	夢でも見たんじゃありませんか。
이제부터**라도** 늦지는 않습니다.	これからでも遅くはありません。
오빠한테**라도** 부탁해 볼까요?	兄さんにでも頼んでみましょうか。
차**라도** 마시겠습니까?	お茶でも飲みますか。

13. 나마 / 이나마 10)　なりとも、でも、ですら

종이꽃**이나마** 없는 것보다는 낫습니다.	造花なりともないよりはましです。
맛 없는 식사**나마** 많이 드십시오.	おいしくない食事でもたくさん召し上がってください。
이전에는 이런 낡은 라디오**나마** 가지고 있는 집은 드물었습니다.	昔はこんな古いラジオですらもっている家は稀でした。

〔2〕 対象を表す助詞

14. 를 / 을 11)❂

① を

노래**를** 부릅시다.	歌をうたいましょう。
누나는 편지**를** 쓰고 있습니다.	姉さんは手紙を書いています。
이 문제**를** 풀어보시오.	この問題を解いてみなさい。
비행기가 하늘**을** 날아갑니다.	飛行機が空を飛んでいきます。
오른쪽**을** 보십시오.	右をごらんください。
8(여덟)시에 집**을** 나왔습니다.	8時に家を出ました。
어제는 동물원에서 하루**를** 보냈습니다.	きのうは動物園で1日を過ごしました。

② (를/을+타다・만나다・향하다・닮다の形で) に

영수씨는 오토바이**를** 탑니다.	ヨンスさんはオートバイに乗ります。
거리에서 친구**를** 만났습니다.	町で友だちに会いました。
목표**를** 향하여 전진합시다.	目標に向かって前進しましょう。
그는 어머니**를** 닮았습니다.	彼はお母さんに似ています。

③ (를/을+위하다の形で) の

평화**를** 위하여 싸웁시다.	平和のために闘いましょう。
인생**을** 위한 예술과 예술**을** 위한 예술은 어떻게 다릅니까?	人生のための芸術と芸術のための芸術はどう違うんですか。

④ (를/을+좋아하다・싫어하다・할줄 알다・할 수 있다の形で) が

나는 가극**을** 좋아합니다.	私は歌劇が好きです。
나는 매운 것**을** 싫어합니다.	私は辛いのが嫌いです。
그는 중국말**을** 할줄 압니다.	彼は中国語ができます。
당신은 일본말 통역**을** 할 수 있습니까?	あなたは日本語の通訳ができますか。

〔3〕時、場所、位置、方角(方向)、目標、起点、帰着、限界などを表す助詞

15. 에°

① に [12]

나는 1945(천구백사십오)년**에** 태어났습니다.	私は1945年に生まれました。
책은 책상 위**에** 있습니다.	本は机の上にあります。
그는 서울**에** 삽니다.	彼はソウルに住んでいます。
7(일곱)시**에** 학교**에** 갑니다.	7時に学校に行きます。
질문**에** 대답해 주십시오.	質問に答えてください。
이 약은 하루**에** 세 번 먹습니다.	この薬は1日に3回飲みます。
수영은 건강**에** 좋습니다.	水泳は健康にいいです。
검은 양복저고리**에** 회색 바지를 입은 청년을 찾고 있습니다.	黒い上着に灰色のズボンをはいた青年をさがしてます。

② で 13)

나는 6(여섯)살**에** 학교에 들어갔습니다.	私は6歳で学校に入りました。
이건 100(백)원**에** 샀습니다.	これは100ウォンで買いました。
실온은 겨울**에** 18(십팔)도가 적당합니다.	室温は冬で18度が適当です。

16. 에게, 한테, 더러 14)

① (人、動物に限って) に

형님**에게** 전화를 걸었습니다.	兄さんに電話をかけました。
동생**에게** 가방을 주었습니다.	弟にかばんをあげました。
삼촌**에게** 부탁해 보겠습니다.	おじさんに頼んでみます。
김선생**에게** 전해 주십시오.	金先生にお伝えください。
박선생**에게** 물어보았어요?	朴さんに聞いてみましたか。
누가 너**더러** 그런 일을 하라고 했니?	だれがお前にそんなことをしろと言ったんだ?
아버지**한테** 욕먹었습니다.	お父さんに叱られました。

② の所に

곤란할 때는 언제든지 나**한테** 오시오.	困ったときはいつでも私の所に来なさい。
우리 고모**한테**도 그 사진이 있습니다.	うちのおばさんの所にもその写真がありますよ。

17. 께 15) に

어머님**께** 안부 전해주십시오.	お母さんによろしくお伝えください。
아버님**께** 한번 물어보겠습니다.	お父さんに一度聞いてみます。

18. 다, 다가, 에다, 에다가 16) に、へ

꽃병은 어디**다** 놓을까요?	花びんはどこに置きましょうか。
벽**에다** 그린 그림을 벽화라고 합니다.	壁に描いた絵を壁画と言います。
털외투**에다가** 털장화까지 신었으니 춥지 않겠습니다.	毛皮のオーバーに毛皮の(入った)長靴まではいたから寒くないでしょうね。

19. 로 / 으로 / 에 [17]

① へ

어디**로** 갑니까?	どこへ行くんですか。
학교**로** 갑니다.	学校へ行きます。
10년만에 고향**으로** 돌아왔습니다.	10年ぶりに故郷へ帰ってきました。
무사히 목적지**에** 도착했습니다.	無事に目的地へ到着しました。

② で [18]

톱**으로** 나무를 자릅니다.	のこぎりで木を切ります。
「물」은 일본어**로** 무엇이라고 합니까?	「水」は日本語で何と言いますか。
어제는 병**으로** 결석했습니다.	きのうは病気で休みました。
수업은 오늘**로** 끝납니다.	授業はきょうで終わります。
웃는 얼굴**로** 손님을 맞이합시다.	笑顔でお客様を迎えましょう。

③ から、で

물은 수소와 산소**로** 되어 있습니다.	水は水素と酸素からできています。
이것은 여러가지 약초**로** 만든 약입니다.	これはいろいろな薬草から作った薬です。
된장은 콩**으로** 만듭니까?	味噌は大豆で(から)作るんですか。
두부는 콩**으로** 만듭니다.	豆腐は大豆で(から)作ります。

④ (로+인한の形で) に

담배불**로** 인한 화재가 많다고 합니다.	タバコの火による火事が多いそうです。

20. 에서 / 서 [19]

① で [20]

나는 타이어공장**에서** 일하고 있습니다.	私はタイヤ工場で働いています。
어디**서** 만났습니까?	どこで会いましたか。
공원**에서** 만났습니다.	公園で会いました。
집**에서** 공부하겠습니다.	家で勉強します。
학생의 입장**에서** 말합니다.	学生の立場で言います。
이번에는 혼자**서** 해보시오.	こんどはひとりでやってみなさい。

② **から** [21]

저 사람은 어디**서** 왔습니까?	あの人はどこから来ましたか。
그는 일본**에서** 왔습니다.	彼は日本から来ました。
방금 직장**에서** 돌아왔습니다.	たった今職場から帰ってきました。
서울**에서** 평양까지 몇 킬로미터입니까?	ソウルからピョンヤンまで何キロメートルですか。
시원한 바람이 창문**에서** 들어옵니다.	涼しい風が窓から入ってきます。

21. 에게서, 한테서 [22] **から**

언니**에게서** 온 편지를 못 보았어요?	姉さんから来た手紙を見なかった?
그 말을 누구**한테서** 들었습니까?	そのことをだれから聞きましたか。
일본어는 아버지**한테서** 배웠습니다.	日本語はお父さんから教わりました。

22. 부터° **から** [23]

수업은 몇 시**부터** 시작합니까?	授業は何時から始まりますか。
지금**부터** 10(십)년 전의 일입니다.	今から10年前のことです。
처음**부터** 상태가 좋지 않았습니다.	初めから調子がよくありませんでした。
무엇**부터** 시작했으면 좋을지 모르겠습니다.	何から始めたらいいのかわかりません。
이제**부터**는 내 말을 잘 들으시오.	これからは私の言うことをよく聞きなさい。
아침**부터** 밤까지 열심히 일했습니다.	朝から晩まで熱心に働きました。
하나**부터** 열까지 가르쳐 주어야 합니다.	1から10まで教えてやらなければなりません。

23. 까지 [24]° **まで**

오후 4(네)시**까지** 여기에 모이시오.	午後4時までここに集まりなさい。
12(열두)시부터 1(한)시**까지**는 점심시간입니다.	12時から1時までは昼食の時間です。
드디어 목적지**까지** 왔습니다.	とうとう目的地まで来ました。

어디**까지** 가십니까? どこまで行かれるんですか。
비를 맞고 속옷**까지** 젖었습니다. 雨に降られて肌着までぬれてしまいました。
내 이름**까지** 어떻게 아십니까? 私の名前までどうしてご存じですか。
모자에다 금테 안경**까지** 낀 저 신사는 누구입니까? 帽子に金縁の眼鏡までかけたあの紳士はだれですか。

〔4〕所有、連体修飾を表す助詞

24. 의 25) の

이것은 동생**의** 오토바이입니다. これは弟のオートバイです。
금강산**의** 단풍은 정말 아름답다. クムガン山の紅葉は本当に美しい。
영철씨**의** 목소리가 들립니다. ヨンチョルさんの声が聞こえます。
지금은 시계**의** 대부분이 전자시계다. 今は時計の大部分が電子時計です。
이것은 고려 시대**의** 그림입니다. これは高麗時代の絵です。

25. 인

① (であるところ) の、である

내 친구**인** 영남씨를 소개하겠습니다. 私の親友の(である)ヨンナムさんを紹介します。
포스터에는 평화의 상징**인** 비둘기가 그려져 있습니다. ポスターには平和の象徴であるハトが描かれています。

② (적+인の形で) な

그는 정열**적인** 사람입니다. 彼は情熱的な人です。
근본**적인** 개혁이 필요하다고 본다. 根本的な改革が必要だと思う。

〔5〕共同、並立を表す助詞

26. 와 / 과, 하고, 랑 / 이랑

① と 26)

남수씨는 영화씨**와** 결혼한답니다. ナムスさんはヨンファさんと結婚するんだそうです。

저는 여러분과 같은 의견입니다. わたくしはみなさんと同じ意見です。
당신은「전쟁과 평화」를 읽으셨습니까? あなたは「戦争と平和」をお読みになりましたか。
사과하고 배하고 어느 쪽을 좋아합니까? リンゴと梨とどちらが好きですか。
어제는 동생이랑 빙상경기장에 갔다. きのうは弟とアイスリンクに行った。

② や、やら、だの

사과랑 배랑 복숭아랑 샀다. リンゴやら梨やら桃やら買った。
집에서 돈이랑 약이랑 보내왔다. 家からお金だの薬だの送ってきた。

③ (와 / 과 + 같다の形で) の

마치 꿈과 같습니다. まるで夢のようです。
경치가 그림과 같이 아름답습니다. 景色が絵のように美しいです。

〔6〕比較、程度、範囲、限定、比例、量などを表す助詞

27. 보다 より 27)

겨울보다 여름이 더 좋습니다. 冬より夏のほうがもっといいです。
말보다 실천이 중요합니다. 言葉より実践がだいじです。
당신은 나보다 젊습니다. あなたは私より若いです。
한글은 일본말보다 힘듭니다. ハングルは日本語より難しいです。
무엇보다도 중요한 것은 교육입니다. 何よりも大切なのは教育です。

28. 가량 ばかり、ほど

사람들이 천명가량 모였습니다. 人が千人ばかり集まりました。
한 시간가량 기다려 주십시오. 1時間ばかりお待ちください。
잉크가 절반가량 들어 있다. インクが半分ばかり入っている。

29. 정도 ほど、程度

카드가 10(십)만매 정도 필요합니다. カードが、10万枚ほど必要です。

이 면도칼은 다른 면도칼의 2(이)배 **정도** 오래 쓸 수 있습니다. / このかみそりは他のかみそりの2倍ほど長持ちします。
일은 어느**정도** 진척되었습니까? / 仕事はどの程度はかどりましたか。
그 **정도**의 기술을 가진 사람은 많다. / その程度の技術をもった人は多い。

30. 쯤

① くらい、ぐらい(に)

하루**쯤** 걸릴 것 같습니다. / 1日くらいかかりそうです。
하모니카**쯤**은 나도 불 줄 압니다. / ハーモニカぐらいは私も吹けますよ。
그**쯤** 해서 좀 쉽시다. / それくらいにしてちょっと休みましょう。

② 頃

6(여섯)시**쯤**(**경**) 가겠습니다. / 6時頃行きます。
가을**쯤**(**경**)에 공사가 끝난답니다. / 秋頃に工事が終わるそうです。

31. 뿐   のみ、きり、だけ

짐은 이 가방**뿐**입니까? / 荷物はこのかばんのみですか。
외국에 간 것은 한번**뿐**입니다. / 外国へ行ったのは1度きりです。
그 비밀을 아는 것은 한 사람**뿐**이 아닙니다. / その秘密を知っているのは1人だけではありません。
요리**뿐** 아니라 재봉도 또한 잘 합니다. / 料理のみならず、裁縫もまた上手です。

32. 만, 끼리

① だけ [28]

내 말을 한번**만** 들어주세요. / 私の言うことを一度だけ聞いて。
그것**만** 알아도 대단합니다. / それだけ知っていても大したものです。

어머니한테**만** 말했습니다. / お母さんにだけ言いました。
학교**만**이 교육의 마당이 아닙니다. / 学校だけが教育の場ではありません。
이번**만**은 나도 손을 들었습니다. / 今度だけは私も手を上げましたよ。

자유도 귀중하지만 자유**만**으로는 살아갈 수 없습니다.	自由も貴いですが、自由だけでは生きていけません。
우리**끼리(만)** 이야긴데…	我々だけの話だが…

②　**ばかり** 29)

저 사람은 자기 자랑**만** 합니다.	あの人は自分の自慢ばかりします。
아까부터 담배**만** 피우고 있습니다.	さっきからタバコばかり吸っています。
힘**만** 세도 소용이 없습니다.	力ばかり強くても役に立ちません。

③　**さえ** 30)

단추**만** 누르면 발사합니다.	ボタンさえ押せば発射します。
머리**만** 아프지 않으면 좋겠는데.	頭さえ痛くなかったらいいのに。

④　(만＋못하다の形)　**に**

형은 외교면에서는 동생**만** 못합니다.	兄は外交面では弟に劣ります。

⑤　(만＋하다の形)　**ほど、くらい**

주먹**만한** 크기의 혹이 생겼다.	こぶしほどのこぶができた。
그 사람**만한** 노력가도 없다.	彼くらいの努力家もいない。

33. 만큼

①　**だけ** 31)

그**만큼** 말했는데 또 잊었습니까?	あれだけ言ったのにまた忘れたんですか。
필요한 양**만큼** 물을 넣습니다.	必要な量だけ水を入れます。

②　**くらい** 32)

우리 할아버지**만큼** 부지런한 사람도 없을 것입니다.	うちのおじいさんくらいまじめな人もいないでしょう。
코끼리**만큼** 큰 자동차도 있습니다.	象くらい大きな自動車もありますよ。

34. 일수록　ほど

여문 이삭**일수록** 머리를 숙인다.	実った稲ほど頭を垂れる。

35. 마다　ごと、ごとに

돌아가신 어머니가 밤**마다** 꿈에 보입니다.	亡くなったお母さんを夜ごと夢に見ます。

나는 아침**마다** 산보를 합니다.	私は朝ごとに散歩をします。
사람**마다** 취향이 다릅니다.	人ごとに好みが違います。

36. 씩ᵒ　ずつ

이 약은 한번에 두알**씩** 먹습니다.	この薬は1回に2錠ずつ飲みます。
두 사람**씩** 앉게 되어 있다.	2人ずつ座るようになっている。
사과를 한 사람당 두개**씩** 주었다.	リンゴを1人当り2個ずつ与えた。
풍습도 조금**씩** 변해가는 법이다.	風習も少しずつ変わっていくものだ。

37. 밖에ᵒ　しか

그는 일**밖에** 모릅니다.	彼は仕事しか知りません。
방안에는 한 사람**밖에** 없었습니다.	部屋の中には1人しかいませんでした。
나이는 스무살쯤**밖에** 안되었을 것입니다.	年は20歳くらいしかなっていないでしょう。
그건 구실로**밖에** 볼 수 없습니다.	それは口実としかみられません。
산이 높아서 도중까지**밖에** 오르지 못했습니다.	山が高くて途中までしか登れませんでした。

〔7〕原因、理由、根拠を表す助詞

38. 이므로　なので

처음**이므로** 좀 서툽니다.	初めてなのでちょっと下手です。
극약**이므로** 두알 이상 먹어서는 안 됩니다.	劇薬なので2錠以上飲んではいけません。

39. 니/이니, 니까/이니까ᵒ
だから、ですから、なんだから、なんですから

유리**니** 깨지기 쉽습니다.	ガラスだから割れやすいです。
아직 아이**니** 할 수 없지요.	まだ子供だからしかたがないよ。
혼자**니까** 말동무도 없어서 심심합니다.	1人だから話し相手もいなくて退屈です。
그들은 쌍둥이**니까** 비슷한 것도 당연하지요.	彼らは双子ですから似ているのもあたりまえですよ。

40. 기에 / 이기에, 길래 / 이길래 33)

① なもので、なので、だから、であればこそ

하도 좋은 경치**기에** 3(삼)일이나 있었습니다.
あんまりいい景色なもので3日もいました。

몹시 재미있는 이야기**기에** 시간 가는 줄도 모르고 들었습니다.
とてもおもしろい話なので時間のたつのも知らずに聞きました。

무슨 책**이길래** 그렇게 비쌉니까?
何の本だからそんなに高いんですか。

부모**길래** 그렇게 걱정해주지요.
父母であればこそそんなに心配してくれるんですよ。

② だって、だといって

당신이 뭐**길래** 이래라 저래라 하는 겁니까?
あんたが何だって(何だから)こうしろ、ああしろと言うんですか。

41. 때문에●

① ために、せいで

무엇 **때문에** 내가 책임을 져야 합니까?
何のために私が責任をとらなくちゃならないんですか。

친구 **때문에** 나까지 욕을 먹었소.
君のせいで僕まで叱られたよ。

② で

어머니는 암 **때문에** 돌아가셨습니다.
お母さんはガンで亡くなられました。

홍수 **때문에** 다리가 끊어졌답니다.
洪水で橋が落ちたそうです。

그 일 **때문에** 일부러 오셨습니까?
そのことでわざわざいらっしゃったんですか。

③ (の)ことで、に

그는 요즘 자기 병 **때문에** 고민하고 있는 것 같습니다.
彼はこの頃自分の病気のことで悩んでいるみたいです。

④ (기 / 이기＋때문에の形で) だから、ですから

이건 열대어**기 때문에** 찬물 속에서는 죽습니다.	これは熱帯魚ですから、冷たい水の中では死んでしまいます。
나일론**이기 때문에** 다리미질 할 필요는 없습니다.	ナイロンだから、アイロンをかける必要はありません。

42. 인만큼　であるだけに、だから

젊은 사람**인만큼** 포부가 큽니다.	若い人であるだけに抱負が大きいです。
신중한 문제**인만큼** 잘 생각해서 결심하겠습니다.	慎重な問題ですから、よく考えてから決心します。

〔8〕条件を表す助詞

43. 면 / 이면, 라면 / 이라면 34)

① なら

유리**면** 깨질 것입니다.	ガラスなら割れるはずです。
100(백)원**이면** 더 좋겠는데.	100ウォンならもっといいのに。
푸른색**이면** 더 좋겠는데.	青色ならもっといいのに。
농구**면** 농구, 탁구**면** 탁구, 아무거나 다 잘합니다.	バスケットならバスケット、ピンポンならピンポン、何でも上手です。

② には、になったら

6(여섯)시**면** 돌아옵니다.	6時には帰ってきます。
봄**이면** 사과꽃이 하얗게 핍니다.	春になったらリンゴの花が白く咲きます。
내일**이면** 모든 것이 밝혀집니다.	あしたになったらすべてが明らかにされます。

③ といえば

"뚱뚱보 운전사"**라면** 이 근처에서 모르는 사람이 없습니다.	"デブの運ちゃん"といえばこのあたりで知らない人はいませんよ。

그는 클래식음악**이라면** 오금을 못 쓴다. 彼はクラシック音楽といえば目がありません。

④ で

오늘**이면** 헤어진지 일년이 됩니다. きょうで別れて1年になります。

44. 일지라도, 라도 / 이라도 35)　あっても、でも

친한 사이**일지라도** 예절은 지켜야 합니다. 親しい仲であっても礼儀は守るべきです。

아무리 선생**이라도** 다 아는 것은 아닙니다. いくら先生でも、何でも知っているわけではありません。

45. 건 / 이건, 든 / 이든 36)　であろうが、であろうと、であれ

소고기**건** 돼지고기**건** 고기는 일체 안 먹습니다. 牛肉であろうが、豚肉であろうが肉はいっさい食べません。

이 애는 쓴 약**이건** 단 약**이건** 잘 먹습니다. この子は苦い薬であろうが、甘い薬であろうがよく飲みます。

기계**든** 사람**이든** 무리를 하면 고장납니다. 機械であろうと、人であろうと無理をすると故障します。

수학**이든** 외국어**든** 기초가 중요합니다. 数学であろうと、外国語であろうと基礎が大切です。

범**이든** 사자**든** 고양이과의 맹수라는 점에서는 같습니다. 虎であれ、ライオンであれネコ科の猛獣という点では同じです。

〔9〕接続を表す助詞

46. 고 / 이고, 며 / 이며 37)

① で、であり

이건 사과**고** 저건 배입니다. これはリンゴで、あれは梨です。
아버지는 교사**이고** 어머니는 의사입니다. 父は教員で、母は医師です。
최우등생**이며** 마라톤 선수인 명철이를 소개하겠습니다. 最優等生であり、マラソン選手であるミョンチョルを紹介します。

② だの、やら

옷**이고** 신발**이고** 흙투성입니다. 　服だの靴だの泥だらけです。
지우개**며** 붓이**며** 다 가방 안에 넣　消しゴムやら筆やら皆かばんの
　었습니다. 　　　　　　　　　　　　中に入れました。

③ も、であれ

요즘은 바빠서 일요일**이고** 토요　この頃は忙しくて日曜日も土曜
　일**이고** 없습니다. 　　　　　　　　日もありませんよ。
아이**고** 어른**이고** 인사는 해야 합　子供であれ大人であれ挨拶はす
　니다. 　　　　　　　　　　　　　　べきです。

47. 지만 / 이지만 だけど、ですけど、ですが

낡은 가위**지만** 잘 듭니다. 　　　　古いはさみだけどよく切れます。
물은 물**이지만** 먹지 못하는 물입니다. 水は水だけど飲めない水です。
전공은 전기**며** 기계에도 밝습니　専攻は電気ですが機械にも明る
　다. 　　　　　　　　　　　　　　　いです。
형제**지만** 성격은 정반대입니다. 　兄弟だけど性格は正反対です。
경기는 9월 1일부터**지만** 선수들　競技は9月1日からですが選手
　은 벌써 도착했습니다. 　　　　　　たちはもう到着しました。

48. 인데

① なのに、だが、ですが

벌써 12시**인데** 아직 돌아오지 않　もう12時なのにまだ帰ってきま
　습니다. 　　　　　　　　　　　　　せん。
합성수지**인데** 보기에는 나무와 같　合成樹脂なのに見たところは木
　습니다. 　　　　　　　　　　　　　のようです。
겨울**인데** 봄처럼 따뜻합니다. 　　冬なのに春みたいに暖かいです。
처음**인데** 자신은 있습니까? 　　　初めてですが自信はありますか。
감기**인데** 곧 낫겠지요. 　　　　　かぜですが、すぐ治るでしょうよ。

② で

이건 신나**인데** 래커를 탈 때 씁니　これはシンナーですが、ラッ
　다. 　　　　　　　　　　　　　　　カーをうすめるとき使います。

이 사람은 내 친구**인데** 이름은 명수라고 합니다. / この人は僕の親友だが、名前はミョンスと言います。

49. 더니 / 이더니　だったが、だったのに

전에는 조교**더니** 지금은 부교수랍니다. / 以前は助手(助教)だったが、今は助教授だそうです。

유능한 시인**이더니** 아쉽게도 일찍 죽었습니다. / 有能な詩人だったのに、惜くも若死にしました。

〔10〕選択、並列などを表す助詞

50. 나 / 이나

① **か**

자동차**나** 버스를 타고 갑시다. / 自動車かバスに乗っていきましょう。
연필**이나** 만년필로 쓰십시오. / 鉛筆か万年筆で書いてください。

② **も** 38)

소**나** 말**이나** 다 유익한 동물입니다. / 牛も馬も皆有益な動物です。
예**나** 지금**이나** 우리의 주식은 쌀입니다. / 昔も今も私たちの主食は米です。
당신**이나** 나**나** 몸은 건강하지 못한 편입니다. / あなたも私も体は丈夫ではないほうです。
키는 2(이)미터**나** 됩니다. / 背は2メートルもあります。

③ **や** 39)

담배**나** 술은 몸에 해롭습니다. / タバコや酒は体によくありません。
나는 과일**이나** 야채를 좋아합니다. / 私は果物や野菜が好きです。

④ **ぐらい、頃** 40)

아마 한달**이나** 걸릴 것 같습니다. / 多分1か月ぐらいかかりそうです。
몇 시**나** 되었을까요? / 何時頃でしょうか。

⑤ **でも** 41)

나는 집에서 티비**나** 보겠습니다. / 私は家でテレビでも見ます。

동물원**이나** 갈까요? 　　　　　動物園でも行きましょうか。
누구**나** 행복한 생활을 바랍니다. 　だれでも幸福な生活を望みます。
　⑥ **なんか** [42]
항의**나** 해서 해결되는 문제가 아　抗議なんかして解決できる問題
　닙니다. 　　　　　　　　　　　　ではありません。
농담**이나** 하고 있을 때가 아니요. 　冗談なんか言っているときではないよ。

51. 든가 / 이든가, 든지 / 이든지 [43]

　① **なり**
하모니카**든가** 손풍금**이든가** 한가　ハーモニカなりアコーディオン
　지는 배워둘 필요가 있습니다. 　　なり1つは習っておく必要が
　　　　　　　　　　　　　　　　　あります。
참고서**든지** 사전**이든지** 둘 중 하　参考書なり辞書なり2つのうち
　나는 있어야 합니다. 　　　　　　　1つはなくてはなりません。
　② **でも**
누구**든지** 법은 지켜야 합니다. 　　だれでも法は守らなくてはいけません。
무엇**이든지** 결심하기가 힘듭니다. 　何でも決心するのが難しいです。
어려울 때는 언제**든지** 편지를 하　困ったときはいつでも手紙をし
　세요. 　　　　　　　　　　　　　なさい。
　③ **だったか**
이름은 영철**이었던가** 명철**이었던**　名前はヨンチョルだったか、
　가 잘 생각나지 않습니다. 　　　　ミョンチョルだったか、よく
　　　　　　　　　　　　　　　　　思い出せません。
박군의 집이 5층**이었는지** 6층**인**　朴君の家は5階だったか6階
　지 잘 모르겠습니다. 　　　　　　だったか知りません。

〔11〕同様、類似を表す助詞

52. 도 [44]　　も
오늘**도** 날씨가 좋습니다. 　　　　きょうも天気がいいです。
그는 영어**도** 잘 합니다. 　　　　　彼は英語も上手です。

사과**도** 복숭아**도** 있습니다.	リンゴも桃もあります。
방 안에는 한 사람**도** 없습니다.	部屋の中には１人もいません。
원숭이**도** 나무에서 떨어집니다.	猿も木から落ちます。
책상 위에**도** 아래에**도** 가방은 없습니다.	机の上にも下にもかばんはありません。
어머니하고**도** 상담했습니다.	お母さんとも相談しました。
연극보다**도** 영화가 더 재미있습니다.	演劇よりも映画のほうがもっとおもしろいです。

53. 처럼, 마냥[45] のように、みたいに

아이들**처럼** 기뻐하고 있습니다.	子供のように喜んでいます。
영희는 인형**처럼** 귀엽습니다.	ヨンヒは人形のようにかわいいです。
세월은 쏜살**처럼** 흘러갑니다.	月日は(放った)矢のように流れていきます。
땀이 폭포**마냥** 흘러내립니다.	汗が滝みたいに流れ落ちます。
살결이 눈**마냥** 하얗네요.	肌が雪のように白いですね。

〔12〕引用を表す助詞

54. 라고 / 이라고

① と、だと

컴퓨터**라고** 하는 것은 전자계산기를 말합니다.	コンピュータというのは電子計算機のことです。
저는 안 혜란**이라고** 합니다.	私は安ヘランと申します。
농촌**이라고** 해도 여기는 도시와 별반 차이가 없습니다.	農村といってもここは都市と別に変わりがありません。
그는 성실한 사람**이라고** 생각합니다.	彼は誠実な人だと思います。

② とて、とても

그**라고** 어찌 꿈이 없겠습니까?	彼とて何で夢がないでしょうか。
법 앞에서는 모두 평등합니다. 재판관**이라고** 예외가 될 수 없습니다.	法の前では皆平等です。裁判官とても例外ではありません。

③ (라고+해서의 형으로) だからと、だと

| 남자**라고** 해서 바느질을 못하지 않습니다. | 男だからといって縫い物ができないことはありません。 |

④ (라고+는~뿐이다の形で) というのは、は

형제**라고는** 누이 하나뿐입니다. 兄弟(というの)は、姉一人だけです。

55. 라는 / 이라는　という

| 설영애**라는** 사람을 압니까? | 薛ヨンエという人を知っていますか。 |
| 지금「내고향」**이라는** 영화를 상영하고 있습니다. | 今「我がふるさと」という映画を上映しています。 |

〔13〕不確定を表す助詞

56. 인지　か、やら、とやら

무슨 말**인지** 통 모르겠습니다.	何のことか、さっぱりわかりません。
누가 형이고 누가 동생**인지** 분간할 수 없습니다.	だれが兄でだれが弟やら見分けがつきません。
최만철**인지** 하는 사람을 아십니까?	崔マンチョルとやらいう人をご存じですか。
영수씨는 어디로**인지** 가버렸습니다.	ヨンスさんはどこへやら行ってしまいました。

57. 일지도　かも

| 저건 기러기**일지도** 모릅니다. | あれは雁かもしれません。 |
| 그의 말이 사실**일지도** 모릅니다. | 彼の言っていることが事実かもしれません。 |

〔14〕推量を表す助詞

58. 겠 / 이겠

① だろう、でしょう

| 비행기를 타는 것은 이번이 처음이**겠**습니다. | 飛行機に乗るのは今度が初めてでしょう。 |
| 어머니가 미인이니 따님도 미인이**겠**지요. | お母さんが美人だから娘さんも美人でしょうよ。 |

인도는 지금 여름이**겠**으니 외투는 필요 없겠지요.

インドは今夏だろうからオーバーはいらないでしょう。

일등은 영수씨**겠**고 이등은 영남씨일거야.

1等はヨンスさんだろうし、2等はヨンナムさんだろうよ。

대구는 당신한테는 고향**이겠**지만 나한테는 타향입니다.

テグはあなたにとっては故郷でしょうが、私にとっては他郷です。

② (겠다~겠다の形で) だし

맏아들은 사장**이겠다**, 둘째아들은 작가**겠다**, 셋째는 외교관**이겠다**, 정말 부럽네요.

長男は社長だし、次男は作家だし、3男は外交官だし、本当にうらやましいですね。

〔15〕資格を表す助詞

59. 로서 / 으로서   として

공민**으로서** 지켜야 할 의무는 지키면서 권리를 주장해야 합니다.

公民として守るべき義務は守りながら権利を主張すべきです。

그는 외교관**으로서는** 나무랄데가 없는 사람입니다.

彼は外交官としては非の打ちどころのない人です。

그 이야기는 나**로서는** 납득이 안됩니다.

その話は私としても納得がいきません。

부장**으로서**가 아니라 친구**로서** 충고하네.

部長としてではなく、親友として忠告するよ。

나는 사상가**로서의** 그보다 예술가**로서의** 그를 좋아합니다.

私は思想家としての彼より芸術家としての彼のほうが好きです。

〔16〕呼びかけを表す助詞

60. 야 / 아   や、よ

영수**야**, 장난하지 말아요.

ヨンスや、いたずらしてはいけませんよ。

영남**아**, 이리 좀 오렴.

ヨンナムや、こっちへちょっとおいで。

바람**아**, 불지 말아다오.

風よ、吹かないでおくれ。

II. 用言に付く助詞

〔1〕接続、継起、並行、並列、中断などを表す助詞

1. **고** 〈語幹・過去形に付く〉

① て

텔레비전을 보**고** 잤습니다.	テレビを見て寝ました。
문을 닫**고** 들어오시오.	戸を閉めて入ってきなさい。
자전거를 타**고** 갔습니다.	自転車に乗って行きました。
영희씨의 어머니는 아직 젊**고** 건강합니다.	ヨンヒさんのお母さんはまだ若くて健康です。
순희씨는 고운 옷을 입**고** 있습니다.	スニさんはきれいな服を着ています。

② 〜し、〜く

동물원에는 코끼리도 있**고** 곰도 있습니다.	動物園には象もいるし、熊もいます。
그는 머리도 좋**고** 성격도 명랑합니다.	彼は頭もいいし、性格もほがらかです。
봄은 따뜻하**고** 가을은 선선합니다.	春は暖かく秋は涼しいです。
금강산도 가보았**고** 설악산도 가보았습니다.	クムガン(金剛)山も行ってみたし、ソラク(雪岳)山も行ってみました。

③ たり

보**고** 듣**고** 해서 느낀 것을 일기장에 썼습니다.	見たり、聞いたりして感じたことを日記帳に書きました。
먹**고** 입**고**하는 문제가 우선 중요합니다.	食べたり、着たりする問題がまず大切です。

④ (다+고の形で) と

그렇게 하는 것이 좋다**고** 생각합니다.	そうするのが良いと思います。
내일 떠난다**고** 말합디다.	あした発つと言っていました。

⑤ か

길**고** 짧은 것은 대보아야 압니다. 長いか短いかは比べてみないとわかりません。

좋**고** 나쁜 것은 아직 모릅니다. 良いか悪いかはまだわかりません。

⑥ 強調

기다리**고** 기다리던 편지가 왔습니다. 待ちに待った手紙が届きました。
밝**고** 밝은 햇님이 온 세상을 비칩니다. 明るい明るいお日さまが全世界を照らします。

2. 서 [1]⊙ 〈連用形に付く〉 て、で

① 継起・接続

아침에 일어나**서** 신문을 읽었습니다. 朝起きて新聞を読みました。
쏘파에 앉아**서** 졸고 있습니다. ソファーに座っていねむりをしています。

집에 돌아와**서** 옷을 갈아 입었습니다. 家に帰って服を着がえました。
누워**서** 책을 보면 안됩니다. 寝て本を見てはいけません。
우체국에 가**서** 전화를 겁니다. 郵便局に行って電話をかけます。
관중들은 모두 일어서**서** 열광적인 박수를 보냈습니다. 観衆は総立ちになって熱狂的な拍手を送りました。
다음 정류장에**서** 내려서, 걸어서 10분가량 가면 보입니다. 次の停留所で降りて、歩いて10分ほど行けば見えますよ。
박군이 와**서** 내일 회의가 있다고 알려주었습니다. 朴君が来て、明日会議があると知らせてくれました。

② 原因、理由

열이 나**서** 출근하지 못했습니다. 熱が出て出勤できませんでした。
그는「어머니」라는 시를 써**서** 유명해졌습니다. 彼は「母」という詩を書いて有名になりました。
장난을 해**서** 선생님한테 욕먹었습니다. いたずらをして先生に叱られました。
이 문제는 어려워**서** 못 풀겠습니다. この問題は難しくて解けません。
슬퍼**서** 우는 게 아니라, 기뻐**서** 웁니다. 悲しくて泣いているんじゃなくて、うれしくて泣いているんですよ。

시골은 공기가 맑아**서** 좋습니다.	田舎は空気がきれいでいいです。
이 애는 말을 잘 들어**서** 귀엽습니다.	この子は言うことをよく聞くのでかわいいですね。

③ 後続事態や関係事物の提示

인생관에 대해**서** 쓴 책은 많습니다.	人生観について書いた本はたくさんあります。
경제 문제에 관해**서**는 그를 당할 사람이 없습니다.	経済問題に関しては彼にかなう人はいません。
작년에 비해**서** 금년은 비가 적게 내렸습니다.	昨年に比べて今年は雨が少ししか降りませんでした。
우리에게 있어**서** 국어란 한글을 의미합니다.	私たちにとって国語とはハングルを意味します。
이어**서** 고성운 교수가 연설하겠습니다.	続いて高ソンウン教授が演説します。

④ 方法

야채는 깨끗이 씻어**서** 먹어야 합니다.	野菜はきれいに洗って食べなくてはいけません。
편지는 봉투에 넣어**서**, 우표를 붙여서 보냅니다.	手紙は封筒に入れて、切手を貼って出します。
이 공장에서는 로봇을 이용해**서** 자동차를 생산하고 있습니다.	この工場ではロボットを利用して自動車を生産しています。
명태는 말려**서** 보관할 수도 있습니다.	明太は乾かして保管することもできます。

3. **고서, 고나서**[2] 〈動詞の語幹に付く〉 **てから**

손을 씻**고서** 밥을 먹어라.	手を洗ってからごはんを食べなさい。
숙제를 다하**고서** 놀았습니다.	宿題をすませてから遊びました。
소문을 듣**고서** 여기까지 왔습니다.	うわさを聞いてからここまで来ました。
전등을 끄**고 나서** 잤습니다.	電灯を消してから寝ました。

4. 며 3) ●〈仮定形に付く。過去形に付くときは으며となる〉

① ～し、～く

겨울은 눈이 많이 오**며** 강물도 업니다. 　　冬は雪がたくさん降るし、川の水も凍ります。

아버지도 키가 크**며** 뚱뚱합니다. 　　お父さんも背が高く、太っています。

그릇도 씻었**으며** 빨래도 했습니다. 　　食器も洗いましたし、洗濯もしました。

② ながら 4)

그 여자는 웃으**며** 말했습니다. 　　彼女は笑いながら言いました。

영화를 보**며** 울었습니다. 　　映画を見ながら泣きました。

5. 면서 ●〈仮定形に付く〉

① ながら

나는 식사를 하**면서** 책을 보는 버릇이 있습니다. 　　私は食事をしながら本を見るくせがあります。

라디오를 들으**면서** 잤습니다. 　　ラジオを聞きながら寝ました。

노래를 부르**면서** 청소를 하고 있습니다. 　　歌をうたいながら掃除をしています。

② くせに、のに

모르**면서** 아는체 하지 마세요. 　　知らないくせに知ったふりしないで。

힘도 없으**면서** 어떻게 돕겠니? 　　力もないくせにどうやって助けるんだい。

6. 거니와 5)〈語幹・過去形に付く〉 し

나는 재간도 없**거니와** 경험도 없습니다. 　　私は才能もありませんし、経験もありません。

공부도 잘 하**거니와** 운동도 잘 합니다. 　　勉強もできるし、運動もよくできます。

편지도 냈**거니와** 전보도 쳤습니다. 　　手紙も出したし、電報も打ちました。

7. 데 ●〈連体形に付く、過去形に付くときは는데となる〉

① が

이름은 아는**데** 얼굴은 모릅니다. 　　名前は知っていますが、顔は知りません。

수학은 잘 하는**데** 국어는 못합니다.	数学はできますが、国語はできません。
나는 전기공장에서 일하고 있는 **데** 기사는 아닙니다.	私は電気工場で働いていますが、技師ではありません。
방은 큰**데** 좀 어둡습니다.	部屋は大きいですが、少し暗いです。
외우는 것은 빠른**데** 잊어버리는 것도 빠릅니다.	覚えるのは早いですが、忘れるのも早いです。
질이 좋은**데** 비쌉니다.	質はいいですが、高いです。
약을 먹었는**데** 낫지 않습니다.	薬を飲みましたが、治りません。

② のに

학교까지 가는**데** 몇 분이나 걸립니까?	学校まで行くのに何分ぐらいかかりますか。
바쁜**데** 와주어서 감사합니다.	忙しいのに来てくれてありがとう。
약속을 했는**데** 오지 않았습니다.	約束をしたのに来ませんでした。

8. **지만** 〈語幹・過去形に付く〉　けれど、けど

나는 담배는 피우**지만** 술은 안 마십니다.	私はタバコは吸うけれど、酒は飲みません。
그는 이론은 없**지만** 경험은 풍부합니다.	彼は理論はないけど、経験は豊かです。
머리는 좋**지만** 몸이 약한 것이 탈입니다.	頭はいいけど、体が弱いのがキズです。
겨울이 지났**지만** 아직 이곳은 춥습니다.	冬は過ぎましたけど、まだここは寒いです。
처음 문제는 풀었**지만** 두번째 문제는 못 풀었습니다.	最初の問題は解いたけど、2番目の問題は解けませんでした。

9. **다가** 〈動詞の語幹に付く〉

① かけて、途中で

밥을 먹**다가** 어디로 갔나?	ごはんを食べかけてどこへ行った?
왜 편지를 쓰**다가** 말았습니까?	なぜ手紙を書きかけてやめてしまったんですか。

집에 돌아오**다가** 영수씨를 만났습니다. 家へ帰ってくる途中でヨンスさんに会いました。

② (다가 만の形で) **かけの、さしの**

저기 짓**다가 만** 집은 누구 집입니까? あの建てかけの家はだれの家ですか。
피우**다가 만** 담배가 재떨이에 있습니다. 吸いさしのタバコが灰皿にあります。

③ **て、ていて**

허둥대**다가** 지갑을 두고 왔습니다. あわてて、財布を置いてきました。
꾸물거리**다가** 열차를 놓쳤습니다. ぐずぐずしていて、列車に乗り遅れました。
여기서 좀 쉬**다가** 갑시다. ここでちょっと休んでいきましょう。
기회를 보**다가** 빠져 나오겠습니다. 機会を見てぬけ出します。
여기에 있**다가는** 위험합니다. ここにいては危険ですよ。
낮은 덥**다가도** 아침 저녁은 선선합니다. 昼は暑くても朝夕は涼しいです。

④ **ているうちに**

아버지를 기다리**다가** 어느새 잠들어 버렸습니다. お父さんを待っているうちにいつの間にか寝てしまいました。

⑤ **てすら、「て、それから」、てからまた**

책방에 좀 들렀**다가** 갑시다. 本屋にちょっと立ち寄ってから行きましょう。
공장에서 3년동안 일하**다가** 대학에 들어갔습니다. 工場で3年間働いて、それから大学に入りました。
현관에서 신발을 신었**다가** 다시 벗었습니다. 玄関で靴をはいてからまた再びぬぎました。
스위치를 껐**다가** 곧 켰습니다. スイッチを消してからまたすぐつけました。

〔2〕推量、未来、意志などを表す助詞

10. 겠〫 〈語幹・過去形に付く〉

① だろう、でしょう、そうだ、みたいだ

내일 경주지방은 비가 내리**겠**습니다.	あしたキョンジュ(慶州)地方は雨が降るでしょう。
경기도 지방은 흐린 후 개**겠**습니다.	キョンギ(京畿)道地方は曇りのち晴れでしょう。
그와는 만나지 않는 것이 좋**겠**습니다.	彼とは会わないほうがいいでしょう。
똑똑하니까 어디에 내놓아도 걱정은 없**겠**습니다.	しっかりしているからどこに出しても心配はないでしょう。
아직 오지 못하는 것을 보니 무슨 사정이 있**겠**지요.	まだ来れないところをみると何か事情があるんでしょうよ。
성격이 좀 까다롭**겠**다는 인상을 받았습니다.	性格がちょっと気難しそうだという印象を受けました。
그의 제안은 현 단계에서는 실현될 가망은 없**겠**습니다.	彼の提案は現段階では実現される見込みはなさそうです。

② (겠+습니다の形で) ます、てみせます、ことにします

마당 청소는 내가 하**겠습니다**.	庭の掃除は私がします。
아버지하고 같이 가**겠습니다**.	父といっしょに行きます。
12시를 알려 드리**겠습니다**.	12時をお知らせします。
마지막에 한 가지만 더 강조해 두**겠습니다**.	おしまいにもう1つだけ強調しておきます。
다음 번에는 꼭 일등을 하**겠습니다**.	この次はきっと1等をし(になっ)てみせます。
열심히 공부를 해서 훌륭한 사람이 되**겠습니다**.	熱心に勉強をしてりっぱな人になってみせます。
30분 동안 휴식하**겠습니다**.	30分間休憩することにします。
점심은 무엇을 드시**겠습니까**?	昼食は何を召し上がりますか。
이번 일요일은 무엇을 하**겠습니까**?	こんどの日曜日は何をしますか。

③ 慣例的に

처음 뵙**겠습니다**.	初めまして。

예, 알**겠습니다**.	はい、わかりました。
아니요, 잘 모르**겠습니다**.	いいえ、よくわかりません(知りません)。
그럼 이만 실례하**겠습니다**.	それじゃこれで失礼します。

〔3〕並立、選択、例示を表す助詞

11. 거나, 곤 [6] 〈語幹・過去形に付く〉 たり

교실에서 잡담을 하**거나** 장난을 하거나 해서는 안됩니다.	教室で雑談をしたり、いたずらをしたりしてはいけません。
지나치게 술을 마시**거나** 담배를 피워서는 안됩니다. [7]	過度に酒を飲んだり、タバコを吸ったりしてはいけません。
온도가 너무 높**거나** 반대로 너무 낮아도 편안히 잠잘 수 없습니다.	温度があまり高かったり、反対にあまり低くても安眠できません。
일요일에는 주로 아이들과 함께 유원지에 가**곤** 합니다. [8]	日曜日にはもっぱら子供たちといっしょに遊園地に行ったりします。
이따금 집일을 돕**곤** 합니다.	時たま家事を助けたりします。
무턱대고 사람을 의심하**곤** 하는 것은 좋지 않습니다.	訳もなく(頭から)人を疑ったりするのはよくありません。

12. 든가, 든지 〈語幹・過去形に付く〉 なり、か

전보를 치**든가** 전화를 하**든가** 하겠습니다.	電報を打つなり、電話をかけるなりします。
가**든지** 안 가**든지** 결심하는 것이 좋습니다.	行くなり行かないなり決心したほうがいいです。
영화를 보**든지** 차를 마시**든지** 할까요?	映画を見るなり茶を飲むなりしましょうか。
할 일이 없으면 낮잠을 자**든지** 하세요.	やることがなかったら昼寝をするか、しなさいな。
저 그림은 차라리 없애**든가** 하는 게 좋겠습니다.	あの絵はいっそのことなくすか、したほうがいいでしょう。

〔4〕条件を表す助詞

13. 면〇〈仮定形に付く。過去形に付くときは으면となる〉 **ば、と、たら**

주소만 알**면** 찾아가겠습니다.	住所さえわかれば尋ねて行きます。
자동차로 가**면** 10분도 안 걸립니다.	自動車で行けば10分もかかりません。
추우**면** 옷을 더 입으시오.	寒ければ服をもっと着なさい。
마음에 들**면** 가지시오.	気に入ったらもっていきなさい。
어머니를 만났**으면**(만나면) 안부 전해주십시오.	お母さんに会ったらよろしくお伝えください。
방이 좀더 컸**으면** 좋겠습니다.	部屋がもう少し大きかったらいいですね。

14. 려면〇〈動詞の仮定形に付く〉、**자면** 9)〈動詞の語幹に付く〉 **うとすれば、うとすると、ためには、には**

밥을 지으**려면** 남비와 물이 있어야 합니다.	ごはんを炊こうとすれば、鍋と水がなければなりません。
자동차를 운전하**자면** 교통법규를 먼저 알아야 합니다.	自動車を運転しようとすれば、交通法規をまず知らなくてはなりません。
일을 하**려면** 꼭 난관이 있기 마련입니다.	仕事をしようとするとかならず難関があるものです。
정확히 발음하**려면** 정확히 들어야 합니다.	正確に発音するためには正確に聞かなければなりません。
역으로 가**자면** 어느 쪽으로 가면 됩니까?	駅へ行くにはどっちへ行ったらいいでしょうか。

15. 더라면〈過去形に付く〉 **たら、ていたら**

달이 없었**더라면** 걷지 못했을 것입니다.	月がなかったら歩けなかったでしょう。
좀 더 기다렸**더라면** 만났을지도 모	もう少し待っていたら会えたか

릅니다. | も知れません。
그 애가 살았**더라면** 지금 스무살 쯤 되었겠는데. | あの子が生きていたら今20歳ぐらいになったはずだが。

16. 도⁰〈連用形に付く〉 ても

여기에 앉아**도** 됩니까? | ここに座ってもいいですか。
목소리는 비슷해**도** 얼굴은 비슷하지 않습니다. | 声は似てても顔は似ていません。
내일은 와**도** 소용이 없습니다. | あしたは来てもむだです。
설명을 들어**도** 이해못한답니다. | 説明を聞いても理解できないそうです。
저 사람은 누구에 대해서**도** 친절합니다. | あの人はだれに対しても親切です。
아파**도** 좀 참아주십시오. | 痛くてもちょっとがまんしてください。
고추는 작아**도** 맵습니다. | トウガラシは小さくても辛いですよ。
커피는 없어**도** 차는 있습니다. | コーヒーはなくてもお茶はあります。

17. 나 10)⁰〈仮定形・過去形に付く〉 ても、でも、けど

자**나** 깨**나** 고향을 잊지 못합니다. | 寝てもさめても故郷を忘れられません。
비가 오**나** 눈이 오**나** 학교에 갑니다. | 雨が降っても雪が降っても学校へ行きます。
그 사람은 있으**나** 없으**나** 마찬가지입니다. | あの人はいてもいなくても同じですよ。
물고기는 좋아하**나** 소고기는 싫습니다. | 魚は好きでも牛肉は嫌いです。
호랑이는 본 일이 있으**나** 팬더곰은 본 일이 없습니다. | 虎は見たことがあってもパンダは見たことがありません。
그림은 잘 그리**나** 글은 못씁니다. | 絵は上手だけど字は下手です。

18. 건, 든⁰〈語幹・過去形に付く〉 うと、うが

그는 누가 보**건** 말**건** 일을 열심히 합니다. | 彼はだれが見ていようといまいと仕事を熱心にします。
크**건** 작**건** 상관 없습니다. | 大きかろうと小さかろうと関係ありません。

오른손으로 밥을 먹**든** 왼손으로 밥을 먹**든** 남이 참견할 바가 아닙니다. 　　右手でごはんを食べようと左手でごはんを食べようと他人がお節介することではありません。

날씨가 좋**든** 나쁘**든** 내일은 떠나겠습니다. 　　天気がよかろうが悪かろうがあしたは出発します。

19. **더라도** 〈語幹・過去形に付く〉　とも、にしても、としても

비가 오**더라도** 내일은 가겠습니다.　　雨が降ろうともあしたは行きます。

곤란하**더라도** 자기 힘으로 해결하시오.　　困難であろうとも自分の力で解決しなさい。

어떤 일이 있**더라도** 약속을 어겨서는 안됩니다.　　どんなことがあろうとも約束を破ってはいけません。

내일 만나**더라도** 그 이야기는 하지 마십시오.　　あした会うにしてもその話はしないでください。

슬프**더라도** 눈물을 보여서는 안됩니다.　　悲しくとも涙を見せてはいけません。

좀 더 일찍 알았**더라도** 별 수 없었을 것입니다.　　もう少し早く知ったとしてもどうしようもなかったでしょう。

20. **지언정** 〈連体形の未来形に付く〉　とも、することがあっても

꺾일**지언정** 굽히지 않겠다는 그 정신이 마음에 듭니다.　　折れるとも曲げないというそんな精神が気に入ります。

낙제할**지언정** 부정행위는 하지 말아야 합니다.　　落第することがあっても不正行為はしてはなりません。

〔5〕比例を表す助詞

21. **수록** 〈連体形の未来形に付く〉　ほど

보면 볼**수록** 아름답습니다.　　見れば見るほど美しいです。
생각하면 생각할**수록** 분합니다.　　考えれば考えるほどくやしいです。
산길은 가면 갈**수록** 험합니다.　　山道は行けば行くほど険しいです。
참고서는 많을**수록** 좋습니다.　　参考書は多いほどいいです。

〔6〕原因、理由、根拠などを表す助詞

22. 니, 니까[◉]〈仮定形に付く。過去形に付くときは으니、으니까となる〉

① から、ので

3시부터 회의가 있으**니** 늦지 마시오.	3時から会議があるから遅れないようにしなさい。
나는 눈이 좋으**니까** 안경은 필요 없습니다.	私は目がいいから眼鏡は要りません。
추우**니까** 외투를 입고 갑시다.	寒いからオーバーを着て行きましょう。
이제부터 설명을 하겠**으니** 잘 들으시오.	これから説明をしますからよく聞きなさい。
아직 젊으**니까** 꿈도 많겠지요.	まだ若いから夢も多いでしょうよ。
이제는 늙었**으니** 귀도 잘 듣지 못합니다.	もう年をとったので耳もよく聞こえません。

② と

밖을 보**니** 벌써 캄캄했습니다.	外を見るともう真っ暗でした。
12시가 되**니** 싸이렌이 울렸습니다.	12時になるとサイレンが鳴りました。
영희씨가 일어나**니** 영남씨도 일어났습니다.	ヨンヒさんが起きるとヨンナムさんも起きました。
낮에 있은 일을 생각하**니** 잠이 오지 않았습니다.	昼あったことを思うと眠れませんでした。

23. 기 때문에 [11][◉]〈語幹・過去形に付く〉 から

모르**기 때문에** 물은 것입니다.	知らないから聞いたんです。
꽃은 아름답**기 때문에** 누구나 사랑합니다.	花は美しいからだれもが愛します。
아이들은 천진하**기 때문에** 귀엽습니다.	子供は無邪気ですからかわいいです。
바쁘**기 때문에** 오지 못했습니다.	忙しいから来られませんでした。

위원회에서 결정했**기 때문에** 그대로 해야 합니다.

委員会で決めたからその通りにしなければいけません。

24. 기에, 길래 〈語幹・過去形に付く〉 ものだから、んだから

시간이 있**기에** 들러 보았습니다.

時間があるものですから、立ち寄ってみました。

너무 조르**길래** 데리고 왔습니다.

あんまりせがむもんだから、つれてきました。

생김새가 비슷하**길래** 형제인줄 알았습니다.

顔かたちが似ているもんだから兄弟かと思いました。

보았**길래** 보았다고 하겠지요.

見たんだから見たと言っているんでしょうよ。

25. 므로 〈仮定形に付く。過去形に付くときは으므로となる〉 ので

사정이 있**으므로** 참가하지 못합니다.

事情があるので参加できません。

시간이 없**으므로** 간단히 말하겠습니다.

時間がないので簡単(手短か)に言います。

이 약은 유효기간이 지났**으므로** 쓸 수 없습니다.

この薬は使用期限が過ぎたので使えません。

26. 더니 〈語幹・過去形に付く〉

① たが、たのに、たところ

비행사가 되겠다고 하**더니** 끝내 비행사가 되었답니다.

パイロットになるんだと言ってたがとうとうパイロットになったそうです。

어제는 얼굴색이 나쁘**더니** 오늘은 좀 좋아진 것 같습니다.

きのうは顔色が悪かったのにきょうはちょっとよくなったみたいです。

의사에게 보였**더니** 폐렴이랍니다.

医者に診てもらったところ肺炎だそうです。

② と

버스에서 내리**더니** 역쪽으로 걸어갔습니다.

バスから降りると駅の方へ歩いていきました。

만년필을 꺼내**더니** 무엇인가 쓰기 시작했습니다.

万年筆を取り出すと、なにやら書き始めました。

〔7〕強意を表す助詞

27. 야 〈連用形に付く。過去形に付くときは어야となる〉

① てこそ、て初めて

산에 가**야** 호랑이를 잡을 수 있습니다.

山に行ってこそ虎を捕えることができます。

사람은 필요를 느껴**야** 움직이는 법입니다.

人は必要を感じて初めて動くものです。

먹어**야** 병도 나을게 아닙니까?

食べてこそ病気も治るんじゃないですか。

산은 나무가 많아**야** 좋은 것이지요.

山は木がたくさんあってこそいいものですよ。

소설이**야** 혼자 읽**어야** 재미나지요.

小説は1人で読んでこそおもしろいんですよ。

성격이 좋아**야** 모두에게 사랑받습니다.

性格が良くてこそみんなに好かれますよ(性格が良くなくてはみんなに好かれませんよ)。

왜 안 사냐구요? 돈이 있**어야** 사지요.

なぜ買わないのかって。お金があってこそ買えるんでしょ(お金がないから買えないんですよ)。

② たところで、ても

나는 같이 가**야** 짐이나 됩니다.

私はいっしょに行ったところで、お荷物になるくらいのものです。

추상화라는 것은 암만 보아**야** 모르겠습니다.

抽象画というのはいくら見たところでわかりません。

우리는 여기에 남아 있**어야** 할 일이 없습니다.

私たちはここに残っていたところですることがありません。

〔8〕範囲の限定を表す助詞

28. 뿐〈連体形の未来形に付く。過去形に付くときは을뿐となる〉だけ

해보고 안되면 그만둘 **뿐**입니다.	やってみて、だめだったらやめるだけです。
우리 앞 길에는 오직 승리와 영광이 있을 **뿐**입니다.	我々の前途にはただ勝利と栄光があるだけです。
그 사람한테는 암만 이야기해야 입이나 아플**뿐**이니 그만두십시오.	その人にはいくら話しても口が痛いだけだからおよしなさい。
다만 사람이 좋을**뿐**이지 이렇다 할 재주도 없습니다.	ただ人がいいだけで、これといった取り柄もありません。
그와는 한번 만났을 **뿐**입니다.	彼とは1度会っただけです。

29. 만큼〈連体形、過去連体形、連体形の未来形に付く〉

① くらい、だけ、ほど

영화도 싫증날 **만큼** 보았습니다.	映画も飽きるくらい見ました。
내가 아는 **만큼** 그도 압니다.	私が知っているくらい彼も知っています。
당신이 견딜**만큼**은 나도 견딥니다.	あなたが耐えるくらいは私も耐えます。
아무거나 파고들면 들 **만큼** 힘듭니다.	何でも掘り下げれば下げるだけ(ほど)難しいです。

② 以上、からには

사람마다 각자 자기 생각이 있는 **만큼** 내 의견을 강요하지는 않겠습니다.	人それぞれに自分の考えがある以上、私の意見を押しつけはしません。
약속을 한**만큼** 가야 합니다.	約束をした以上(からには)行かなければなりません。

③ だけに

값이 비싼**만큼** 질도 좋습니다.	値段が高いだけに質もいいです。

경험이 많은**만큼** 역시 잘합니다. 経験が豊かなだけにやはり上手です。

〔9〕連用修飾を表す助詞

30. 게 〈語幹に付く〉

① に、く、と

봉선화가 예쁘**게** 피었습니다. ホウセンカがきれいに咲きました。
그는 친절하**게** 안내해 주었습니다. 彼は親切に案内してくれました。
주소를 정확하**게** 써주십시오. 住所を正確にお書きください。
라디오 소리를 약하**게** 해주시오. ラジオの音を小さくしてください。
머리를 짧**게** 깎았군요. 頭を短く刈りましたね。
옷은 단정하**게** 입어야 합니다. 服はきちんと着なければなりません。

② ように

혼자서 하**게** 내버려 두시오. 1人でするように放っておきなさい。
이제 곧 걷**게** 됩니다. もうすぐ歩くようになります。

③ (게＋되다の形で) ことに

내일 이사하**게** 되었습니다. あした引っ越しをすることになりました。

나도 같이 가**게** 되었습니다. 私もいっしょに行くことになりました。

31. 듯, 듯이 [12]〈語幹、連体形、連体形の未来形、過去連体形に付く〉

① ごとく、がごとく、ように

성공은 불을 보**듯** 빤합니다. 成功は火を見るごとく明らかです。
목소리 또한 옥을 굴리는 **듯** 예쁩니다. 声もまた、玉をころがすがごとくきれいです。
그는 언제나 자기 눈으로 본 **듯이** 이야기합니다. 彼はいつも自分の目で見たように話します。

② (듯＋하다の形で) そうだ

비가 올**듯** 하면서 오지 않습니다.	雨が降りそうで降りません。
보기는 성미가 급할듯 한**데** 그렇지 않답니다.	見た目は短気そうですが、そうじゃないとのことです。
좋은 소식이 있을 **듯**해서 왔습니다.	いい知らせがありそうなので来ました。

32. 도록 13) 〈語幹に付く〉

① ように

3시까지 도착하**도록** 해주세요.	3時まで到着するようにしてください。
생활을 규칙적으로 하**도록** 하는 것이 중요합니다.	生活を規則的にするようにすることが大切です。
그 문제는 당신이 좋**도록** 처리하십시오.	その問題はあなたのいいように処理してください。
사고가 없**도록** 주의하겠습니다.	事故のないように注意します。
이 약은 아이들에게는 먹이지 않**도록** 해주십시오.	この薬はお子さんたちには飲ませないようにしてください。

② まで

어제는 밤늦**도록** 공부를 했습니다.	きのうは夜遅くまで勉強をしました。

③ ほどに

신바닥이 닳**도록** 돌아다녔습니다.	靴の底がすり減るほどに歩きまわりました。
코가 땅에 닿**도록** 절을 했습니다.	鼻が地面につくほどにお辞儀をしました。

〔10〕内容の提示を表す助詞

33. 려, 려고, 자, 자고 14) 〈動詞の仮定形に付く〉
자, 자고 〈動詞の語幹に付く〉 うと

내년에는 마당에 백일홍을 심으**려고** 생각하고 있습니다.	来年は庭にサルスベリを植えようと思っています。

책을 읽으**려** 해도 요새는 눈이 잘 보이지 않습니다.　　本を読もうとしても近頃は目がよく見えないんです。

집을 짓**자** 해도 적당한 장소가 없습니다.　　家を建てようとしても適当な場所がありません。

하**자고** 결심만하면 못해낼 일이 없습니다.　　しようと決心さえすればできないことはありません。

〔11〕命令の引用を表す助詞

34. 라고 〈動詞の仮定形に付く〉　しろと、ように

빨리 보고하**라고** 독촉이 왔습니다.　　早く報告しろと催促が来ました。

명단을 내**라고** 했는데 아직 안냈습니까?　　名簿を出すようにと言ったのにまだ出していないんですか。

집에서는 농대에 가**라고** 합니다.　　家では農大へ行くようにと言っています。

어머니는 피아노를 배우**라고** 하는데 나는 소질이 없는 것 같습니다.　　母はピアノを習うようにと言うんですが私は素質がないみたいです。

좀 기다리**라고** 말해주시오.　　ちょっと待つように(＝待てと)言ってください。

〔12〕目的を表す助詞

35. 러 〈動詞の仮定形に付く〉　に

영화를 보**러** 갑니다.　　映画を見に行きます。

삼촌을 만나**러** 왔습니다.　　おじさんに会いに来ました。

식사를 하**러** 가는 참입니다.　　食事をしに行くところです。

무엇하**러** 여기까지 따라왔습니까?　　何しにここまでついて来たんですか。

〔13〕同時性を表す助詞

36. 자, 자마자 〈動詞の語幹に付く〉　や、やいなや、なり

도착하**자** 곧 전보를 쳤습니다.　　到着するや、すぐさま電報を打ちました。

눕**자마자** 코를 골면서 잠들어 버렸습니다.	横になるやいなや、いびきをかきながら寝てしまいました。

〔14〕名詞化を表す助詞

37. 기 15)〈語幹に付く〉

① の、こそ

나는 그를 만나**기**가 부끄럽습니다.	私は彼に会うのが恥ずかしいです。
백번 듣**기**보다 한번 보는 것이 낫습니다.	百遍聞くのより一度見るほうがましです。
말하**기**는 쉬워도 실천하**기**는 힘듭니다.	言うのはやさしくても、実行するのは難しいです。
이제는 보**기**도 싫습니다.	もう見るのもいやです。
입을 놀리**기**조차 힘들 정도로 지쳤습니다.	口を動かすのすら大儀なほど疲れました。
가을에 결혼하**기**로 했습니다.	秋に結婚することにしました。
금강산은 경치가 좋**기**로 소문났습니다.	金剛山は景色のいいことで有名です。

② 方 16)

듣**기**, 말하**기**, 읽**기**, 쓰**기**는 어학의 기본을 이룹니다.	聞き方、話し方、読み方、書き方は語学の基本を成しています。
최근「어린이 키우**기**」라는 책이 나왔습니다.	最近「子供の育て方」という本が出版されました。

38. 으로써〈名詞形に付く〉 ことによって

감기는 몸을 단련함**으로써** 예방할 수 있습니다.	かぜは体をきたえることによって予防することができます。
과학을 발전시킴**으로써** 경제도 발전시킬 수 있습니다.	科学を発展させることによって経済も発展させることができます。
경험을 쌓음**으로써**만 훌륭한 의사가 될 수 있습니다.	経験を積むことによってのみりっぱな医者になれます。

第4章の解説

Ⅰ. 体言に付く助詞

1)「映画が好きだ」「フランス語ができる」など対象を示すときは가/이を用いず、를/을を用いる。(→ 14. 를/을参照)
「嵐が丘」のように「の」を意味するものは의を用いる。

　　嵐が丘　　　　폭풍의 언덕
　　われらが母校　우리들의 모교

2)「かばんの中にある」のように位置や場所を示す「に」は에、または에게などを用いる。(→ 15. 에、16. 에게, 한테, 더러)

3)「だれの万年筆か」のように所有を表す「の」は의を用る。
(→ 24. 의)

4) 께서は가/이の尊敬語だが、日本語にはこれに相当する言葉がみつからない。께서はやや時代を感じさせる言葉で、普通一般には는/은(は)や가/이(が)を用いる。

5) 야/이야と는/은の違いは次の通り。

	야/이야	는/은
話し手の主観・強調	強く感じられる	強く感じない
主題となるもの	既知・既出・現前のもの	無関係
疑問詞とともに	使われない	使われる

初対面の人に「私は(だれかと申しますと)李ヨンチョルです」と言うのを

　・나야 이영철입니다.

と言うのは間違い。

　・나는 이영철입니다. (私は李ヨンチョルです)

としなければならない。

しかし、すでに聞き手が知っているところの「私」を強調したいときは야/이야を用いる。

「(あなたもご存じのように)私は医者ではありませんからね」は、
- 나야 의사가 아니니깐요.
- 나는 의사가 아니니깐요.

の2通りの言い方があるが、前者の方が主題の「私」が強調されるという効果がある。

야/이야は疑問詞とともには用いられない。「きょうは何曜日ですか」は
- 오늘은 무슨 요일입니까? （正）
- 오늘이야 무슨 요일입니까? （誤）

6)「天気さえ良ければ」のように最低の必要条件を表す「さえ」は 만を用いる。(→ 32. 만, 끼리)

7) 조차と마저は意味・用法が似ているから、それぞれ代用することもできる。

8) 따위という単語は등、같은 것に比べて多分に侮蔑的な響きをもっている。

9)「何でも」「だれでも」のように全体を示す「でも」は라도の他にも나や든지/이든지もよく用いられる。

何でも　　무엇이라도, 무엇이나, 무엇이든지
だれでも　누구라도, 누구나, 누구든지

10) 나마/이나마は「多少劣りはするもののしかし」といった気持ちを含んでいる。나마/이나마は라도/이라도と置きかえることができるが、その反対は必ずしも常に可能とは限らない。
- 종이꽃이나마 없는 것보다는 낫습니다. (正)
- 종이꽃이라도 없는 것보다는 낫습니다. (正)
- 그런 일은 나라도 할 수 있습니다. (正)
- 그런 일은 나나마 할 수 있습니다. (誤)

11) 를/을の本来の意味は「を」で、「に」「の」「が」などと訳されるのは、一部の用言と結びついたときに限られる。

12)「頭痛に悩んでいる」のように原因・理由を示す「に」は 때문에 (→ 39. 때문에)、「友だちに相談する」のように対象が活動体の

場合は에게、한테、더러(→16.에게、한테、더러)、「作家になる」のように帰着・結果を示す「に」は가/이(→2.가/이)、「けものに劣る」のように比較の基準を表す「に」は만(→32.만、끼리)、「バスに乗る」「先生に会う」「敵地に向かう」「母に似ている」などの「に」は를/을(→14.를/을)を用いる。

13)「筆で書く」のように手段を表す「で」は로/으로(→19.로/으로/에)、「公園で遊ぶ」のように場所を表す「で」は에서(→20.에서)「かぜで休んだ」のように原因・理由を表す「で」は때문에(→39.때문에)、または로/으로(→19.로/으로/에)を、「2人でする」のように「して」を表す「で」は서(→20.에서/서)、「これは万年筆で、これはペンです」のように並列を表す「で」は고/이고、며/이며(→46.고/이고、며/이며)を用いる。

14) 에게、한테、더러는人、動物に限って用いられる。したがって、時、場所、位置、方角などを表す「に」には用いられない。
使用範囲は에게、한테が広く、더러は狭い。

15) 께は에게の尊敬語。したがって、人、動物以外には用いられない。

16) 다、다가、에다、에다가は場所、位置、並列を表すが、これらはすべて에と置きかえることができる。
・꽃병은 어디다 놓을까요? → 꽃병은 어디에 놓을까요?
・벽에다 그린 그림을 벽화라고 합니다. → 벽에 그린 그림을 벽화라고 합니다.

なお、다、다가、에다、에다가は語感・用法が同じだから、そのいずれを用いてもかまわない。

17) 日本語で「へ」と「に」が混用されているように、로/으로と에はしばしば混用されて用いられている。
・학교로 갑니다.　　学校へ行きます。(可)
・학교에 갑니다.　　学校に行きます。(可)

18) 로/으로が「で」と訳されるのは手段、材料、原因、限度、状態を表す場合に限ってで、「私は工場で働いている」のように場所や位置を表す「で」は에서(→20.에서/서)を、「ひとりで行く」

のように「して」を表す「で」は서(→20.에서／서)を用いる。
一般にパッチムの付いた語には으로が付くが、ㄹパッチムの語に限って로が用いられる。

　일본말로　（일본말으로は間違い）
　오늘로　　（오늘으로は間違い）
　담배불로　（담배불으로は間違い）

19) 서는에서の省略形で、会話では時々耳にするが、しだいに用いられなくなってきている。서がはっきりと「서」の形で用いられるのは、혼자서(1人で)、둘이서(2人で)のように「して」という意味を表す場所で、この場合は에서を代用することはできない。その他の場合には에서と서をそれぞれ代用することもできる。서の使用は前述の혼자서と어디서(どこで)ぐらいで、その他はほとんど에서を用いたほうがよい。

20)「筆で書く」のように手段を表す「で」は로／으로(→19.로／으로／에)、「1日でできる」「百円で買った」のように期限、値段を表す「で」は에(→19.로／으로／에)を用い、「かぜで休んだ」のように原因・理由を表す「で」は로／으로(→19.로／으로／에)を用いるが、때문에(→39.때문에)もよく用いられる。

21)「3時から4時まで」のように時間的出発点を表す「から」は、しばしば에서も同時に用いられるが、普通は부터(→22.부터)を用いる。
「おじいさんから聞いた」のように対象が人の場合は에게서、한테서(→21.에게서，한테서)を用いる。

22) 에게서と한테서は、それぞれ에게、한테に서(＝에서)の付いたもので、人、動物に限って用いられる。使用範囲は에게、한테に準じる。더러서という言い方はしない。

23) 부터(から)と에서(から)の用法はよく似ており、実際にしばしば混用されている。
一応、次のように使い分けの線をはっきりさせておくと、実際使うに当ってまごつくことはない。

부터는 主に時間や抽象的な言葉(今、初め、何など)のように、形としてとらえられないものに付き、에서は地名、場所、施設物など場所がはっきりしているものや、形として明確にとらえることのできるもの(窓、豆、耳など)に付く。

数字に関しては、

 하나부터 열까지 　　(1 から 10 まで)

 열에서 하나를 빼면 (10 から 1 を引くと)

のように부터と에서の両方が併用されている。

24) 까지の意味・用法は日本語の「まで」とほぼ同様。

25) 物の性質や形などを表す「の」は、ハングルでは省略されるのが普通。

 金の首かざり → 金首かざり （금 목걸이）

 円形の柱→円形柱　　　　　　（원형 기둥）

「花の咲く頃」「ほこりのついた服」のように主格を表す「の」は가 / 이(→ 2.가 / 이)を用いる。

26)「と」という意味では와 / 과、하고、랑 / 이랑のいずれを用いても誤りではないが、와 / 과が最も標準的で、하고はその次を行き、랑 / 이랑はどちらかというと列挙の意味の方が強い。

「老いては再び幼児となる」のように帰着を表す「と」は가 / 이(→ 2.가 / 이)を用いる。

27)「8時より始まる」「東京より大阪まで」のように起点を表す「より」は에서(→ 20.에서 / 서)や부터(→ 22.부터)を用いる。

보다는보다 좋은 생활(よりよい生活)、보다 이상으로(より以上で、に)のように副詞的用法も併せもっている。

28)「あれだけ言ったのに」「どれだけ要るんですか」のように程度を表す「だけ」は만큼(→ 33.만큼)を用いる。만と뿐の違いは、만(だけ)も뿐(のみ)も限定を表すが、만の方が使用範囲が広い。31.뿐に挙げた例文はすべて만と置きかえることができるが、32.만、끼리①に挙げた例文は、뿐に置きかえることはできない。いわば만の方が限定の範囲がより包括的であると言える。

29)「3日ばかり休む」のように程度を示す「ばかり」は가량(→28. 가량)か정도(→29.정도)を用いる。なお가량や정도は助詞ではなく、名詞。
30)「大人でさえできない」のように、強調的例示を表す「さえ」は마저(→6.마저)を用いる。
31)「これだけは言えない」のように限定を表す「だけ」は만(→32. 만, 끼리)を用いる。
32)「それくらいはぼくもできる」のように最低の基準を示す「くらい」は쯤(→30.쯤)を用いる。
33) これは〈～면 / 이면～일수록〉の形で用いられることもある。
　　・어려운 때면 어려운 때일수록 서로 도와야 합니다.
　　　困難なときであればあるほど、助け合わなくてはなりません。
34) ①の「なら」という意味では면 / 이면の代わりに라면 / 이라면を用いることができる。
しかし、②の「には、になったら」や④の「で」の意味で라면 / 이라면を代用することはできない。
③の「といえば」では、라면 / 이라면の代わりに면 / 이면を用いても間違いではないが、普通は라면 / 이라면を用いる。
35) 일지라도は라도 / 이라도に比べると、主語がより強調される。
36) 건 / 이건と든 / 이든は、意味・用法・語感ともに差異はない。
37) 고 / 이고と며 / 이며は①接続②並列・列挙③例示などを表すが、①における고 / 이고と며 / 이며の違いは、고 / 이고が非同時的な接続を表しているのに反し、며 / 이며は同時的接続を表す。
　　・이건 사과(이)고 저건 배입니다. は、
　　これは(何かというと)リンゴで、あれは(何かというと)梨です。
　　という意味。また、
　　・성적이 우수하며 마라톤 선수인 명철이를 소개하겠습니다. は、
　　成績が優秀であり(同時に)マラソン選手であるミョンチョルを紹介します。
　　という意味。

並列や列挙を表す場合は고/이고, 며/이며のいずれを用いても大差はない。

③の例示を表す場合には며/이며は用いられない。

38) 나/이나(も)と도(も)の違い。

	나/이나	도
主語	2つ以上にまたがっている場合に限って用いられる	1つでも用いられる
否定語(없다、않다)とともに	用いられない	用いられる
強調	表さない	表す
極端な例示	表さない	表す

- 소나 말이나 다 유익한 동물입니다.　牛も馬も皆(ともに)有益動物です。(正)
- 소나 유익한 동물입니다.　　　　　　　　　　　　　　　　　　　　(誤)
- 소도 유익한 동물입니다.　　牛も有益な動物です。　(正)
- 나는 재능도 없습니다.　　　私は才能もありません。(正)
- 나는 재능이나 없습니다.　　　　　　　　　　　　　(誤)
- 원숭이도 나무에서 떨어집니다.　猿も木から落ちます。　(正)
- 원숭이나 나무에서 떨어집니다.　　　　　　　　　　(誤)

39)「太郎や」のように呼びかけを表す「や」は야/아を用いる。(→60. 야/아)

40)「彼くらい正直な人はいない」のように標準を表す「くらい」は만큼(→33. 만큼)を、「それくらいのことはだれでもできる」のように、最低の基準を表す「くらい」は만を用いる(→32. 만, 끼리)。

41) 나/이나の代わりに라도/이라도を用いてもかまわない。(→12. 라도)

42) 나/이나は極端な例示を表すが、「小説や映画なんかが好きだ」のように単純な例示を表す「なんか」は등を、「おまえなんかあっちへ行け」のように軽蔑を表す「なんか」は따위を用いる。(→11. 등, 같은 것, 따위)

43) 든가/이든가と든지/이든지は、意味・用法・語感において差異はない。
44) その意味、用法は日本語の「も」とほぼ同じ。
45) 처럼も마냐も類似を表すという点では同じだが、一般には처럼の方が広く用いられる。

類似を表す言葉に같이というのもある。같다(ようだ)から出たものだが、これは같은(ような)、같으면(ようなら)、같구만(ようだな)などのように活用がある。처럼や마냐にはこのような活用はない。

II. 用言に付く助詞

1) 고と서の違い

	고	서
用法	他動詞に付いて継起・接続を表す 自動詞・他動詞に付いて並列を表す	自動詞に付いて継起・接続を表す 自動詞・他動詞に付いて原因・理由・方法・後続する内容の提示を表す
意味域	「て」をはじめ、いろいろの意味をもつ	「て」とのみ訳される

2) 고서は고(て)に서(から)が結びついたもの。

고서の代わりに고(て)を用いても意味は通じる。

3) 며と고の違いは、며は日本語の連用形のような働きをし、고は「て」「し」と訳されるという微細な点にあるが、翻訳に当っては必ずしもこれにこだわることはない。

比較すると、

・키가 크며 뚱뚱합니다. 背が高く、太っています。

・키가 크고 뚱뚱합니다. { 背が高くて太っています。
背が高いし、太っています。

4)「ながら」と訳される며は면서の省略形で、면서に比べて使用頻度はやや低い。
5) 거니와は고(②)と置きかえることができる。거니와は고より強調された並列を表す。
6) 比較的短時間内にくりかえされる動作を表す「〜たり〜たりする」は〈動詞の過去形〉+다+〈動詞の過去形〉+다하다を用いる。
   - 왔다 갔다 한다.　　　行ったり来たりする。
   - 일어섰다 앉았다 한다.　起きたり座ったりする。
   - 열었다 닫았다 한다.　　開けたり閉じたりする。
7) ハングルでは「〜たり〜たりする」の後者の「たり」(거나)は省略される場合がかなりある。
   - 지나치게 술을 마시거나 담배를 피우거나 해서는 안됩니다.
   - 지나치게 술을 마시거나 담배를 피워서는 안됩니다.
8) 代表的な一例の提示には、普通は거나よりも곤の方を用いる。곤は常に곤+하다の形で使われ、2つ以上の提示には거나を用いる。
9) 려면と자면は意味・用語・語感において差異はない。
10) 나(ても)と도(ても)はともに逆接条件を表すという点では同じ。나は許容や無益、可能・不可能を表す表現には用いられない点が도と異なる。
    - 여기에 앉아도 됩니까?　（正）ここに座ってもいいですか。
    - 여기에 앉으나 됩니까?　（誤）ここに座ってもいいですか。
    - 내일은 와도 소용없습니다.　（正）あしたは来てもむだです。
    - 내일은 오나 소용없습니다.　（誤）あしたは来てもむだです。
    - 설명을 들어도 이해 못한답니다. （正）
      　　　説明を聞いても理解できないそうです。
    - 설명을 들으나 이해 못한답니다. （誤）
      　　　説明を聞いても理解できないそうです。
11) 기 때문에는 기〈接尾辞〉+때문〈名詞〉+에〈助詞〉から成る連語で、普通辞書には見出し語としては出ていない。
    元をただすと、「ために」という意味により近いと言えるが、日

常生活では頻繁に用いられており、「から」という意味ぐらいに軽く受け取った方が日本語としては抵抗が少ないようだ。

なお、기 때문에はすべて니、니까と置きかえられる。

12) 듯+하다の形で「そうだ」を表すときは、接続関係は連体形の未来形に付く。듯이+하다という表現はない。

13) 도록(ように)と게(ように)の違いは非常に微妙で、日本語の感覚で理解することは難しい。

両者の違いは主語の人称に求めることができる。

・3시까지 도착하도록 해주시오.
　　(あなたは)3時まで到着するようにしてください。
・생활을 규칙적으로 하도록 하는 것이 중요하다.
　　(あなたは)生活を規則的にするようにすることが大切です。
・사고가 없도록 주의하겠습니다.
　　(私は)事故のないように注意します。
・혼자서 하게 내버려두시오.
　　(彼が)1人でするように放っておきなさい。
・이제 곧 걷게 됩니다.
　　(赤ちゃんは)もうすぐ歩くようになりますよ。

つまり、도록は主語が1人称と2人称の場合に、게は3人称の場合に用いられるという点が違っている。それで、

・3시까지 도착하게 해주시오.

と言うと、これは「(彼が)3時までに到着するようにしてください」という意味にとられかねない。

したがって、

・그 문제는 당신이 좋게 처리하십시오.

と言うと、ちぐはぐな感じを与えるので、

・그 문제는 당신이 좋도록 처리하세요.

とするのが誤解がない。

しかし、実際には両者の混用・誤用が部分的には認められる。

- 혼자서 하게 내버려두시오. (可)
- 혼자서 하도록 내버려두시오. (可)
- 이 약은 아이들에게는 먹이지 않도록 해주십시오. (可)
- 이 약은 아이들에게는 먹이지 않게 해주십시오. (可)

14)「〜ようかと」は未来形＋가 하고で表現。
- 내년에는 마당에 백일홍을 심으려고 생각하고 있습니다.
  (来年は庭にサルスベリを植えようと思っています。)
- 내년에는 마당에 백일홍을 심을가 하고 생각하고 있습니다.
  (来年は庭にサルスベリを植えようかと思っています。)

15) 기の代わりに것(こと)を用いることもできる。
- 나는 그를 만나기가 부끄럽습니다.
- 나는 그를 만나는 것이 부끄럽습니다.
- 백번 듣기보다는 한번 보는 것이 낫습니다.
- 백번 듣는것보다 한번 보는 것이 낫습니다.
- 말하기는 쉬워도 실천하기는 힘듭니다.
- 말하는 것은 쉬워도 실천하는 것은 힘듭니다.

なお、것は連体形に付く。

16)「アイスクリームの作り方」や「ギターの弾き方」などのように「〜の〜方」という意味では、「〜를/을」が広く使われる。

아이스크림을 만드는 법　（アイスクリームの作り方）

기타를 치는 법　（ギターの弾き方）

また、
- 아이스크림을 어떻게 만들 것인가?
  アイスクリームをどのように作るのか。
- 기타를 어떻게 칠 것인가?
  ギターをどのように弾くのか。

のように「〜를 어떻게〈連体形の未来形〉것인가?」という言い方もある。

この他にも「方」の訳し方は様々で、以上のような形をとらないものもたくさんある。

第5章　待遇表現

　日本語でいちばん難しいのは、待遇表現だと言われています。

　発音が正確で、かつ語彙的にも、文法的にも誤りはないのに、待遇表現が不適切なために、聞き手が不自然な感じを受けることがしばしばあります。

　待遇表現は日本語学習の総まとめで、その正しい使い方には語学的な知識の他に、歴史や文化的背景についての一通りの理解が要求されます。待遇表現の難しさ、奥ゆきの深さはここに起因しているわけです。

　このことは、ハングルの場合にもそのまま当てはまります。

　ただ意味さえ通じればよいというのなら、待遇表現というのは不要でしょう。だれに対しても、どんな場面でも、一本調子でやって、意味が通じないということはありません。しかし、これはハングルとしてはあくまでカタコトなのです。

　韓国の諺に「툭이 다르고 탁이 다르다」（ポンというのと、トンというのとは違う）というのがあります。これは民族の微細な言語感覚をよく言い表していますが、事実、1つの助詞の使い方いかんによって、全体から受ける印象はガラリと変わってしまうことがあります。

　単に方便のためばかりでなく、心と心の触れ合いを望んでいる方、ハングルの完成をめざしている方は、ハングルの正しい待遇表現を身につけねばならないことは、言うまでもありません。

待遇表現とそのクラス分類

　待遇表現は人間相互の様々な関係を反映した表現なので、人間関係が社会的に、あるいは心理的に完全に同等でないということが広く一般に意識されている以上、それが言葉遣いの違いとなって反映されるのは、自然の成り行きと言える。

　待遇表現は日本語独特のものではなく、ハングルにも見受けられる現象だ。ハングルの待遇表現は緻密で、整然とした体系を成している。

　待遇表現のことを本書では、一応계칭(階称)と呼ぶことにした。계칭とは、すなわち階級別(上下関係)による言葉遣いという意味で、このことからも分際に相応した言葉遣いがはっきりと区別されているということを、うかがうことができる。

　ハングルの待遇表現も日本語の待遇表現も、昔に比べるとかなり簡略化されるようになっている。

　ハングルでは、文中の待遇表現の一元化がほぼ実現されている。これは、日本語の場合と区別される1つの大きな特徴的な傾向と言える。

(日)　ひとつお願いが { ございますが / ありますが / あるが } 聞いて { くださいますか。/ くれますか。/ くれるかね。 }

(ハングル)　한 가지 부탁이 { 있습니다만 / 있는데 } 들어 { 주시겠습니까? / 주겠습니까? / 주겠소요? }

　ハングルの待遇表現は文中においてよりも文末に、言いかえれば、終助詞によって集約的に表現されるのが特徴で、この終助詞の群は3つあるいは5つのクラスに分けられる。

　本書では日本語との関連と実用性を考慮して、待遇表現を次の4つのクラスに分類してみた。

分類基準＼クラス	Aクラス	Bクラス	Cクラス	Dクラス
ていねいさ	最上	上	中	最下
親近感	最下	中	上	最上
使用対象	"よそ"の人 一般、目上の人	親しい目上の人	親しい同年輩の人	年少児、兄弟、子供

※これはおよその目安で、具体的なことはそれぞれの「解説」を参照のこと。

待遇表現は単なる言葉の問題でなく、人間関係と場面をふまえた言葉の使い分けだと言える。したがって、言葉は人と心と場面を立体的にとらえないと、正しく理解できない。

待遇表現の「解説」は、以上のような考え方に根ざして設けられている。

本章ではクラス別に用例が示されているが、各クラスで用いた用例は全部同じものを採用し、終助詞の違いだけがはっきり浮き彫りされるようにした。

Ⅰ. Aクラス

[1] 平叙文

1) **입니다**〈体言に付く。男女ともに用いる〉**です**

ㅂ니다〈用言のていねいな断定形に付く。過去形に付くときは 습니다となる。男女ともに用いる〉**ます、です**

1. 여기는 학교입니다.　　　　ここは学校です。
2. 저건 우체국입니다.　　　　あれは郵便局です。
3. 라디오는 있습니다.　　　　ラジオはあります。
4. 영호씨는 키가 큽니다.　　　ヨンホさんは背が高いです。
5. 그는 운전기사가 아닙니다.　彼は運転手ではありません。
6. 담배는 피우지 않습니다.　　タバコは吸いません。
7. 어제는 일요일이었습니다.　　きのうは日曜日でした。

8. 편지는 받았습니다.　　　　手紙は受け取りました。
9. 연필이라도 됩니다.　　　　鉛筆でもいいです。
10. 비가 올 것 같습니다.　　　雨が降りそうです。

2) **랍니다／이랍니다**〈体言に付く。男女ともに用いる〉**だそうです、なんです**

답니다〈用言の現在形・過去形に付く。男女ともに用いる〉**そうです、なんです**

1. 여기는 학교랍니다.　　　　ここは学校だそうです。
2. 저건 우체국이랍니다.　　　あれは郵便局だそうです。
3. 라디오는 있답니다.　　　　ラジオはあるそうです。
4. 영호씨는 키가 크답니다.　　ヨンホさんは背が高いそうです。
5. 그는 운전기사가 아니랍니다.　彼は運転手ではないそうです。
6. 담배는 피우지 않는답니다.　タバコは吸わないそうです。
7. 어제는 일요일이었답니다.　きのうは日曜日だったそうです。
8. 편지는 받았답니다.　　　　手紙は受け取ったそうです。
9. 연필이라도 된답니다.　　　鉛筆でもいいそうです。
10. 비가 올 것 같답니다.　　　雨が降りそうです。

[2] 疑問文

1) **입니까?**〈体言に付く。男女ともに用いる〉**ですか**

ㅂ니까?〈用言のていねいな断定形に付く。過去形に付くときは습니까となる。男女ともに用いる〉**ますか、ですか**

1. 여기는 학교입니까?　　　　ここは学校ですか。
2. 저건 우체국입니까?　　　　あれは郵便局ですか。
3. 라디오는 있습니까?　　　　ラジオはありますか。
4. 영호씨는 키가 큽니까?　　　ヨンホさんは背が高いですか。
5. 그는 운전기사가 아닙니까?　彼は運転手ではありませんか。
6. 담배는 피우지 않습니까?　　タバコは吸いませんか。
7. 어제는 일요일이었습니까?　きのうは日曜日でしたか。
8. 편지는 받았습니까?　　　　手紙は受け取りましたか。

9. 연필이라도 됩니까? 鉛筆でもいいですか。
10. 비가 올 것 같습니까? 雨が降りそうですか。

2) **랍니까/이랍니까?**〈体言に付く。男女ともに用いる〉**だそうですか、なんですか**

답니까?〈用言の現在形・過去形に付く。男女ともに用いる〉**そうですか、なんです**

1. 여기는 학교랍니까? ここは学校だそうですか。
2. 저건 우체국이랍니까? あれは郵便局だそうですか。
3. 라디오는 있답니까? ラジオはあるそうですか。
4. 영호씨는 키가 크답니까? ヨンホさんは背が高いそうですか。
5. 그는 운전기사가 아니랍니까? 彼は運転手ではないそうですか。
6. 담배는 피우지 않는답니까? タバコは吸わないそうですか。
7. 어제는 일요일이었답니까? きのうは日曜日だったそうですか。
8. 편지는 받았답니까? 手紙は受け取ったそうですか。
9. 연필이라도 된답니까? 鉛筆でもいいそうですか。
10. 비가 올 것 같답니까? 雨が降りそうだそうですか。

[3] **勧誘文**

1) **ㅂ시다**〈動詞のていねいな勧誘形に付く。男女ともに用いる〉**ましょう**

1. 같이 갑시다. いっしょに行きましょう。
2. 산보를 합시다. 散歩をしましょう。
3. 음악을 들읍시다. 音楽を聞きましょう。
4. 영화를 봅시다. 映画を見ましょう。
5. 다음 역에서 내립시다. 次の駅で降りましょう。

2) **지 맙시다**〈動詞の接続形に付く。男女ともに用いる〉**のはよしましょう**

1. 같이 가지 맙시다. いっしょに行くのはよしましょう。
2. 산보를 하지 맙시다. 散歩をするのはよしましょう。
3. 음악을 듣지 맙시다. 音楽を聞くのはよしましょう。

4. 영화를 보지 맙시다.　　　　　映画を見るのはよしましょう。
5. 다음 역에서 내리지 맙시다.　　次の駅で降りるのはよしましょう。

[4] 命令文

1) **십시오**〈動詞の仮定形に付く。男女ともに用いる〉**お～なさい、てください**

  1. 우리 집에 오십시오.　　　うちへいらっしゃい(来てください)。
  2. 거기에 앉으십시오.　　　そこにお座りなさい(座ってください)。
  3. 문을 여십시오.　　　　　戸をお開けなさい(開けてください)
  4. 창문을 닫으십시오.　　　窓をお閉めなさい(閉めてください)
  5. 불을 끄십시오.　　　　　電気をお消しなさい(消してください)

2) **지 마십시오**〈動詞の語幹に付く。男女ともに用いる〉**お～にならないでください**

  1. 우리 집에 오지 마십시오.　　うちへいらっしゃらないでください。
  2. 거기에 앉지 마십시오.　　　そこにお座りにならないでください。
  3. 문을 열지 마십시오.　　　　戸をお開けにならないでください。
  4. 창문을 닫지 마십시오.　　　窓をお閉めにならないでください。
  5. 불을 끄지 마십시오.　　　　電気をお消しにならないでください。

Ⅱ. Bクラス

[1] 平叙文

1) **예요/이에요**〈体言に付く。女性語〉**ですわ、よ、なの**
  요〈用言の連用形に付く。用言の陽語幹に付くときは아요、陰語幹に付くときは어요となる。過去形に付くときは어요となる。男女ともに用いる〉**ますよ、ですよ、ますわ、ですわ、のよ**

  1. 여기는 학교이에요.　　　ここは学校よ。
  　 여기는 학교예요.　　　　ここは学校ですわ。

2. 저건 우체국이에요.　　　　あれは郵便局よ。
　저건 우체국예요.　　　　　あれは郵便局ですわ。
3. 라디오는 있어요.　　　　　ラジオはありますよ。
4. 영호씨는 키가 커요.　　　　ヨンホさんは背が高いですわ。
5. 그는 운전기사가 아니에요.　彼は運転手ではありませんよ。
6. 담배는 피우지 않아요.　　　タバコは吸いませんわ。
7. 어제는 일요일이었어요.　　　きのうは日曜日でしたわ。
8. 편지는 받았어요.　　　　　手紙は受け取りましたわ。
9. 연필이라도 되요.　　　　　鉛筆でもいいですよ。
10. 비가 올 것 같아요.　　　　雨が降りそうですわ。

2) **래요 / 이래요**〈体言に付く。男女ともに用いる〉**ですって(よ)、なんですって**

　대요〈用言の現在形・過去形に付く。男女ともに用いる〉**んですって**

1. 여기는 학교래요.　　　　　ここは学校ですって。
2. 저건 우체국이래요.　　　　あれは郵便局なんですって。
3. 라디오는 있대요.　　　　　ラジオはあるんですって。
4. 영호씨는 키가 크대요.　　　ヨンホさんは背が高いんですって。
5. 그는 운전기사가 아니래요.　彼は運転手ではないですって。
6. 담배는 피우지 않는대요.　　タバコは吸わないんですって。
7. 어제는 일요일이었대요.　　　きのうは日曜日だったんですって。
8. 편지는 받았대요.　　　　　手紙は受け取ったんですって。
9. 연필이라도 된대요.　　　　鉛筆でもいいんですって。
10. 비가 올 것 같대요.　　　　雨が降りそうですって。

3) **지요 / 이지요**〈体言に付く。男女ともに用いる〉**ですよね**

　지요〈用言の語幹・過去形に付く。男女ともに用いる〉**ますよね、ですよね**

1. 여기는 학교지요.　　　　　ここは学校ですよね。
2. 저건 우체국이지요.　　　　これは郵便局ですよね。

3. 라디오는 있지요.　　　　　ラジオはありますよね。
4. 영호씨는 키가 크지요.　　　ヨンホさんは背が高いですよね。
5. 그는 운전기사가 아니지요.　彼は運転手ではありませんよね。
6. 담배는 피우지 않지요.　　　タバコは吸いませんよね。
7. 어제는 일요일이었지요.　　きのうは日曜日でしたよね。
8. 편지는 받았지요.　　　　　手紙は受け取りましたよね。
9. 연필이라도 되지요.　　　　鉛筆でもいいですよね。
10. 비가 올 것 같지요.　　　　雨が降りそうですよね。

4) **군요 / 이군요, 구만요 / 이구만요**〈体言に付く。男女ともに用いる〉**ですね、なんですね**

군요, 구만요〈動詞の連用形、形容詞の語幹、用言の過去形に付く。男女ともに用いる〉**ますね、ですね、んですね**

1. 여기는 학교구만요.　　　　ここは学校ですね。
2. 저건 우체국이군요.　　　　これは郵便局ですね。
3. 라디오는 있구만요.　　　　ラジオはありますね。
4. 영호씨는 키가 크구만요.　　ヨンホさんは背が高いんですね。
5. 그는 운전기사가 아니군요.　彼は運転手ではありませんね。
6. 담배는 피우지 않구만요.　　タバコは吸いませんね。
7. 어제는 일요일이었군요.　　きのうは日曜日でしたね。
8. 편지는 받았구만요.　　　　手紙は受け取りましたね。
9. 연필이라도 되는구만요.　　鉛筆でもいいんですね。
10. 비가 올 것 같군요.　　　　雨が降りそうですね。

5) **로군요 / 이로군요, 로구만요 / 이로구만요**〈体言に付く。男女ともに用いる〉**ですねえ、なんですねえ、ですなあ、なんですなあ**

1. 여기는 학교로구만요.　　　ここは学校なんですねえ。
2. 저건 우체국이로군요.　　　あれは郵便局なんですねえ。
3. 오늘은 토요일이로구만요.　きょうは土曜日なんですなあ。

6) **누만요**〈動詞の語幹に付く。男女ともに用いる〉**ますねえ、ん**

ですねえ

1. 오늘은 자주 만나누만요.　　きょうはよく会いますねえ。
2. 그 사람하고는 호흡이 맞누만요.　あの人とは馬が合うんですねえ。
3. 기적 소리가 들리누만요.　　汽笛の音が聞えますねえ。
4. 저기에 깃발이 보이누만요.　　あそこに旗が見えますねえ。
5. 바람이 부누만요.　　　　　　風が吹きますねえ。

7) **거든요/이거든요**〈体言に付く。男女ともに用いる〉**ですもの、ですものね、でしてね**

　거든요〈用語の語幹・過去形に付く。男女ともに用いる〉**ますもの(ね)、ですもの(ね)、ましてね、でしてね**

1. 여기는 학교거든요.　　　ここは学校ですものね。
2. 저건 우체국이거든요.　　あれは郵便局ですもの。
3. 라디오는 있거든요.　　　ラジオはありますものね。
4. 영호씨는 키가 크거든요.　ヨンホさんは背が高いですものね。
5. 그는 운전기사가 아니거든요.　彼は運転手ではありませんものね。
6. 담배는 피우지 않거든요.　タバコは吸いませんものね。
7. 어제는 일요일이었거든요.　きのうは日曜日でしたものね。
8. 편지는 받았거든요.　　　手紙は受け取りましてね。
9. 연필이라도 되거든요.　　鉛筆でもいいですものね。
10. 비가 올 것 같거든요.　　雨が降りそうでしてね。

8) **니깐요/이니깐요**〈体言に付く。男女ともに用いる〉**ですからね(え)**

　니깐요〈用言の仮定形に付く。過去形に付くときは으니깐요となる。男女ともに用いる〉**ますからね(え)、ですからね(え)**

1. 여기는 학교니깐요.　　　ここは学校ですからねえ。
2. 저건 우체국이니깐요.　　あれは郵便局ですからね。
3. 라디오는 있으니깐요.　　ラジオはありますからね。
4. 영호씨는 키가 크니깐요.　ヨンホさんは背が高いからですね。
5. 그는 운전기사가 아니니깐요.　彼は運転手でありませんからね。

6. 담배는 피우지 않으니깐요.　　タバコは吸いませんからね。
7. 어제는 일요일이었으니깐요.　　きのうは日曜日でしたからね。
8. 편지는 받았으니깐요.　　手紙は受け取りましたからね。
9. 연필이라도 되니깐요.　　鉛筆でもいいですからねえ。
10. 비가 올 것 같으니깐요.　　雨が降りそうですからねえ。

9) **더군요 / 이더군요, 더구만요 / 이더구만요**〈体言に付く。男女ともに用いる〉**でしたよ**

  더군요, 더구만요〈用言の語幹・過去形に付く。男女ともに用いる〉**ましたよ、でしたよ、かったですよ**

1. 여기는 학교더군요.　　ここは学校でしたよ。
2. 저건 우체국이더군요.　　あれは郵便局でしたよ。
3. 라디오는 있더군요.　　ラジオはありましたよ。
4. 영호씨는 키가 크더군요.　　ヨンホさんは背が高かったですよ。
5. 그는 운전기사가 아니더군요.　　彼は運転手ではありませんでしたよ。
6. 담배는 피우지 않더군요.　　タバコは吸いませんでしたよ。
7. 어제는 일요일이었더군요.　　きのうは日曜日でしたよ。
8. 편지는 받았더군요.　　手紙は受け取りましたよ。
9. 연필이라도 되더군요.　　鉛筆でもよかったですよ。
10. 비가 올 것 같더군요.　　雨が降りそうでしたよ。

10) **인데요**〈体言に付く。男女ともに用いる〉**ですが(ね)、ですけど**

  데요〈用言の連用形に付く。過去形に付くときは는데요となる。男女ともに用いる〉**ますが(ね)、ですが(ね)、ますけど、ですけど**

1. 여기는 학교인데요.　　ここは学校なんですが。
2. 저건 우체국인데요.　　あれは郵便局なんですが。
3. 라디오는 있는데요.　　ラジオはあるんですが。
4. 영호씨는 키가 큰데요.　　ヨンホさんは背が高いんですがね。
5. 그는 운전기사가 아닌데요.　　彼は運転手ではないんですが。
6. 담배는 피우지 않는데요.　　タバコは吸わないんですけど。

7. 어제는 일요일이었는데요. きのうは日曜日でしだが。
  8. 편지는 받았는데요. 手紙は受け取ったんですけど。
  9. 연필이라도 되는데요. 鉛筆でもいいんですけど。
 10. 비가 올 것 같은데요. 雨が降りそうなんですがね。

11) **라구요/이라구요**〈体言に付く。男女ともに用いる〉**ですったら、ですってば**
    다구요〈用言の現在形・過去形に付く。男女ともに用いる〉**ますったら、ですったら、ますってば、ですってば**

  1. 여기는 학교라구요. ここは学校ですったら。
  2. 저건 우체국이라구요. あれは郵便局ですってば。
  3. 라디오는 있다구요. ラジオはありますったら。
  4. 영호씨는 키가 크다구요. ヨンホさんは背が高いですってば。
  5. 그는 운전기사가 아니라구요. 彼は運転手ではありませんたら。
  6. 담배는 피우지 않는다구요. タバコは吸いませんてば。
  7. 어제는 일요일이었다구요. きのうは日曜日ですったら。
  8. 편지는 받았다구요. 手紙は受け取りましたってば。
  9. 연필이라도 된다구요. 鉛筆でもいいですったら。
 10. 비가 올 것 같다구요. 雨が降りそうですってば。

12) **게요**〈動詞の連体形の未来形に付く。男女ともに用いる〉**ますから(ね)**

  1. 나도 곧 갈게요. 私もすぐに行きますから。
  2. 3시까지는 꼭 돌아올게요. 3時までにはきっと帰ってきますからね。
  3. 극장 앞에서 기다릴게요. 劇場の前で待っていますから。
  4. 앞으로는 말을 잘 들을게요. これからは言うことをよく聞きますからね。
  5. 누구한테도 말하지 않을게요. だれにも言いませんから。

13) **래요**〈動詞の連体形の未来形に付く。男女ともに用いる〉**ますわ、ますよ、わ、わよ**

1. 나도 같이 갈래요.　　　　　私もいっしょに行きますよ。
2. 공원에서 놀래요.　　　　　　公園で遊びますわ。
3. 크면 비행사가 될래요.　　　大きくなったらパイロットにな
　　　　　　　　　　　　　　　　りますよ。
4. 손풍금을 배울래요.　　　　アコーディオンを習うわよ。
5. 아버지한테 편지를 쓸래요.　お父さんに手紙を書きますよ。

[2] 疑問文

1) 예요 / 이에요?〈体言に付く。女性語〉なの
　요?〈用言の連用形に付く。過去形に付くときは어요?となる。男女ともに用いる〉ます(の)、です(の)、んです(の)

1. 여기는 학교예요?　　　　　ここは学校ですか。
　 여기는 학교이에요?　　　　ここは学校なの。
2. 저건 우체국이에요?　　　　あれは郵便局ですの。
3. 라디오는 있어요?　　　　　ラジオはありますか。
4. 영호씨는 키가 커요?　　　　ヨンホさんは背が高いですの。
5. 그는 운전기사가 아니에요?　彼は運転手じゃないんですか。
6. 담배는 피우지 않아요?　　　タバコは吸わないんですの。
7. 어제는 일요일이었어요?　　きのうは日曜日でしたか。
8. 편지는 받았어요?　　　　　手紙は受け取りましたの。
9. 연필이라도 되요?　　　　　鉛筆でもいいんですか。
10. 비가 올 것 같아요?　　　　雨が降りそうですの。

2) 인가요?〈体言に付く。男女ともに用いる〉なんですか(ね)
　가요?〈用言の連体形に付く。過去形に付くときは는가요?となる。男女ともに用いる〉んですか(ね)、ますかね、ですかね

1. 여기는 학교인가요?　　　　ここは学校なんですか。
2. 저건 우체국인가요?　　　　あれは郵便局なんですか。
3. 라디오는 있는가요?　　　　ラジオはあるんですか。
4. 영호씨는 키가 큰가요?　　　ヨンホさんは背が高いんですか。

5. 그는 운전기사가 아닌가요? 彼は運転手ではないんですか。
6. 담배는 피우지 않는가요? タバコは吸わないんですか。
7. 어제는 일요일이었는가요? きのうは日曜日だったんですか。
8. 편지는 받았는가요? 手紙は受け取ったんですか。
9. 연필이라도 되는가요? 鉛筆でもいいんですか。
10. 비가 올 것 같은가요? 雨が降りそうなんですか。

3) **일가요?**〈体言に付く。男女ともに用いる〉**でしょうか、なんでしょうか**

　가요?〈用言の連体形の未来形に付く。過去形に付くときは을가요となる。男女ともに用いる〉**でしょうか、んでしょうか**

1. 여기는 학교일가요? ここは学校でしょうか。
2. 저건 우체국일가요? あれは郵便局なんでしょうか。
3. 라디오는 있을가요? ラジオはあるんでしょうか。
4. 영호씨는 키가 클가요? ヨンホさんは背が高いでしょうか。
5. 그는 운전기사가 아닐가요? 彼は運転手はでないでしょうか。
6. 담배는 피우지 않을가요? タバコは吸わないんでしょうか。
7. 어제는 일요일이었을가요? きのうは日曜日だったでしょうか。
8. 편지는 받았을가요? 手紙は受け取ったでしょうか。
9. 연필이라도 될가요? 鉛筆でもいいでしょうか。
10. 비가 올 것 같을가요? 雨が降りそうでしょうか。

4) **나요 / 이나요?**〈体言に付く。男女ともに用いる〉**なの(?)**

　나요?〈用言の語幹・過去形に付く〉**の(?)**

1. 여기는 학교나요? ここは学校なの(?)
2. 저건 우체국이나요? あれは郵便局なの(?)
3. 라디오는 있나요? ラジオはあるの(?)
4. 영호씨는 키가 크나요? ヨンホさんは背が高いの(?)
5. 그는 운전기사가 아니나요? 彼は運転手じゃないの(?)
6. 담배는 피우지 않나요? タバコは吸わないの(?)
7. 어제는 일요일이었나요? きのうは日曜日だったの(?)

8. 편지는 받았나요?　　　　　手紙は受け取ったの(?)
9. 연필이라도 되나요?　　　　鉛筆でもいいの(?)
10. 비가 올 것 같나요?　　　　雨が降りそうなの(?)

5) **지요 / 이지요?**〈体言に付く。男女ともに用いる〉**でしょう**
  지요〈用言の語幹・過去形に付く。男女ともに用いる〉**でしょう、ますね、ですね**

1. 여기는 학교지요?　　　　　ここは学校でしょう。
2. 저건 우체국이지요?　　　　あれは郵便局でしょう。
3. 라디오는 있지요?　　　　　ラジオはあるでしょう。
4. 영호씨는 키가 크지요?　　　ヨンホさんは背が高いでしょう。
5. 그는 운전기사가 아니지요?　彼は運転手じゃないでしょう。
6. 담배는 피우지 않는지요?　　タバコは吸わないでしょう。
7. 어제는 일요일이었지요?　　きのうは日曜日だったでしょう。
8. 편지는 받았지요?　　　　　手紙は受け取ったでしょう。
9. 연필이라도 되는지요?　　　鉛筆でもいいでしょう。
10. 비가 올 것 같지요?　　　　雨が降りそうでしょう。

6) **래요 / 이래요?**〈体言に付く。男女ともに用いる〉**ですって(?)なんですって(?)**
  대요?〈用言の現在形・過去形に付く。男女ともに用いる〉**んですって(?)**

1. 여기는 학교래요?　　　　　ここは学校なんですって(?)
2. 저건 우체국이래요?　　　　あれは郵便局なんですって(?)
3. 라디오는 있대요?　　　　　ラジオはあるんですって(?)
4. 영호씨는 키가 크대요?　　　ヨンホさんは背が高いんですって(?)
5. 그는 운전기사가 아니래요?　彼は運転手じゃないんですって(?)
6. 담배는 피우지 않는대요?　　タバコは吸わないんですって(?)
7. 어제는 일요일이었대요?　　きのうは日曜日だったんですって(?)
8. 편지는 받았대요?　　　　　手紙は受け取ったんですって(?)

9. 연필이라도 된대요? 鉛筆でもいいんですって(?)
10. 비가 올 것 같대요? 雨が降りそうなんですって(?)

※日本語の疑問文には?マークは付かないが、便宜的に?マークを付けた個所もある。

7) **군요/이군요?, 구만요/이구만요?**〈体言に付く。男女ともに用いる〉**ですね?なんですね?**

  군요?, 구만요?〈動詞の連体形、形容詞の語幹、用言の過去形に付く。男女ともに用いる〉**ますね、ですね、んですね**

  1. 여기는 학교군요? ここは学校ですね。
  2. 저건 우체국이군요? あれは郵便局なんですね。
  3. 라디오는 있구만요? ラジオはありますね。
  4. 영호씨는 키가 크구만요? ヨンホさんは背が高いですね。
  5. 그는 운전기사가 아니군요? 彼は運転手じゃないですね。
  6. 담배는 피우지 않군요? タバコは吸わないんですね。
  7. 어제는 일요일이었군요? きのうは日曜日だったんですね。
  8. 편지는 받았구만요? 手紙は受け取ったんですね。
  9. 연필이라도 되는군요? 鉛筆でもいいんですね。
  10. 비가 올 것 같구만요? 雨が降りそうですね。

8) **로군요/이로군요?, 로구만요/이로구만요?**〈体言に付く。男女ともに用いる〉**ですね、ですな**

  1. 여기는 학교로군요? ここは学校ですね。
  2. 저건 우체국이로구만요? あれは郵便局ですね。
  3. 오늘은 토요일이로군요? きょうは土曜日ですね。

9) **던가(요)/이던가(요)?**〈体言に付く。男女ともに用いる〉、**でした(ね)**

  던가(요)?〈用言の語幹・過去形に付く〉**ありましたか(ね)、でしたか(ね)、んでしたか(ね)**

  1. 여기는 학교던가(요)? ここは学校でしたか(ね)。
  2. 저건 우체국이던가(요)? あれは郵便局でしたか(ね)。

3. 라디오는 있던가(요)?　　　ラジオはありましたか(ね)。
 4. 영호씨는 키가 크던가(요)?　　ヨンホさんは背が高いでしたか(ね)。
 5. 그는 운전기사가 아니던가(요)?　彼は運転手はなかったんでしたか(ね)。
 6. 담배는 피우지 않던가(요)?　　タバコは吸いませんでしたか(ね)。
 7. 어제는 일요일이었던가(요)?　　きのうは日曜日だったんでしたか(ね)。
 8. 편지는 받았던가(요)?　　　　手紙は受け取ったんでしたか(ね)。
 9. 연필이라도 되던가(요)?　　　鉛筆でもいいんでしたか(ね)。
10. 비가 올 것 같던가(요)?　　　雨が降りそうでしたか(ね)。

10) **라구요/이라구요?**〈体言に付く。男女ともに用いる〉**ですって(?)**
 다구요?〈用言の語幹・過去形に付く〉**ますって(?)ですって(?)**
 1. 여기는 학교라구요?　　　　ここは学校ですって(?)
 2. 저건 우체국이라구요?　　　あれは郵便局ですって(?)
 3. 라디오는 있다구요?　　　　ラジオはありますって(?)
 4. 영호씨는 키가 크다구요?　　ヨンホさんは背が高いですって(?)
 5. 그는 운전기사가 아니라구요?　彼は運転手ではないですって(?)
 6. 담배는 피우지 않는다구요?　タバコは吸わないですって(?)
 7. 어제는 일요일이었다구요?　　きのうは日曜日でしたって(?)
 8. 편지는 받았다구요?　　　　手紙は受け取りましたって(?)
 9. 연필이라도 된다구요?　　　鉛筆でもいいんですって(?)
10. 비가 올 것 같다구요?　　　雨が降りそうですって(?)

11) **라지요/이라지요?**〈体言に付く。男女ともに用いる〉**ですって ね?(なん)ですってね(?)**
 다지요?〈用言の語幹・過去形に付く〉**んですってね(?)**
 1. 여기는 학교라지요?　　　　ここは学校ですってね(?)
 2. 저건 우체국이라지요?　　　あれは郵便局なんですってね(?)
 3. 라디오는 있다지요?　　　　ラジオはあるんですってね(?)
 4. 영호씨는 키가 크다지요?　　ヨンホさんは背が高いんですってね(?)
 5. 그는 운전기사가 아니라지요?　彼は運転手ではないんですってね(?)
 6. 담배는 피우지 않는다지요?　タバコは吸わないんですってね(?)

7. 어제는 일요일이었다지요?　　きのうは日曜日だったんですってね(?)
8. 편지는 받았다지요?　　手紙は受け取ったんですってね(?)
9. 연필이라도 된다지요?　　鉛筆でもいいんですってね(?)
10. 비가 올 것 같다지요?　　雨が降りそうですってね(?)

12) **래요?**〈体言に付く。男女ともに用いる〉**の(?)**

1. 어머니도 같이 갈래요?　　お母さんもいっしょに行くの(?)
2. 공원에서 놀래요?　　公園で遊ぶの(?)
3. 크면 비행사가 될래요?　　大きくなったらパイロットになるの(?)
4. 아코디언을 배울래요?　　アコーディオンを習うの(?)
5. 아버지한테 편지를 쓸래요?　　お父さんに手紙を書くの(?)

[3] 勧誘文

1) **자요**〈動詞の語幹に付く。男女ともに用いる〉**ましょうよ、ましょうね**

1. 같이 가자요.　　いっしょに行きましょうよ。
2. 산보를 하자요.　　散歩をしましょうよ。
3. 음악을 듣자요.　　音楽を聞きましょうね。
4. 영화를 보자요.　　映画を見ましょうよ。
5. 다음 역에서 내리자요.　　次の駅で降りましょうね。

2) **자구요**〈動詞の語幹に付く。男女ともに用いる〉**ましょうや、ましょうよ、ましょうったら**

1. 같이 가자구요.　　いっしょに行きましょうや。
2. 산보를 하자구요.　　散歩をしましょうよ。
3. 음악을 듣자구요.　　音楽を聞きましょうや。
4. 영화를 보자구요.　　映画を見ましょうったら。
5. 다음 역에서 내리자구요.　　次の駅で降りましょうや。

3) **지 말자요**〈動詞の語幹に付く。男女ともに用いる〉**のはよしましょうよ(ね)**

1. 같이 가지 말자요.　　いっしょに行くのはよしましょうよ。

2. 산보를 하지 말자요. 散歩をするのはよしましょうよ。
3. 음악을 듣지 말자요. 音楽を聞くのはよしましょうよ。
4. 영화를 보지 말자요. 映画を見るのはよしましょうよ。
5. 다음 역에서 내리지 말자요. 次の駅で降りるのはよしましょうよ。

4) **지 말자구요**〈動詞の語幹に付く。男女ともに用いる〉**のはよしましょうや、のはよしましょうよ、のはよしましょうったら**

1. 같이 가지 말자구요. いっしょに行くのはよしましょう。
2. 산보를 하지 말자구요. 散歩するのはよしましょうよ。
3. 음악을 듣지 말자구요. 音楽を聞くのはよしましょうよ。
4. 영화를 보지 말자구요. 映画を見るのはよしましょうったら。
5. 그 다음 역에서 내리지 말자구요. この次の駅で降りるのはよしましょうよ。

[4] 命令文

1) **세요**〈動詞の仮定形に付く。女性語〉**なさいな、てくださいな**

1. 우리 집으로 오세요. うちへいらっしゃい(来てください)。
2. 거기에 앉으세요. そこにお座りなさい(座ってください)。
3. 문을 여세요. 戸を開けなさい(開けてください)。
4. 창문을 닫으세요. 窓を閉めなさい(閉めてください)。
5. 불을 끄세요. 電気をお消しなさい(消してください)。

2) **시라오**〈動詞の仮定形に付く。男女ともに用いる〉**お〜なさいよ**

1. 우리 집으로 오시라오. うちへいらっしゃいよ
2. 거기에 앉으시라오. そこにお座りなさいよ。
3. 문을 여시라오. 戸をお開けなさいよ。

4. 창문을 닫으시라오.　　　窓をお閉めなさいよ。
5. 불을 끄시라오.　　　　　電気をお消しなさいよ。

3) **라오**〈動詞の仮定形に付く。男女ともに用いる〉**なさいよ**

1. 우리 집으로 오라오.　　　うちへ来なさいよ。
2. 거기에 앉으라오.　　　　そこにお座りなさいよ。
3. 문을 열라오.　　　　　　戸を開けなさいよ。
4. 창문을 닫으라오.　　　　窓を閉めなさいよ。
5. 불을 끄라오.　　　　　　電気を消しなさいよ。

4) **라구요**〈動詞の仮定形に付く。男女ともに用いる〉**んですよ、なさいよ、なさいったら**

1. 우리 집으로 오라구요.　　うちへいらっしゃいよ
2. 거기에 앉으라구요.　　　そこにお座りなさいよ。
3. 문을 열라구요.　　　　　戸を開けなさいよ。
4. 창문을 닫으라구요.　　　窓を閉めなさいよ。
5. 불을 끄라구요.　　　　　電気を消しなさいよ。

5) **지요?**〈動詞の仮定形に付く。男女ともに用いる〉**なさったら?**

1. 우리 집으로 오지요?　　　うちへ来なさったら?
2. 거기에 앉지요?　　　　　そこにお座りなさったら?
3. 문을 열지요?　　　　　　戸を開けなさったら?
4. 창문을 닫지요?　　　　　窓を閉めなさったら?
5. 불을 끄지요?　　　　　　電気を消しなさったら?

6) **지 마세요**〈動詞の仮定形に付く。男女ともに用いる〉**ないで、ないでね、ないでくださいな**

1. 우리 집으로 오지 마세요.　うちへ来ないで。
2. 거기에 앉지 마세요.　　　そこに座らないでよ。
3. 문을 열지 마세요.　　　　戸を開けないでね。
4. 창문을 닫지 마세요.　　　窓を閉めないでくださいな。
5. 불을 끄지 마세요.　　　　電気を消さないで。

7) **지 마시라오**〈動詞の仮定形に付く。男女ともに用いる。2)の시라오に対応する言い方で、6)の지 마세요とほぼ同じ表現〉**お～にならないで、お～にならないでくださいよ**

1. 우리 집으로 오지 마시라오.　うちへいらっしゃらないでくださいよ。
2. 거기에 앉지 마시라오.　そこにお座りにならないで。
3. 문을 열지 마시라오.　戸をお開けにならないでくださいよ。
4. 창문을 닫지 마시라오.　窓をお閉めにならないで。
5. 불을 끄지 마시라오.　電気をお消しにならないでくださいよ。

8) **지 말라오**〈動詞の仮定形に付く。男女ともに用いる〉**ないでね、ないでよ、ないでくださいよ。**

1. 우리 집으로 오지 말라오.　うちへ来ないでね。
2. 거기에 앉지 말라오.　そこに座らないでよ。
3. 문을 열지 말라오.　戸を開けないでくださいよ。
4. 창문을 닫지 말라오.　窓を閉めないでね。
5. 불을 끄지 말라오.　電気を消さないでね。

9) **지 말라구요**〈動詞の語幹に付く。男女ともに用いる〉**んじゃありませんよ、のはよしなさいったら**

1. 우리 집으로 오지 말라구요.　うちへ来るのはよしなさいったら。
2. 거기에 앉지 말라구요.　そこに座るのはよしなさいったら。
3. 문을 열지 말라구요.　戸を開けるのはよしなさいったら。
4. 창문을 닫지 말라구요.　窓を閉めるのはよしなさいったら。
5. 불을 끄지 말라구요.　電気を消するのはよしなさいったら。

10) **지 말지요?**〈動詞の語幹に付く。男女ともに用いる〉**んじゃありませんよ、のはよしなさいったら**

1. 우리 집으로 오지 말지요.　うちへ来るのはよしなさいったら。
2. 거기에 앉지 말지요.　そこに座るのはよしなさいったら。

3. 문을 열지 말지요.　　　戸を開けるのはよしなさいったら。
4. 창문을 닫지 말지요.　　窓を閉めるのはよしなさいったら。
5. 불을 끄지 말지요.　　　電気を消すのはよしなさいったら。

Ⅲ. Ｃクラス

[1] 平叙文

1) 요/이요〈体言に付く。男性語〉だよ
   오/소〈用言の接続形に付く。過去形に付くときはすべて소となる。男性語〉よ
   1. 여기는 학교요.　　　　　ここは学校だよ。
   2. 저건 우체국이요.　　　　あれは郵便局だよ。
   3. 라디오는 있소.　　　　　ラジオはあるよ。
   4. 영호씨는 키가 크오.　　　ヨンホさんは背が高いよ。
   5. 그는 운전기사가 아니오.　彼は運転手じゃないよ。
   6. 담배는 피우지 않소.　　　タバコは吸わないよ。
   7. 어제는 일요일이었소.　　　きのうは日曜日だったよ。
   8. 편지는 받았소.　　　　　手紙は受け取ったよ。
   9. 연필이라도 되오.　　　　鉛筆でもいいよ。
   10. 비가 올 것 같소.　　　　雨が降りそうだよ。

2) 네/이네〈体言に付く。男性語〉なんだよ
   네〈用言の語幹に付く。過去形に付く。男性語〉んだよ、ぜ、よ
   1. 여기는 학교네.　　　　　ここは学校だよ。
   2. 저건 우체국이네.　　　　あれは郵便局だよ。
   3. 라디오는 있네.　　　　　ラジオはあるんだよ。
   4. 영호씨는 키가 크네.　　　ヨンホさんは背が高いよ。
   5. 그는 운전기사가 아니네.　彼は運転手じゃないんだよ。
   6. 담배는 피우지 않네.　　　タバコは吸わないよ。
   7. 어제는 일요일이었네.　　　きのうは日曜日だったよ。

8. 편지는 받았네. 手紙は受け取ったよ。
9. 연필이라도 되네. 鉛筆でもいいんだよ。
10. 비가 올 것 같네. 雨が降りそうだよ。

3) **야/이야**〈体言に付く。男性語〉だ、だい、だよ、だわ、よ。
   어/아〈用言の連用形に付く。助詞は付かない。男女ともに用いる〉する～、～い、よ、わ

1. 여기는 학교야. ここは学校だ。
2. 저건 우체국이야. あれは郵便局よ。
3. 라디오는 있어. ラジオはある。
4. 영호씨는 키가 커. ヨンホさんは背が高いわ。
5. 그는 운전기사가 아니야. 彼は運転手じゃないよ。
6. 담배는 피우지 않아. タバコは吸わない。
7. 어제는 일요일이었어. きのうは日曜日だった。
8. 편지는 받았어. 手紙は受け取ったわ。
9. 연필이라도 되. 鉛筆でもいい。
10. 비가 올 것 같아. 雨が降りそうよ。

4) **래/이래**〈体言に付く。男女ともに用いる〉だって、なんだって
   대〈用言の現在形・過去形に付く〉って、んだって

1. 여기는 학교래. ここは学校だって。
2. 저건 우체국이래. あれは郵便局なんだって。
3. 라디오는 있대. ラジオはあるって。
4. 영호씨는 키가 크대. ヨンホさんは背が高いって。
5. 그는 운전기사가 아니래. 彼は運転手じゃないんだって。
6. 담배는 피우지 않는대. タバコは吸わないんだって。
7. 어제는 일요일이었대. きのうは日曜日だったんだって。
8. 편지는 받았대. 手紙は受け取ったって。
9. 연필이라도 된대. 鉛筆でもいいんだって。
10. 비가 올 것 같대. 雨が降りそうだって。

5) **지/이지**〈体言に付く。男女ともに用いる〉さ、なのさ、だね、
   だとも

   지〈用言の現在形・過去形に付く。男女ともに用いる〉さ、ね、
   とも、わよ

   1. 여기는 학교지.　　　　　　ここは学校だね。
   2. 저건 우체국이지.　　　　　あれは郵便局だね。
   3. 라디오는 있지.　　　　　　ラジオはあるね。
   4. 영호씨는 키가 크지.　　　　ヨンホさんは背が高いわよね。
   5. 그는 운전기사가 아니지.　　彼は運転手じゃないね。
   6. 담배는 피우지 않지.　　　　タバコは吸わないね。
   7. 어제는 일요일이었지.　　　　きのうは日曜日だったね。
   8. 편지는 받았지.　　　　　　手紙は受け取ったわね。
   9. 연필이라도 되지.　　　　　鉛筆でもいいよね。
   10. 비가 올 것 같지.　　　　　雨が降りそうだね。

6) **군/이군, 구만/이구만**〈体言に付く。男女ともに用いる〉だね、
   なんだね、ね、なのね

   군, 구만〈動詞の連体形、形容詞の語幹、用言の過去形に付く。
   男女ともに用いる〉ね、んだね、のね

   1. 여기는 학교군.　　　　　　ここは学校だね。
   2. 저건 우체국이구만.　　　　あれは郵便局なんだね。
   3. 라디오는 있구만.　　　　　ラジオはあるね。
   4. 영호씨는 키가 크구만.　　　ヨンホさんは背が高いんだね。
   5. 그는 운전기사가 아니구만.　彼は運転手じゃないんだね。
   6. 담배는 피우지 않구만.　　　タバコは吸わないんだね。
   7. 어제는 일요일이었군.　　　きのうは日曜日だったんだね。
   8. 편지는 받았구만.　　　　　手紙は受け取ったのだね。
   9. 연필이라도 되는구만.　　　鉛筆でもいいんだね。
   10. 비가 올 것 같구만.　　　　雨が降りそうだね。

7) **로군/이로군, 로구만/이로구만**〈体言に付く。主に男性が用い

る〉たねえ、だなあ
1. 여기는 학교로군.　　　　　ここは学校だねえ。
2. 저건 우체국이로구만.　　　あれは郵便局だなあ。
3. 오늘은 토요일이로구만.　　きょうは土曜日だねえ。

8) **누만**〈動詞の仮定形に付く。主に男性が用いる〉ねえ、んだねえ
1. 오늘은 자주 만나누만.　　　今日はよく会うねえ。
2. 그 사람하고는 호흡이 맞누만.　あの人とは馬が合うんだねえ。
3. 기적 소리가 들리누만.　　　汽笛の音が聞えるねえ。
4. 거기에 깃발이 보이누만.　　あそこに旗が見えるねえ。
5. 바람이 부누만.　　　　　　風が吹くねえ。

9) **거든/이거든**〈体言に付く。男女ともに用いる〉だもの(ね)、でね
　거든〈用言の語幹・過去形に付く。男女ともに用いる〉もの(ね)、んでね
1. 여기는 학교거든.　　　　　ここは学校だもの。
2. 저건 우체국이거든.　　　　あれは郵便局だものね。
3. 라디오는 있거든.　　　　　ラジオはあるもの。
4. 영호씨는 키가 크거든.　　　ヨンホさんは背が高いものね。
5. 그는 운전기사가 아니거든.　彼は運転手じゃないもの。
6. 담배는 피우지 않거든.　　　タバコは吸わないもの。
7. 어제는 일요일이었거든.　　きのうは日曜日だったんでね。
8. 편지는 받았거든.　　　　　手紙は受け取ったもの。
9. 연필이라도 되거든.　　　　鉛筆でもいいんでね。
10. 비가 올 것 같거든.　　　　雨が降りそうだもの。

10) **니깐/이니깐**〈体言に付く。男女ともに用いる〉だからねえ、だから
　　니깐〈用言の仮定形に付く。男女ともに用いる。過去形に付くときは으니깐となる〉からね(え)、たから
1. 여기는 학교니깐.　　　　　ここは学校だからね。
2. 저건 우체국이니깐.　　　　あれは郵便局だからね。

3. 라디오는 있으니깐.	ラジオはあるからね。
4. 영호씨는 키가 크니깐.	ヨンホさんは背が高いからねえ。
5. 그는 운전기사가 아니니깐.	彼は運転手じゃないからねえ。
6. 담배는 피우지 않으니깐.	タバコは吸わないから。
7. 어제는 일요일이었으니깐.	きのうは日曜日だったからね。
8. 편지는 받았으니깐.	手紙は受け取ったから。
9. 연필이라도 되니깐.	鉛筆でもいいからね。
10. 비가 올 것같으니깐.	雨が降りそうだから。

11) 더군/이더군, 더구만/이더구만〈体言に付く。男女ともに用いる〉だったよ、だったわ

더군, 더구만〈用言の現在形・過去形に付く。男女ともに用いる〉たよ、だね

1. 여기는 학교더군.	ここは学校だったよ。
2. 저건 우체국이더구만.	あれは郵便局だったよ。
3. 라디오는 있더군.	ラジオはあったよ。
4. 영호씨는 키가 크더군.	ヨンホさんは背が高かったよ。
5. 그는 운전기사가 아니더군.	彼は運転手ではなかったよ。
6. 담배는 피우지 않더구만.	タバコは吸わなかったよ。
7. 어제는 일요일이었더군.	きのうは日曜日だったよ。
8. 편지는 받았더군.	手紙は受け取っていたよ。
9. 연필이라도 되더군.	鉛筆でもよかったよ。
10. 비가 올 것 같더군.	雨が降りそうだったよ。

12) 인데〈体言に付く。男女ともに用いる〉だが(ね)、だけど

데〈用言の連体形に付く。過去形に付くときは는데となる。男女ともに用いる〉が(ね)、けど

1. 여기는 학교인데.	ここは学校だが。
2. 저건 우체국인데.	あれは郵便局だけど。
3. 라디오는 있는데.	ラジオはあるがね。
4. 영호씨는 키가 큰데.	ヨンホさんは背が高いけど。

5. 그는 운전기사가 아닌데.　　　彼は運転手ではないがね。
6. 담배는 피우지 않는데.　　　　タバコは吸わないけど。
7. 어제는 일요일이었는데.　　　　きのうは日曜日だったがね。
8. 편지는 받았는데.　　　　　　　手紙は受け取ったけど。
9. 연필이라도 되는데.　　　　　　鉛筆でもいいが。
10. 비가 올 것 같은데.　　　　　　雨が降りそうだけど。

13) **라구/이라구**〈体言に付く。男女ともに用いる〉**だったら、だってば**

   다구〈用言の現在形・過去形に付く。男女ともに用いる〉**ったら、ってば**

1. 여기는 학교라구.　　　　　　ここは学校だから。
2. 저건 우체국이라구.　　　　　あれは郵便局だってば。
3. 라디오는 있다구.　　　　　　ラジオはあるったら。
4. 영호씨는 키가 크다구.　　　　ヨンホさんは背が高いってば。
5. 그는 운전기사가 아니라구.　　彼は運転手じゃないったら。
6. 담배는 피우지 않는다구.　　　タバコは吸わないったら。
7. 어제는 일요일이었다구.　　　きのうは日曜日だったったら。
8. 편지는 받았다구.　　　　　　手紙は受け取ったったら。
9. 연필이라도 된다구.　　　　　鉛筆でもいいったら。
10. 비가 올 것 같다구.　　　　　雨が降りそうだってば。

14) **라구야/이라구야**〈体言に付く。男女ともに用いる〉**だとは、だなんて**

   다구야〈用言の現在形・過去形に付く〉**とは、なんて**

1. 이렇게 고집쟁이라구야.　　　こんなに強情張りだとは。
2. 이런 고물이라구야.　　　　　こんなオンボロだとは。
3. 이렇게도 답답하다구야.　　　こんなにも物わかりが悪いなんて。
4. 원, 이렇게도 막혔다구야.　　ええい、こんなにも血のめぐり
　　　　　　　　　　　　　　　　が悪いとは。

15) 게〈動詞の未来形に付く。男女ともに用いる〉から(ね)
 1. 나도 곧 갈게.　　　　　　　僕もすぐに行くからね。
 2. 3시까지는 돌아올게.　　　　3時までには帰っているからね。
 3. 극장 앞에서 기다릴게.　　　劇場の前で待っているからね。
 4. 앞으로는 말을 잘 들을게.　　これからは言うことをよく聞くから。
 5. 누구한테도 말하지 않을게.　だれにも言わないから。

16) 래〈動詞の未来形に付く。男女ともに用いる〉わ、よ
 1. 나도 같이 갈래.　　　　　　僕もいっしょに行くよ。
 2. 공원에서 놀래.　　　　　　　公園で遊ぶわ。
 3. 크면 비행사가 될래.　　　　大きくなったらパイロットになるよ。
 4. 어코디언을 배울래.　　　　　アコーディオンを習うわ。
 5. 아버지한테 편지를 쓸래.　　 お父さんに手紙を書くよ。

[2] 疑問文

1) 요/이요?〈体言に付く。男性語〉かね、なのかね
  오/소?〈用言の語幹に付く。過去形に付くときはすべて소となる。男性語〉かね、んかね
 1. 여기는 학교요?　　　　　　ここは学校かね。
 2. 저건 우체국이요?　　　　　あれは郵便局かね。
 3. 라디오는 있소?　　　　　　ラジオはあるかね。
 4. 영호씨는 키가 크오?　　　　ヨンホさんは背が高いかね。
 5. 그는 운전기사가 아니오?　 彼は運転手じゃないかね。
 6. 담배는 피우지 않소?　　　　タバコは吸わないかね。
 7. 어제는 일요일이었소?　　　きのうは日曜日だったかね。
 8. 편지는 받았소?　　　　　　手紙は受け取ったかね。
 9. 연필이라도 되오?　　　　　鉛筆でもいいかね。
 10. 비가 올 것 같소?　　　　　雨が降りそうかね。

2) **야/이야?**〈体言に付く。男女ともに用いる〉**か、かい(?)**
   어/아〈用言の連用形に付く。助詞は付かない、男女ともに用いる〉**か、かい(?)**

   1. 여기는 학교야?　　　　　　ここは学校かい。
   2. 저건 우체국이야?　　　　　　あれは郵便局かい。
   3. 라디오는 있어?　　　　　　　ラジオはあるかい。
   4. 영호씨는 키가 커?　　　　　　ヨンホさんは背が高いか。
   5. 그는 운전기사가 아니야?　　　彼は運転手ではないか。
   6. 담배는 피우지 않아?　　　　　タバコは吸わないか。
   7. 어제는 일요일이었어?　　　　きのうは日曜日だったかい。
   8. 편지는 받았어?　　　　　　　手紙は受け取ったかい。
   9. 연필이라도 되?　　　　　　　鉛筆でもいいか。
   10. 비가 올 것 같아?　　　　　　雨が降りそうかい。

3) **인가?**〈体言に付く。男女ともに用いる〉**なのか**
   가?〈用言の連体形に付く。過去形に付くときは는가?となる。主に男性が用いる〉**のか**

   1. 여기는 학교인가?　　　　　　ここは学校なのか。
   2. 저건 우체국인가?　　　　　　あれは郵便局なのか。
   3. 라디오는 있는가?　　　　　　ラジオはあるのか。
   4. 영호씨는 키가 큰가?　　　　　ヨンホさんは背が高いのか。
   5. 그는 운전기사가 아닌가?　　　彼は運転手じゃないのか。
   6. 담배는 피우지 않는가?　　　　タバコは吸わないのか。
   7. 어제는 일요일이었는가?　　　きのうは日曜日だったのか。
   8. 편지는 받았는가?　　　　　　手紙は受け取ったのか。
   9. 연필이라도 되는가?　　　　　鉛筆でもいいのか。
   10. 비가 올 것 같은가?　　　　　雨が降りそうなのか。

4) **일가?**〈体言に付く。男女ともに用いる〉**だろうか、かしら、かな、かね**

가?〈用言の連体形の未来形に付く。過去形に付くときは을까? となる。男女ともに用いる〉だろうか、かしら、かしらねえ

1. 여기는 학교일가?   ここは学校だろうか。
2. 저건 우체국일가?   あれは郵便局かしら。
3. 라디오는 있을가?   ラジオはあるだろうか。
4. 영호씨는 키가 클가?   ヨンホさんは背が高いかしら。
5. 그는 운전기사가 아닐가?   彼は運転手じゃないかな。
6. 담배는 피우지 않을가?   タバコは吸わないかしらねえ。
7. 어제는 일요일이었을가?   きのうは日曜日だったかな。
8. 편지는 받았을가?   手紙は受け取ったかしら。
9. 연필이라도 될가?   鉛筆でもいいだろうか。
10. 비가 올 것 같을가?   雨が降りそうかしら。

5) 나?〈用言の現在形・過去形に付く。男女ともに用いる〉の

1. 라디오는 있나?   ラジオはあるの。
2. 영호씨는 키가 크나?   ヨンホさんは背が高いの。
3. 담배는 피우지 않나?   タバコは吸わないの。
4. 어제는 일요일이었나?   きのうは日曜日だったの。
5. 편지는 받았나?   手紙は受け取ったの。
6. 연필이라도 되나?   鉛筆でもいいの。
7. 비가 올 것 같나?   雨が降りそうなの。

6) 래/이래?〈体言に付く。男女ともに用いる〉だって(?)、なんだって(?)

대?〈用言の現在形・過去形に付く。男女ともに用いる〉って(?)

1. 여기는 학교래?   ここは学校だって。
2. 저건 우체국이래?   あれは郵便局なんだって。
3. 라디오는 있대?   ラジオはあるって。
4. 영호씨는 키가 크대?   ヨンホさんは背が高いって。
5. 그는 운전기사가 아니대?   彼は運転手じゃないって。
6. 담배는 피우지 않는대?   タバコは吸わないって。

7. 어제는 일요일이었대? きのうは日曜日だったって。
8. 편지는 받았대? 手紙は受け取ったって。
9. 연필이라도 된대? 鉛筆でもいいって。
10. 비가 올 것 같대? 雨が降りそうだって。

7) 지/이지?〈体言に付く。男女ともに用いる〉だろ(?) でしょ(?) だね(?)

지〈用言の現在形・過去形に付く。男女ともに用いる〉だろ(?)、でしょ(?)、ね(?)

1. 여기는 학교지? ここは学校だろ。
2. 저건 우체국이지? あれは郵便局でしょ。
3. 라디오는 있지? ラジオはあるだろ。
4. 영호씨는 키가 크지? ヨンホさんは背が高いでしょ。
5. 그는 운전기사가 아니지? 彼は運転手じゃないね。
6. 담배는 피우지 않지? タバコは吸わないでしょ。
7. 어제는 일요일이었지? きのうは日曜日だったね。
8. 편지는 받았지? 手紙は受け取ったでしょ。
9. 연필이라도 되지? 鉛筆でもいいだろ。
10. 비가 올 것 같지? 雨が降りそうでしょ(だろ)。

8) 군/이군?, 구만/이구만?〈体言に付く。男女ともに用いる〉だね(?)、なんだね(?)

군?, 구만?〈用言の現在形・過去形に付く。男女ともに用いる〉ね(?)、んだね(?)

1. 여기는 학교군? ここは学校だね。
2. 저건 우체국이구만? あれは郵便局なんだね。
3. 라디오는 있구만? ラジオはあるね。
4. 영호씨는 키가 크구만? ヨンホさんは背が高いんだね。
5. 그는 운전기사가 아니구만? 彼は運転手じゃないんだね。
6. 담배는 피우지 않구만? タバコは吸わないね。
7. 어제는 일요일이었군? きのうは日曜日だったね。

8. 편지는 받았구만? 手紙は受け取ったんだね。
9. 연필이라도 되는군? 鉛筆でもいいんだね。
10. 비가 올 것 같군? 雨が降りそうだね。

9) **로군/이로군?, 로구만/이로구만?**〈体言に付く。男女ともに用いる〉**だね(?)、だな(?)**

1. 여기는 학교로군? ここは学校だね。
2. 저건 우체국이로구만? あれは郵便局だな。
3. 오늘은 토요일이로군? きょうは土曜日だな。

10) **던가/이던가?**〈体言に付く。男女ともに用いる〉**だったかね**
 던가?〈用言の現在形・過去形に付く。男女ともに用いる〉**たかね**

1. 여기는 학교던가? ここは学校だったかね。
2. 저건 우체국이던가? あれは郵便局だったかね。
3. 라디오는 있던가? ラジオはあったかね。
4. 영호씨는 키가 크던가? ヨンホさんは背が高かったかね。
5. 그는 운전기사가 아니던가? 彼は運転手ではなかったかね。
6. 담배는 피우지 않던가? タバコは吸わなかったかね。
7. 어제는 일요일이었던가? きのうは日曜日だったかね。
8. 편지는 받았던가? 手紙は受け取ったかね。
9. 연필이라도 되던가? 鉛筆でもよかったかね。
10. 비가 올 것 같던가? 雨が降りそうだったかね。

11) **라고/이라고?**〈体言に付く。男女ともに用いる〉**だって**
 다고?〈用言の現在形・過去形に付く。男女ともに用いる〉**って**

1. 여기는 학교라고? ここは学校だって。
2. 저건 우체국이라고? あれは郵便局だって。
3. 라디오는 있다고? ラジオはあるって。
4. 영호씨는 키가 크다고? ヨンホさんは背が高いって。
5. 그는 운전기사가 아니라고? 彼は運転手じゃないって。
6. 담배는 피우지 않는다고? タバコは吸わないって。

7. 어제는 일요일이었다고?　　　きのうは日曜日だったって。
8. 편지는 받았다고?　　　　　　手紙は受け取ったって。
9. 연필이라도 된다고?　　　　　鉛筆でもいいって。
10. 비가 올 것 같다고?　　　　　雨が降りそうだって。

12) **라지/이라지?**〈体言に付く。男女ともに用いる〉**だってね、なんだってね**

다지?〈用言の現在形・過去形に付く。男女ともに用いる〉**んだってね**

1. 여기는 학교라지?　　　　　　ここは学校だってね。
2. 저건 우체국이라지?　　　　　あれは郵便局なんだってね。
3. 라디오는 있다지?　　　　　　ラジオはあるんだってね。
4. 영호씨는 키가 크다지?　　　　ヨンホさんは背が高いんだってね。
5. 그는 운전기사가 아니라지?　　彼は運転手じゃないんだってね。
6. 담배는 피우지 않는다지?　　　タバコは吸わないんだってね。
7. 어제는 일요일이었다지?　　　きのうは日曜日だったんだってね。
8. 편지는 받았다지?　　　　　　手紙は受け取ったんだってね。
9. 연필이라도 된다지?　　　　　鉛筆でもいいんだってね。
10. 비가 올 것 같다지?　　　　　雨が降りそうなんだってね。

13) **래?**〈動詞の連体形の未来形に付く。男女ともに用いる〉**のかい(?)、する(?)**

1. 너도 같이 갈래?　　　　　　お前もいっしょに行くかい。
2. 공원에서 놀래?　　　　　　　公園で遊ぶかい。
3. 크면 비행사가 될래?　　　　大きくなったら飛行士になるかい。
4. 아코디언을 배울래?　　　　　アコーディオンを習うのかい。
5. 아버지한테 편지를 쓸래?　　お父さんに手紙を書くかい。

[3] 勧誘文

1) **자**〈動詞の語幹に付く。男女ともに用いる〉**う、うよ、うね**

1. 같이 가자.　　　　　　　　　いっしょに行こう。

2. 산보를 하자.	散歩をしようよ。
3. 음악을 듣자.	音楽を聞こうよ。
4. 영화를 보자.	映画を見ようよ。
5. 다음 역에서 내리자.	次の駅で降りようよ。

2) **자구**〈動詞の語幹に付く。男女ともに用いる〉**うや**

1. 같이 가자구.	いっしょに行こうや。
2. 산보를 하자구.	散歩をしようや。
3. 음악을 듣자구.	音楽を聞こうや。
4. 영화를 보자구.	映画を見ようや。
5. 다음 역에서 내리자구.	次の駅で降りようや。

3) **세**〈動詞の語幹に付く。男性語〉**うぜ、うじゃないか**

1. 같이 가세.	いっしょに行こうぜ。
2. 산보를 하세.	散歩をしようぜ。
3. 음악을 들으세.	音楽を聞こうぜ。
4. 영화를 보세.	映画を見ようぜ。
5. 다음 역에서 내리세.	次の駅で降りようぜ。

4) **지 말자**〈動詞の語幹に付く。男女ともに用いる〉**のはよそう、よそうよ、よそうね**

1. 같이 가지 말자.	いっしょに行くのはよそう。
2. 산보를 하지 말자.	散歩をするのはよそうね。
3. 음악을 듣지 말자.	音楽を聞くのはよそうよ。
4. 영화를 보지 말자.	映画を見るのはよそうよ。
5. 다음 역에서 내리지 말자.	次の駅で降りるのはよそうよ。

5) **지 말자구**〈動詞の語幹に付く。多く男性が用いる〉**のはよそうや**

1. 같이 가지 말자구.	いっしょに行くのはよそうや。
2. 산보를 하지 말자구.	散歩をするのはよそうや。
3. 음악을 듣지 말자구.	音楽を聞くのはよそうや。

4. 영화를 보지 말자구.　　　　映画を見るのはよそうや。

5. 다음 역에서 내리지 말자구.　次の駅で降りるのはよそうや。

6) **지 마세**〈動詞の語幹に付く。多く男性が用いる〉**のはよそうぜ、のはよそうじゃないか**

1. 같이 가지 마세.　　　　　いっしょに行くのはよそうぜ。

2. 산보를 하지 마세.　　　　散歩をするのはよそうぜ。

3. 음악을 듣지 마세.　　　　音楽を聞くのはよそうぜ。

4. 영화를 보지 마세.　　　　映画を見るのはよそうぜ。

5. 다음 역에서 내리지 마세.　次の駅で降りるのはよそうぜ。

[4] 命令文

1) **세요**〈動詞の仮定形に付く。多く男性が用いる〉**なさい**

1. 우리 집으로 오세요.　　　うちへ来なさい。

2. 거기에 앉으세요.　　　　そこに座りなさい。

3. 문을 여세요.　　　　　　戸を開けなさい。

4. 창문을 닫으세요.　　　　窓を閉めなさい。

5. 불을 끄세요.　　　　　　電気を消しなさい。

2) **오/소**〈動詞の語幹に付く。男性語〉**たまえ、てもらおうか**

1. 우리 집으로 오오(와).　　うちへ来たまえ。

2. 거기에 앉소.　　　　　　そこに座りたまえ。

3. 문을 여오(열어요).　　　戸を開けたまえ。

4. 창문을 닫소.　　　　　　窓を閉めてもらおうか。

5. 불을 끄오.　　　　　　　電気を消してもらおうか。

3) **게**〈動詞の語幹に付く。男性語〉**な**

1. 우리 집으로 오게.　　　　うちへ来な。

2. 거기에 앉게.　　　　　　そこに座りな。

3. 문을 열게.　　　　　　　戸を開けな。

4. 창문을 닫게.　　　　　　窓を閉めな。

5. 불을 끄게.　　　　　　　電気を消しな。

4) **라구**〈動詞の仮定形に付く。多く男性が用いる〉**や、よ、んだよ**

  1. 우리 집으로 오라구.   うちへ来いや。
  2. 거기에 앉으라구.   そこに座れや。
  3. 문을 열라구.   戸を開けろよ。
  4. 창문을 닫으라구.   窓を閉めるんだよ。
  5. 불을 끄라구.   電気を消せや。

5) **구려**〈動詞の語幹に付く。男性語〉**なよ**

  1. 우리 집으로 오구려.   うちへ来なよ。
  2. 거기에 앉구려.   そこに座りなよ。
  3. 문을 열구려.   戸を開けなよ。
  4. 창문을 닫구려.   窓を閉めなよ。
  5. 불을 끄구려.   電気を消しなよ。

6) **요**〈動詞の連用形に付く。多く女性が用いる〉**て、てよ、てね**

  1. 우리 집으로 와요.   うちへ来て。
  2. 거기에 앉아요.   そこに座って。
  3. 문을 열어요.   戸を開けてよ。
  4. 창문을 닫아요.   窓を閉めて。
  5. 불을 꺼요.   電気を消してね。

7) **지?**〈動詞の語幹に付く。男女ともに用いる〉**たら(?)**

  1. 우리 집으로 오지?   うちへ来たら。
  2. 거기에 앉지?   そこに座ったら。
  3. 문을 열지?   戸を開けたら。
  4. 창문을 닫지?   窓を閉めたら。
  5. 불을 끄지?   電気を消したら。

8) **지 마세요**〈動詞の語幹に付く。多く男性が用いる〉**ないでください、なさるな、んじゃありません(よ)**

  1. 우리 집으로 오지 마세요.   うちへ来ないでください。
  2. 거기에 앉지 마세요.   そこに座らないでください。

3. 문을 열지 마세요.　　　　戸を開けないでください。
4. 창문을 닫지 마세요.　　　窓を閉めるんじゃありません。
5. 불을 끄지 마세요.　　　　電気を消さないでください。

9) **지 마／지 마오(요)**〈動詞の語幹に付く。男性語〉**ないでくれ、ないでくれよ、のはよせよ、んじゃない**
　1. 우리 집으로 오지 마오.　　うちへ来ないでくれ。
　2. 거기에 앉지 마오.　　　　そこに座らないでくれよ。
　3. 문을 열지 마오.　　　　　戸を開けないでくれ。
　4. 창문을 닫지 마.　　　　　窓を閉めないでくれたまえ。
　5. 불을 끄지 마.　　　　　　電気を消すんじゃない。

10) **지 말게**〈動詞の語幹に付く。男性語〉**のはよしな**
　1. 우리 집으로 오지 말게.　　うちへ来るのはよしな。
　2. 거기에 앉지 말게.　　　　そこに座るのはよしな。
　3. 문을 열지 말게.　　　　　戸を開けるのはよしな。
　4. 창문을 닫지 말게.　　　　窓を閉めるのはよしな。
　5. 불을 끄지 말게.　　　　　電気を消すのはよしな。

11) **지 말라구**〈動詞の語幹に付く。多くは男性が用いる〉**んじゃないよ、ないでくれよ**
　1. 우리 집으로 오지 말라구.　うちへ来んじゃないよ。
　2. 거기에 앉지 말라구.　　　そこに座るんじゃないよ。
　3. 문을 열지 말라구.　　　　戸を開けるんじゃないよ。
　4. 창문을 닫지 말라구.　　　窓を閉めるんじゃないよ。
　5. 불을 끄지 말라구.　　　　電気を消さないでくれよ。

12) **지 말구려**〈動詞の語幹に付く。男性語〉**なよ、ないでくれな**
　1. 우리 집으로 오지 말구려.　うちへ来るなよ。
　2. 거기에 앉지 말구려.　　　そこに座るなよ。
　3. 문을 열지 말구려.　　　　戸を開けるなよ。
　4. 창문을 닫지 말구려.　　　窓を閉めないでくれな。

5. 불을 끄지 말구려.　　　電気を消さないでくれな。
※あまり使われない。

13) **지 마 / 자 말아**〈動詞の語幹に付く。男女ともに用いる〉**な、ない、ないで**

1. 우리 집으로 오지 말아.　　うちへ来るな。
2. 거기에 앉지 말아.　　　　そこに座らないで。
3. 문을 열지 말아.　　　　　戸を開けるな。
4. 창문을 닫지 말아.　　　　窓を閉めないで。
5. 불을 끄지 말아.　　　　　電気を消すな。

14) **지 말지**〈動詞の語幹に付く。男女ともに用いる〉**のはよしたら(?)**

1. 우리 집으로 오지 말지.　　うちへ来るのはよしたら。
2. 거기에 앉지 말지.　　　　そこに座るのはよしたら。
3. 문을 열지 말지.　　　　　戸を開けるのはよしたら。
4. 창문을 닫지 말지.　　　　窓を閉めるのはよしてもらおうか。
5. 불을 끄지 말지.　　　　　電気を消すのはよしてもらおうか。

Ⅳ. Dクラス

[1] 平叙文

1) **다 / 이다**〈体言に付く。男女ともに用いる〉**だ、だよ**
   다〈用言の現在形・過去形に付く。男女ともに用いる〉**する、い**

1. 여기는 학교다.　　　　　ここは学校だ。
2. 저건 우체국이다.　　　　あれは郵便局だよ。
3. 라디오는 있다.　　　　　ラジオはある。
4. 영호씨는 키가 크다.　　　ヨンホさんは背が高い。
5. 그는 운전기사가 아니다.　彼は運転手じゃない。
6. 담배는 피우지 않는다.　　タバコは吸わない。
7. 어제는 일요일이었다.　　きのうは日曜日だった。

8. 편지는 받았다.　　　　　　手紙は受け取った。

9. 연필이라도 된다.　　　　　　鉛筆でもいい。

10. 비가 올 것 같다.　　　　　　雨が降りそうだ。

2) **란다/이란다**〈体言に付く。男女ともに用いる〉だそうだ、だそうよ、なんだ、なのよ

단다〈用言の現在形・過去形に付く。男女ともに用いる〉そうだ、のだ、のよ

1. 여기는 학교란다.　　　　　　ここは学校だそうだ。

2. 저건 우체국이란다.　　　　　あれは郵便局だそうよ。

3. 라디오는 있단다.　　　　　　ラジオはあるそうだ。

4. 영호씨는 키가 크단다.　　　ヨンホさんは背が高いそうよ。

5. 그는 운전기사가 아니란다.　彼は運転手ではないそうだ。

6. 담배는 피우지 않는단다.　　タバコは吸わないのよ。

7. 어제는 일요일이었단다.　　　きのうは日曜日だったんだ。

8. 편지는 받았단다.　　　　　　手紙は受け取ったそうよ。

9. 연필이라도 된단다.　　　　　鉛筆でもいいそうだ。

10. 비가 올 것 같단다.　　　　　雨が降りそうだそうよ。

3) **구나/이구나**〈体言に付く。男女ともに用いる〉だな、ね

구나〈用言の語幹・過去形に付く。男女ともに用いる〉な、のね

1. 여기는 학교구나.　　　　　　ここは学校だな。

2. 저건 우체국이구나.　　　　　あれは郵便局ね。

3. 라디오는 있구나.　　　　　　ラジオはあるな。

4. 영호씨는 키가 크구나.　　　ヨンホさんは背が高いのね。

5. 그는 운전기사가 아니구나.　彼は運転手じゃないな。

6. 담배는 피우지 않구나.　　　タバコは吸わないのね。

7. 어제는 일요일이었구나.　　　きのうは日曜日だったんだな。

8. 편지는 받았구나.　　　　　　手紙は受け取ったのね。

9. 연필이라도 되구나.　　　　　鉛筆でもいいんだな。

10. 비가 올 것 같구나. 　　　　　雨が降りそうね。

4) **로구나/이로구나**〈体言に付く。男女ともに用いる〉**だなあ、なんだなあ、なのねえ**

1. 여기는 학교로구나. 　　　　ここは学校だなあ。
2. 저건 우체국이로구나. 　　　あれは郵便局なのね。
3. 오늘은 토요일이로구나. 　　きょうは土曜日なんだなあ。

5) **더구나/이더구나**〈体言に付く。男女ともに用いる〉**だったよ、だったわ**

더구나〈用言の語幹・過去形に付く。男女ともに用いる〉**たよ、たわ**

1. 여기는 학교더구나. 　　　　ここは学校だったよ。
2. 저건 우체국이더구나. 　　　あれは郵便局だったわ。
3. 라디오는 있더구나. 　　　　ラジオはあったよ。
4. 영호씨는 키가 크더구나. 　　ヨンホさんは背が高かったわ。
5. 그는 운전기사가 아니더구나. 彼は運転手じゃなかったよ。
6. 담배는 피우지 않더구나. 　　タバコは吸わなかったわ。
7. 어제는 일요일이었더구나. 　きのうは日曜日だったよ。
8. 편지는 받았더구나. 　　　　手紙は受け取っていたよ。
9. 연필이라도 되더구나. 　　　鉛筆でもよかったよ。
10. 비가 올 것 같더구나. 　　　雨が降りそうだったよ。

6) **라**〈動詞の連体形の未来形に付く。男女ともに用いる〉**ぞ、よ**

1. 조심해라. 넘어질라. 　　　　気をつけな、ころぶぞ。
2. 조용히 해라. 애기가 깨어날라. 静かにしな。赤ちゃんが起きるよ。

7) **마**〈動詞の仮定形に付く。男女ともに用いる〉**からな、からね**

1. 먼저 가. 나도 곧 가마. 　　　先に行きな、ぼくもすぐに行くからな。
2. 너한테 그림책을 사주마. 　　お前に絵本を買ってあげるからね。
3. 그래. 아버지가 먼저 읽으마. 　そう、お父さんが先に読むからな。

4. 잘 있으라, 내일 또 오마.　　さようなら、あしたまた来るからね。

[2] 疑問文

1) **니/이니?**〈体言に付く。男女ともに用いる〉**かい(?)、なのかい(?)**
   니?〈用言の語幹・過去形に付く。男女ともに用いる〉**かい(?)、のかい(?)、んだ(?)、んだい(?)**

   1. 여기는 학교니?　　　　　　ここは学校かい。
   2. 저건 우체국이니?　　　　　あれは郵便局かい。
   3. 라디오는 있니?　　　　　　ラジオはあるかい。
   4. 영호씨는 키가 크니?　　　　ヨンホさんは背が高いかい。
   5. 그는 운전기사가 아니니?　　彼は運転手じゃないのか。
   6. 담배는 피우지 않니?　　　　タバコは吸わないのかい。
   7. 어제는 일요일이었니?　　　 きのうは日曜日だったかい。
   8. 편지는 받았니?　　　　　　手紙は受け取ったかい?
   9. 연필이라도 되니?　　　　　鉛筆でもいいかい?
   10. 비가 올것 같니?　　　　　 雨が降りそうかい?

2) **냐/이냐?**〈体言に付く。男女ともに用いる〉**か、なのか、かえ**
   냐/이냐?〈用言の語幹・過去形に付く。男女ともに用いる〉**か、のか、かえ**
   느냐?〈動詞の語幹・過去形に付く。男女ともに用いる〉**か、のか、かえ**

   1. 여기는 학교냐?　　　　　　ここは学校か。
   2. 저건 우체국이냐?　　　　　あれは郵便局なのか。
   3. 라디오는 있냐?　　　　　　ラジオはあるか。
      라디오는 있느냐?　　　　　ラジオはあるのか。
   4. 영호씨는 키가 크냐?　　　　ヨンホさんは背が高いか。
   5. 그는 운전기사가 아니냐?　　彼は運転手じゃないのか。
   6. 담배는 피우지 않냐?　　　　タバコは吸わないか。
      담배는 피우지 않느냐?　　　タバコはすわないのか。

7. 어제는 일요일이었냐? きのうは日曜日だったのか。
8. 편지는 받았느냐? 手紙は受け取ったか。
9. 연필이라도 되느냐? 鉛筆でもいいか。
10. 비가 올 것 같냐? 雨が降りそうか。

[3] 勧誘文

1) **자**〈動詞の語幹に付く。男女ともに用いる〉

※「Cクラスのことば」[3] 勧誘文 1) 자を参照

2) **자꾸나**〈動詞の語幹に付く。男女ともに用いる〉**うや**

1. 같이 산보 가자꾸나. いっしょに行こうや。
2. 산보를 하자꾸나. 散歩をしようや。
3. 음악을 듣자꾸나. 音楽を聞こうや。
4. 영화를 보자꾸나. 映画を見ようや。
5. 다음 역에서 내리자꾸나. 次の駅で降りようや。

3) **지 말자꾸나**〈動詞の語幹に付く。男女ともに用いる〉**のはよそうや**

1. 같이 가지 말자꾸나. いっしょに行くのはよそうや。
2. 산보를 하지 말자꾸나. 散歩をするのはよそうや。
3. 음악을 듣지 말자꾸나. 音楽を聞くのはよそうや。
4. 영화를 보지 말자꾸나. 映画を見るのはよそうや。
5. 다음 역에서 내리지 말자꾸나. 次の駅で降りるのはよそうや。

[4] 命令文

1) **라/아라/어라**〈動詞の仮定形に付く。男女ともに用いる〉**～しろ、～せよ、お～**

1. 우리 집으로 오(와)라. うちへ来い。
2. 거기에 앉아라. そこにお座り。
3. 문을 열어라. 戸を開けろ。
4. 창문을 닫아라. 窓を閉めろ。
5. 불을 꺼라. 電気を消せ。

2) 려무나, 렴〈動詞の仮定形に付く。男女ともに用いる〉～しな、お～

1. 우리 집으로 오렴(오려무나). うちへ来な(おいで)。
2. 거기에 앉으렴(앉으려무나). そこに座りな(お座り)。
3. 문을 열렴(열려무나). 戸をお開けな(お開け)。
4. 창문을 닫으렴(닫으려무나). 窓をお閉めな(お閉め)。
5. 불을 끄렴(끄려무나). 電気を消しな(お消し)。

※あまり使われない

3) 動詞の連用形〈助詞は付かない。男女ともに用いる〉んだ、の、のよ

1. 우리 집으로 와. うちへ来るんだ。
2. 거기에 앉아. そこに座るの。
3. 문을 열어. 戸を開けるんだ。
4. 창문을 닫아. 窓を閉めるの。
5. 불을 꺼. 電気を消すんだ。

4) 지 마/지 말라〈動詞の語幹に付く。男女ともに用いる〉な、んじゃない

1. 우리 집으로 오지 말라. うちへ来るな。
2. 거기에 앉지 말라. そこに座るんじゃない。
3. 문을 열지 말라. 戸を開けるな。
4. 창문을 닫지 말라. 窓を閉めるんじゃない。
5. 불을 끄지 말라. 電気を消すな。

5) 지 마려무나, 지 마렴〈動詞の語幹に付く。男女ともに用いる〉のはよしな、のはおよし

1. 우리 집으로 오지 마렴(마려무나). うちへ来るのはよしな。
2. 거기에 앉지 마렴(마려무나). そこに座るのはおよし。
3. 문을 열지 마렴(마려무나). 戸を開けるのはよしな。
4. 창문을 닫지 마렴(마려무나). 窓を閉めるのはおよし。
5. 불을 끄지 마렴(마려무나). 電気を消すのはよしな。

※以上の言い方はあまり使われない

第5章の解説

〔1〕Aクラスの待遇表現

1. 特徴

① 「よそ」の人一般に対して広く用いられる。
② 「うち」の上役や年長者に対して用いられる。
③ 公の場所で用いられる。
④ 身内同士ではあまり使わない。
⑤ 聞き手の年齢・職業・地位などが大きく作用し、性別は作用しない。
⑥ 終末音は主に－니다、－니까。
⑦ 種類は多くない。

2. 使用関係（話し手と聞き手の人間関係）

① 私→へだたりのある年上の他人
② 私→へだたりのある同年輩や年下の他人
③ 私→初対面の人
④ 私→年上の上役
⑤ 私→年下の下役
⑥ 私→ずっと年上の同役・下役
⑦ 生徒→教師
⑧ 教師→生徒
⑨ 店員→客
⑩ 私→公の場における上役の友人
⑪ 個人→大衆
⑫ 私→友人の奥さん・主人・両親など

3. 話し手の意識、聞き手の印象(話し手は何を意識し、聞き手はそれからどんな印象を受けるか)

- ■ 話し手の意識－相手を尊重する、無難を気遣う、慣習にしたがう、社交上へだてをおく、序列を重んじる、礼節を守る、威信を保つ、義理で言う、相手の体面をつくろう、個人を集団の下におく
- ■ 聞き手の印象－礼節をわきまえている、へだたりをおいている、丁重だ、かしこまっている、気がねしている、慎み深い、慣習上当然のこととして受け取る、近づきがたい、義務感で言っている、改まっている、形式ぶっている、固苦しい

4. 問題点

① 妻⇆夫

夫婦の間では日常会話でも、手紙などでもＡクラスの言葉は使わない。夫婦の間でＡクラスの言葉を使うと、聞き手はよそよそしさ、ぎこちなさを感じ、第３者にも異様な印象を与える。

② 年下の身内→年上の身内

親子、兄弟、いとこなど、身内同士でＡクラスの言葉を使うことは少ない。遠い親戚の場合でも、Ａクラスの言葉で話しかけられると聞き手としては、「よそ者」扱いをされているような感じを受ける。身内でも、姑のように年齢の差が大きく、あまりなれなれしくできない場合は、Ａクラスの言葉を用いている人もいる。このあたり、家風や話し手の個性が作用すると言えるようだ。

③ 下級生→上級生

年齢の開きが大きい場合は、上級生にだけでなく、下級生にもＡクラスの言葉を用いるが、２～３年程度の差では普通Ｂクラスの言葉を用いているようだ。

④ 女性⇆男性

初対面の場合や、あまり親しくない間では両者ともＡクラスの言葉を用いる方が無難だが、親しい間では女性は男性にＢクラスの言

葉を、男性は女性にＣクラスの言葉を用いる。
⑤ 私→友人の奥さん・主人・両親など

　必ずしもＡクラスの言葉だけが用いられているわけではない。うちとけた間柄ではＢクラスの言葉も適当に混ぜて使っている。

〔2〕Ｂクラスの待遇表現

1. 特徴

① 目上の「うち」の人に広く用いられる。
② へだたりのなくなった、目上の「よそ」の人に用いられる。
③ くつろいだ場所で用いられる。
④ 聞き手の年齢などの他にも、性別が大きく作用する。
⑤ Ａクラスの言葉に比べて種類がずっと多い。
⑥ 終末音は主に－요。

2. 使用関係

　Ｂクラスの言葉は、ていねいさに親しみが加味されている。

① 子→親
② 妻→夫
③ 私→年上の身内
④ (他人の)子供→大人
⑤ 私→へだたりのない年上の他人
⑥ 私→へだたりのない上役
⑦ 私→へだたりのない年上の同役〜下役
⑧ 下級生→上級生
⑨ 女性→年上〜同年輩の男性

3. 話し手の意識、聞き手の印象

■ 話し手の意識－敬愛する、うちとけた雰囲気をつくる、親しい仲にも礼節を守る、なじもうとする、身内扱いする、格式ばらないで近づく、へだたりを縮める、気楽に話す、女性らしさを

保つ。
- ■ 聞き手の印象－いとおしい、奥床しい、礼節をわきまえている、気がねしていない、よそよそしくない、格式ばっていない、気楽に相手ができる、親しみを感じる、女性らしい

4. 問題点

① 弟・妹→兄・姉

　幼少の頃はCクラスの言葉を使っているが、成人に達したらCクラスの言葉とBクラスの言葉を混用するようになる。殊に、兄や姉が結婚後は、配偶者の手前もあってBクラスの言葉の使用が望ましい。

② 私→夫の兄弟、両親

　小姑は身内ではあるが、多少気を配らなければならない。夫の兄に対してはAクラスの言葉を用い、夫の弟や妹に対しては年下であってもBクラスの言葉を用いるようだ。夫の両親に対してはAクラスの言葉を用いるのが原則だが、A＋Bの混用、またはBクラスの言葉を用いたりもしているようだ。

③ 私→妻の兄弟、両親

　自分より年上の妻の兄や姉にはB～Aクラスの言葉を使用し、年下の弟や妹にはCクラスの言葉を用いるようにしているようだ。両親に対しては②の場合と同じ。

④ 私→へだたりのある年上の他人

　Bクラスの言葉を用いてはいけないということはないが、へだたりが意識されている間は、Aクラスの言葉を使うのが無難。

⑤ 私→へだたりのある同年輩、年下の他人

　Aクラスの言葉を用いるのも変だし、かといってCクラスの言葉では失礼になるというようなときは、無難をねらって、Bクラスの言葉を用いるのが望ましい。

⑥ 私→初対面の年下の人

　年齢の開きが大きいときは、初対面でもいきなりBクラスの言葉

が用いられることもある。

⑦ 女性→年下の男性

初対面の男性にはＡクラスの言葉を用いるようにし、その後へだたりがなくなった後は、少々年下であってもＢクラスの言葉を用いるようにするのが望ましい。

〔3〕Ｃクラスの待遇表現

1. 特徴

① へだたりのない者同士で用いられる。
② ていねいさは中程度で、親近感は大。
③ 対象を誤まると不快感を与えるおそれが大きい。
④ 話し手と聞き手の年齢差は少ない。
⑤ 種類はＢクラスの言葉とほぼ同じくらい。
⑥ 終末音は主にＢクラスの言葉から−요をとり除いたもの。

2. 使用関係

① 夫→妻
② 年上の身内→年下の身内
③ 私(男)→親友(男)(女)
④ 私(女)→親友(女)
⑤ 私→へだたりのない同年輩、年下の他人
⑥ 上役→下役
⑦ 上級生→下級生
⑧ 男性→へだたりのない同年輩、年下の女性

3. 話し手の意識、聞き手の印象

■ 話し手の意識−権威を示す、身内扱いする、くつろぐ、へだてをおかない、格式ばらない、体面をつくろう、対等に扱う、気どらない、男らしさを示す
■ 聞き手の印象−慣習的なこととして受けとる、身内扱いされて

いる、気がねがいらない、へだてがない、親しい、気楽だ、親しみやすい、男らしい

4. 問題点

① 親→子

部分的にCクラスの言葉が使われるが、親子のように年齢の開きが大きく、しかも関係が親密な場合は、Dクラスの言葉が主流を占める。

② 妻→夫

夫は妻にCクラスの言葉を使っても、妻は夫に同等の言葉を用いてはならない。常にBクラスの言葉を用いること。

③ 兄・姉→弟・妹

①と同じ

④ 大人→子供

①と同じ

⑤ 私→へだたりのある同年輩、年下の他人

Cクラスの言葉はぞんざいな感じを与えやすいので、Bクラスの言葉を使った方が無難。

⑥ 私→へだたりのある年上の他人

Cクラスの言葉は横柄な感じを与えるので用いてはならない。Bクラスの言葉を用いる。

⑦ 私→初対面の人

初対面の人にいきなりCクラスの言葉を用いるのは非常識。Aクラスの言葉を用いること。

⑧ 私→年上の下役

年齢の開きが大きいときはいかに相手の地位、役職などが低い人であってもCクラスの言葉を用いてはいけない。地位より年齢を重んじる社会的慣習にしたがって、B〜Aクラスの言葉を用いるようにしたい。

⑨ 教師→生徒

Ａクラスの言葉とＣクラスの言葉が混用されることも多い。
⑩ 客→店員
　Ｃクラスの言葉を使っている人もいるが、好ましいことではない。買う人も売る人も互いに相手を尊重する意味で、Ｂ～Ａクラスの言葉を用いるようにしたい。
⑪ 私→友人の奥さん
　いくら友人であっても、自分の妻にＣクラスの言葉を連発されては、あまりいい気はしないものだ。友人の奥さんには、以前親しくしていた女性であっても、Ｂクラスの言葉を使うようにするのがたしなみでもあり、親友間の礼節を守ることにもなる。
⑫ 私→ＡかＢクラスの対象
　Ａクラスか、Ｂクラスの対象に対して、意識的にＣクラスの言葉を使うときは、軽蔑、冷視、嫌悪、不満、不快、反抗、怒りなど、悪感情の表れ。

〔4〕Ｄクラスの待遇表現

1. 特徴

① 近親者の間で用いられる。
② 年少者の間では親近度、性別に関係なく用いる。
③ ていねいさは最下で親近度は最大。
④ 成人の間ではあまり用いられず、使用関係はかなり限られている。
⑤ 終末形はいろいろで、種類は少ない。

2. 使用関係

① 親→子
② 兄・姉→弟・妹
③ 大人→他人の子供
④ 私(女)→親友(女)
⑤ 私→へだたりのない年少者
⑥ 年少者⇆年少者

3. 話し手の意識、聞き手の印象

- ■ 話し手の意識－威厳を示す、軽んじる、いつくしむ、へだたりをおかない、親しみを示す、対等だ
- ■ 聞き手の印象－重々しい、年齢の厚みを感じる、新しい、なれなれしい、気さくだ、なじみやすい

4. 問題点

① 夫→妻

　夫婦の間はいかに親近であっても、本来は夫は妻にDクラスの言葉を用いなかったが、現在はその「原則」がくずれている。

② 弟・妹→兄・姉

　年齢の差が少ない場合、幼少のころは、弟や妹が兄や姉にDクラスの言葉を使っているが、成人に達した後もこれを続けることは好ましくない。Bクラスの言葉、もしくはB＋Cクラスの言葉を用いるようにしたい。ただし姉妹の場合は、成人後にもDクラスの言葉を用いている場合が多いようだ。

③ 私→ずっと年下の他人

　他人の場合は、相手との年齢の差が大きくても、Dクラスの言葉で対すると子供扱いされているような不快な感じを与えるので、よほど親密な間柄でない限り、CクラスかBクラスの言葉を用いた方が無難。しかし遠慮のない間柄では、かえってDクラスの言葉で話しかけられた方が親しみを感じるという人もいるようだ。

④ 私→初対面のずっと年下の人

　相手が幼児の場合は別としても、青少年期の人に対してはC〜Bクラスの言葉を用いるようにしよう。

⑤ 年上の上役→ずっと年下の下役

　Dクラスの言葉は用いない。

⑥ 私→ずっと年下の同僚

　やはりDクラスの言葉は用いない。

対象別に言葉遣いのクラス分類をしてみると次のようになる。

対象(聞き手)	クラス	対象(聞き手)	クラス
親	B, A	男の親友	C〔B〕3)
子	D	女の親友	C〔D〕4)
兄・姉	B	教師	A
弟・妹	C, D	生徒	A, C
姑	A, B	店員	A, B
小姑	A, B, C	お客さん	A
年上の身内	B	大衆	A
年下の身内	C, D	公の場における上役の友人	A
他人の子供	D		
へだたりのある年上の他人	A	公の場における下役の友人など	C
へだたりのある同年輩〜年下の他人	A, B		
へだたりのない年上の他人	B	友人の奥さん	A, B
へだたりのない同年輩〜年下の他人	C〔D〕1)	友人の主人	A, B
		友人の両親、上役の奥さんや両親、下役の両親など	A, B
年上の上役	A		
年下の上役	A	下役の奥さん	B
年上の同役	A, B		
同年輩〜年下の同僚	C〔D〕2)		
上級生	B		
下級生	C〔D〕		
年上の下級生	B		

1) 話し手が女性の場合はＤクラスの言葉も用いられる。
2) 同上
3) 話し手が女性の場合はＢクラスの言葉を用いる。
4) 話し手が女性の場合はＤクラスの言葉も用いられる。

第6章　きまり文句

　きまり文句というのは、いつもきまって用いる型にはまった文句のことです。「おはようございます」や「はじめまして」「いらっしゃいませ」などの挨拶言葉はその代表的なものです。

　きまり文句はおおかた形式化されており、それ自体が特に深い意味を持っているわけではありませんが、言語生活をなめらかにし、秩序を保たせるうえで、非常に大切な役割を果たしています。何気ない言葉のやりとりのなかにも、きまり文句が見受けられます。日頃の様々な対話は、要所要所がきまり文句で綴られ、しめくくられながら、営まれているのです。

　外国語の場合は、このことがもっとはっきりしてきます。

　つっこんだ話し合いをすることのない段階で交わされる会話は、そのほとんどがきまり文句で占められているといっても過言ではないでしょう。いくつかのきまり文句を上手に使いこなすだけでも、けっこう味のある会話ができるものです。

　きまり文句の多くは慣習に深く根ざしていますので、そのままでは意味の通じないものも少なくありません。しかし、言い回しの違いを知ることは興味のあることですし、覚えるのにも役立つので、必要と思われるものは適宜直訳を記しておきました。

　きまり文句は種別に1つか2つ知っていれば、ほぼ用を足すことができるはずです。ゴシックの太字で示してあるものは、使用頻度の高い、大切な文句ですから、まずこれらからしっかり覚えるようにしましょう。なお、くだけた表現は避け、一応ていねいな表現を例文にしたことをお断りしておきます。

1. 使いみちの広い言葉 (널리 쓰이는 말)

① 예(네). はい(はい、ええ)。
② 아닙니다. いいえ(違います)。
③ 그렇습니다. そうです。
④ 모르겠습니다. 知りません(わかりません)。
⑤ 알았습니다. わかりました。
⑥ 좋습니다. よろしい(いいです)。
⑦ 안됩니다. いけません。
⑧ 안녕하십니까?[1] おはようございます。こんにちは。こんばんわ。
⑨ 오래간만입니다. お久しぶりです。
⑩ 안녕히 계십시오(계세요).[2] さようなら。
⑪ 안녕히 가십시오(가세요).[3] さようなら。
⑫ 고맙습니다. ありがとうございます。
⑬ 미안합니다. すみません。
⑭ 잠간 실례하겠습니다. ちょっと失礼します。
⑮ 수고하십니다. ご苦労さまです。
⑯ 축하합니다.[4] おめでとうございます。
⑰ 계십니까?[5] ごめんください。
⑱ 어서 오십시오.[6] いらっしゃいませ。
⑲ 처음 뵙겠습니다.[7] はじめまして。
⑳ 잘 있습니까?[8] お元気ですか。
㉑ 부탁하겠습니다.[9] お願いします。
㉒ 어디 가십니까?[10] どちらへお出かけですか。

注 1)直訳は「ご安寧ですか」「つつがございませんか」。朝、昼、晩の区別なく用いる。2)去るほうから言う言葉。「つつがなくいらっしゃってください」 3)見送るほうから言う言葉。「つつがなくお帰りください」 4)「祝賀します」 5)訪問のとき、玄関で言う言葉。「いらっしゃいますか」 6)「どうぞおいでください」 7)「はじめてお目にかかります」 8)「よろしくいますか」 9)この부탁하겠습니다は「よろしくお願いします」と

いう初対面の挨拶にはならない。初対面の挨拶に부탁하겠습니다を使うのは日本語風のハングルで、普通はこうは言わない。具体的な事柄について何かを依頼するときに限って用いられる言葉。10)これは路上で出会ったときなどに使われるが、必ずしも行き先を尋ねているわけではない。

2. 朝起きたときと寝るとき (아침에 일어났을 때와 잘 때)

① 잘 주무셨습니까?[1]	よくお休みになれましたか。
② 잘 잤습니다.	よく寝ました。
③ 편히 주무셨습니까?	ゆっくりとお休みになりましたか。
④ 편히 잘 잤습니다.	ゆっくりとよく寝ました。
⑤ 잠자리가 불편하지 않았습니까?[2]	寝心地が悪くありませんでしたか(寝苦しくはありませんでしたか)。
⑥ 아닙니다. 편히 잤습니다.	いいえ。気持ちよく寝ました。
⑦ 춥지 않았습니까?[3]	寒くなかったですか。
⑧ 방이 따뜻합니다.	部屋が暖かいですね。
⑨ **안녕히 주무십시오.**	お休みなさい。
⑩ 편히 쉬십시오.	お休みなさい。
⑪ 피곤하실텐데 어서 누우십시오.	お疲れでしょうから早く横になってください。
⑫ 잠자리가 불편하시겠지만 마음 놓고 쉬십시오.	寝床がご不自由でしょうが、気楽にお休みください。

注 1)주무셨습니까の原形は주무시다(お休みになる)で、자다(寝る)の尊敬語 2)「寝床が不便ではありませんでしたか」 3)冬が長く厳しい韓国では暖房が最大の関心事の1つとなっている。来客には暖かい寝床を気遣うところから出た言葉。なお以上の起床、就寝時のきまり文句は家族の間で交わされることはなく、もっぱら社交辞令的なもの。

3. 朝家を出るときと出勤の道で (아침에 집을 나갈 때와 출근길에서)

① 다녀오겠습니다.1)　　　　　　行ってきます。
② 갔다오겠습니다.　　　　　　　行ってきます。
③ 먼저 갑니다.　　　　　　　　先に出かけます。
④ 안녕하십니까?　　　　　　　おはようございます。
⑤ 밤새 안녕하셨습니까?2)　　　おはようございます。
⑥ 일찍 출근하십니다.3)　　　　出勤がお早いですね。
⑦ **일찍 나가십니다.**4)　　　　　お出かけが早いですね。
⑧ 벌써 나가십니까?　　　　　　もうご出勤(お出かけ)ですか。
⑨ 오래간만입니다.　　　　　　久しぶりですね。
⑩ 그 새 편안하셨습니까?　　　その間お変わりありませんか。
⑪ 요즘 뵙기 힘듭니다.5)　　　 近頃はめったにお目にかかれませんね。

注 1)「通ってきます」2)「夜の間おつつががありませんでしたか」念を入れた挨拶のしかた。3)「早く出勤されるんですね」4)「早くお出かけですね」5)「近頃お目にかかるのが難しいですね」

4. 職場に出勤したときと退社(退勤)するとき (직장에 출근했을 때와 퇴근할 때)

① 일찍 나오셨습니다.1)　　　　　　　おはようございます。
② 일찍 나오셨습니다. 저도 방금 　　おはようございます。私もたっ
　 나왔습니다.2)　　　　　　　　　　た今出勤したところです。
③ 벌써 나오셨습니까?　　　　　　　もうおいでになりましたか。
④ 수고하십니다.3)　　　　　　　　　ご苦労さんです。
⑤ 나오셨군요.4)　　　　　　　　　　おはようございます。
⑥ **늦어서 미안합니다.**　　　　　　　遅れてすみません。
⑦ 나오셨습니까? 집이 멀어서 힘　　おはようございます。家が遠く
　 드시지요.5)　　　　　　　　　　　て大変でしょう。

⑧ 휴가를 잘 보내셨습니까?⁶⁾　　休暇を楽しくすごされましたか。
⑨ 예, 잘 보냈습니다.　　　　　　はい、楽しくすごしました。
⑩ 잘 놀았습니까?　　　　　　　　存分に遊びましたか。
⑪ 예, 잘 놀았습니다.　　　　　　はい、存分に遊びました。
⑫ 자, 시간이 됐는데 들어들 갑시다.⁷⁾　　さあ、時間になりましたから(みなさん)帰りましょう。
⑬ **오늘은 이만하고 들어갑시다.**　　きょうはこれくらいにして帰りましょう。
⑭ 어서 들어가십시오.⁸⁾ 나는 좀 있다가 가겠습니다.⁹⁾　　お先にどうぞ。私はもう少しあとで帰りますから。
⑮ 그러면 먼저 실례하겠습니다.　　それじゃお先に失礼しましょう。

注 1)「早くおいでになりましたね」 2)방금 나왔습니다は直訳すると「今し方まいりました」 3)自分より先に出勤した人が掃除などをしている場合には 수고하십니다 を用いることもある。 4)「おいでになりましたね」 5)⑦は⑥に対する返事。나오셨습니까?だけよりも 집이 멀어서 힘드시지요 の一言を付け加えることによって思いやりがぐんと感じられる。 6)祭日の翌日にはこういう挨拶をするのも趣がある。 7)들어들 갑시다는 모두들 들어갑시다(みなさん帰りましょう)の変形。 8)「どうぞお帰りください」 9)「もう少ししてから帰ります」

5. 家へ帰って (집에 돌아와서)

① **아버지, 다녀왔습니다.**¹⁾　　お父さん、ただいま。
② 잘 다녀왔니?²⁾　　　　　　　　お帰り。
③ **어머니, 학교 갔다 왔습니다.**³⁾　　お母さん、ただいま(学校から)。
④ 잘 갔다왔니?⁴⁾　　　　　　　　お帰り。
⑤ 어머님, 집에서 수고하셨어요.⁵⁾　　お母さん、家でご苦労さまでしたわ。
⑥ 이제 돌아오니?　　　　　　　　今お帰りかい。
⑦ 순희야, 아버지 돌아오셨다. 인사해라.⁶⁾　　スニ、お父さんがお帰りよ。挨拶しなさい。

⑧ 아버지, 직장 잘 갔다 오셨습니까?[7]　　お父さん、お帰りなさい(職場から)。
⑨ 이제 돌아오시나요?[8]　　今お帰りですの。
⑩ 아, 누구 찾아온 사람은 없었소?　　ああ、誰か訪ねてきた人はいなかったかね。
⑪ 먼저 들어오셨군요?[9]　　先にお帰りになったのね。
⑫ 왜 이렇게 늦었소?　　なぜこんなに遅くなったんだね。
⑬ 모임이 있어서 좀 늦었어요.　　集まりがあったからちょっと遅くなりましたのよ。

注 1)ハングルには日本語の「ただいま」にぴったりと合う言葉がない。다녀왔습니다は「行ってきました」で 3)の갔다왔습니다と用法は同じ。2)や 4)は 1)や 3)に対する返事で「無事に行ってきたかい?」という意味。5)は勤め先から帰った嫁が姑にする挨拶。6)妻が夫の帰りを迎えるときには、こういう間接的な挨拶のしかたも用いられる。7)「職場へ無事に行ってこられましたか」8)妻から夫にする挨拶。9)共働きをしている場合はたまに遅れて帰ってきた妻が夫にこう挨拶することもある。

6. 受け答えの言葉 (말을 주고 받을 때)

① 예.　　はい。
② 예, 예.　　はいはい。
③ 네.　　ええ。
④ 네 -.　　えーえ。
⑤ 그렇습니다.　　そうです。
⑥ 그렇지 않습니까?　　そうじゃないですか。
⑦ 안 그렇습니까?　　そうじゃありませんか。
⑧ 그렇지요.　　そうですよ。
⑨ 그렇구 말구요.　　そうですとも。
⑩ 아, 그렇습니까.　　あ、そうですか。
⑪ 아닙니다.　　いいえ、違います。
⑫ 아니요.　　いいえ。

⑬ 아니지요.	違いますよ。
⑭ 아니 아니.	いえ、いえ。
⑮ 허허.	ほほう。
⑯ **물론입니다.**	もちろんです。
⑰ 물론이지요.	もちろんですよ。
⑱ 그렇습니까?	そうですか。
⑲ 그래요.	そうよ。
⑳ 아참, 그렇군요.	あっ、そうなんですね。
㉑ **옳습니다.**	その通りです(よ)。
㉒ 그래야죠/지요.	そうすべきですよ。それでいいんですよ。
㉓ 원, 저런.	なんとまた。
㉔ **글쎄요.**	そうですねえ。
㉕ 자, 어떨런지.	さあ、どうでしょうかね。
㉖ 허, 대단합니다.	ほう、大したもんですね。
㉗ 그저 그렇습니다.	まあ、大したことはありませんね。
㉘ **정말입니까?**	本当ですか。
㉙ **정말입니다.**	本当です。
㉚ **모르겠습니다.**	わかりませんね。
㉛ 알만합니다.	わかりました。察しがつきます。
㉜ 알았습니다.	わかりました。
㉝ 알겠습니다.	承知しました。

7. 言葉をかけるとき (말을 걸 때)

① 저, 여보세요.	あのう、もしもし。
② 여보세요.	もしもし。
③ 학생.[1]	きみ。もし。

④ 선생님.2) 先生。
⑤ ～씨.3) ～さん。
⑥ 여기요. こちらですよ(お店などで)。
⑦ 아가씨(아저씨).4) ホステスさん(ボーイさん)。
⑧ 손님. お客さん。
⑨ 아주머니. 奥さん。おばさん。
⑩ 아저씨. おじさん、お兄さん。
⑪ 할아버지. おじいさん。
⑫ 할머니. おばあさん。
⑬ 자네.5) きみ、お前。
⑭ 여보게. ちょっとお前さん。
⑮ **여보.**6) あなた。ねえお前。あんた。
⑯ **애야.** 坊や。お嬢ちゃん。
⑰ 야. おい。

注 1)학생은 양성 とも 使い、小学生から高校生までの男女に対して。2)선생님(先生様)は 선생(先生)よりもていねいで、尊敬のこもった言葉。男性にも女性にも使われる。3)씨(氏)は日本語の「～さん」に当り、男性、女性に対して用いられる。4)아가씨、아저씨の使い方は少々注意を要する。ともにやや見下げた言葉なので、大学出や職位(肩書き、ポスト)のある人に使うと怒られることもある。端的に言うと事務職でなく、現場の労働者に対して用いられることが多いからだ。5)はっきり目下である者に対して用いられる。年齢差で言うと10歳、あるいは叔父と甥の間柄など。6)여보게よりややていねいな呼び方で、多くは夫婦の間で用いられる。

8. 質問 (묻는 말)

① 무엇입니까? 何ですか。
② 누구입니까? だれですか。
③ 누구십니까(누구세요)? どなたですか。
④ 어느 사람입니까? どの人ですか。
⑤ 어느 분입니까? どの方ですか。

⑥ 어느 것입니까?[1]　　　　　　　どれですか。
⑦ 어느 쪽입니까?[2]　　　　　　　どちらですか。
⑧ 어디입니까?　　　　　　　　　どこですか。
⑨ 왜입니까 / 왜죠?　　　　　　　なぜですか。
⑩ 왜요?　　　　　　　　　　　　なぜです?
⑪ 어째서입니까?　　　　　　　　どうしてですか。
⑫ 무엇 때문입니까?　　　　　　　何のため(せい)ですか。
⑬ 어떤 사람입니까?　　　　　　　どんな人ですか。
⑭ 어떤 것입니까?　　　　　　　　どんなものですか。
⑮ 어떻게 하겠습니까?　　　　　　どうしますか。
⑯ 어떻게 된 일입니까?[3]　　　　　どうしたん(こと)ですか。
⑰ 언제입니까?　　　　　　　　　いつですか。
⑱ 언제부터입니까?　　　　　　　いつからですか。
⑲ 무슨 말입니까?[4]　　　　　　　どういうことですか。
⑳ 무슨 뜻입니까?[5]　　　　　　　どういう意味ですか。
㉑ 무슨 일입니까?[6]　　　　　　　どうしたんですか(どういう用事
　　　　　　　　　　　　　　　　　なんですか)。
㉒ 무슨 일이 있었습니까?[7]　　　何かあったんですか。
㉓ 몇 개입니까?[8]　　　　　　　　いくつですか(何個ですか)。
㉔ 몇 명입니까?　　　　　　　　　何人ですか。
㉕ 얼마입니까?　　　　　　　　　いくらですか。
㉖ 뭐요?　　　　　　　　　　　　何だって?
㉗ 뭐라구요?　　　　　　　　　　何ですって?
㉘ 이건 영어로 뭐라고 합니까?　　これは英語で何と言いますか。

注 1)「どのものですか」 2)「どのほうですか」 3)「どうなったのですか」 4)
「何の言葉ですか」 5)「何の意味ですか」 6)「何のことですか」 7)「何が
あったんですか」 8)「何才ですか」は몇살입니까?と言う。

9. お礼の言葉 (사례의 말)

① **고맙습니다.**[1]　　　　　　　　　ありがとう(ございます)。ありがとうございました。

② **감사합니다.**[2]　　　　　　　　　感謝します(ありがとうございます)。
③ 정말 고맙습니다.[3]　　　　　　　本当にありがとうございます。
④ 참 고맙습니다.　　　　　　　　　まことにありがとうございます。
⑤ 대단히 감사합니다.　　　　　　　たいへんありがとうございました。
⑥ 충심으로 감사를 드립니다.[4]　　心からお礼を申し上げます。
⑦ 뭐라고 감사를 드려야 할지 모르겠습니다.[5]　　お礼の申しようもございません。
⑧ 정말 큰 도움을 받았습니다.[6]　　本当に助かりました。
⑨ 도움 많이 받았습니다.[7]　　　　助かりました。
⑩ 정말 대접 잘 받았습니다.[8]　　本当にごちそうさまでした(よくしていただきました)。

⑪ **이 은혜는 잊지 않겠습니다.**　　このご恩は忘れません。
⑫ 덕분에 일이 잘 되었습니다.[9]　おかげさまでうまくいきました。
⑬ 당신의 도움이 없었더라면 일이 뜻대로 되지 않았을 것입니다.[10]　あなたのお力添えがなかったらどうにもならなかったでしょう。
⑭ 아닙니다.　　　　　　　　　　　いいえ。
⑮ 괜찮습니다.　　　　　　　　　　いいですよ。
⑯ 별 말씀을 다 하십니다.[11]　　　そんなことはおっしゃらないでください。とんでもございません。

⑰ 도움이 되었다니 기쁩니다.[12]　お役に立ってうれしいです。
⑱ 마음에 드셨다니 기쁩니다.　　　お気に召してうれしいです。
⑲ **천만에 말씀입니다(천만에요).**　どういたしまして。
⑳ 웬걸요.　　　　　　　　　　　　どうしてそんな(どういたしまして)。

注 1)고맙습니다는 B 클래스에서는 고마워요, C 클래스에서는 고맙소, 고맙네, D 클래스에서는 고맙다となる。なお「ありがとうございました」も過去形の고마왔습니다를 用いず、現在形을 用いる。2)「感謝します」だが、「ありがとう」くらいの軽い気持ちで用いる。3)「本当に」를 정말로とするのは蛇足。4)「衷心より感謝をささげます」5)「何と感謝をささげ

てよいのやらわかりません」6)「本当に大きな助けを受けました」7)도움을 방조(幇助)としてもよい。8)「本当にもてなしをよく受けました」9)「おかげさまで事がうまく運びました」10)「あなたの幇助がなかったら事が意のままに運ばなかったでょう」없었더라면＝없었으면 11)「格別なお言葉をことごとくおっしゃいますね」12)「助けになってうれしいです」

10. お詫びの言葉 (사과의 말)

① 미안합니다.	すみません。
② 미안합니다.	すみませんでした。
③ 실례했습니다.	失礼しました。
④ 죄송합니다.	申し訳ありません。
⑤ 잘못했습니다.	悪かったです。
⑥ 용서하십시오.	お許しください。
⑦ **용서해 주십시오.**	許してください。
⑧ 정말 미안합니다.	本当にすみません。
⑨ 미안합니다. 몰랐습니다.[1]	すみません。気がつきませんでした。
⑩ **오래 기다리게 해서 안 됐습니다.**[2]	(どうも)お待ちどおさまでした。
⑪ 잠간 실례하겠습니다.	ちょっと失礼します。
⑫ 약속을 어겨 대단히 죄송합니다.	約束を破ってたいへん申し訳ありません。
⑬ 폐를 끼쳐 미안합니다.	ご迷惑をかけてすみません。
⑭ 제발 용서해 주십시오.	どうぞ許してください。
⑮ **양해해 주십시오.**	ご了解願います。
⑯ 뭐라고 용서를 빌어야 할지 모르겠습니다.[3]	何とお詫びしてよいやらわかりません。
⑰ **괜찮습니다.**	かまいませんよ。いいですよ。
⑱ 문제 없습니다.	いいですよ。だいじょうぶですよ。
⑲ 아무렇지 않습니다.	何ともありません。

⑳ 천만에요.　　　　　　　　　どういたしまして。
㉑ 걱정하시지 않아도 됩니다.　　お気になさらなくてもいいです。
㉒ 걱정하지 마십시오.　　　　　ご心配なく。

注 1)몰랐습니다는 直訳すると「わかりませんでした」2)直訳は「長くお待たせしてすみませんでした」。「お待たせしました」は、오래 기다리게 해서 미안합니다(안됐습니다)。「오래 기다렸습니다」는「ずいぶん待たされました」という意味で、文法的に少しおかしいが、慣用的に使われている。3)「どう容赦を乞うてよいのやらわかりません」

11. お願いするとき (부탁할 때)

① 부탁이 있습니다.　　　　　　　お願いがあるんですが。
② **한 가지 부탁이 있습니다.**　　ひとつお願いがあるんですが。
③ 한 가지 부탁을 합시다.　　　　ひとつお願いしましょうか。
④ 한 가지 부탁을 드려도 되겠습니까?　　ひとつお願いをしてもいいでしょうか。
⑤ 좀 부탁할 게 있는데요.　　　　ちょっとお願いしたいことがあるんですが。
⑥ **미안한 부탁을 해도 될까요?**　　ご迷惑なお願いをしてもいいでしょうか。
⑦ 미안한 부탁을 해도 되겠습니까?　　ご迷惑なお願いをしてもよろしいでしょうか。
⑧ 내 부탁을 좀 들어 주겠습니까?　　私のお願いをちょっと聞いてくださいますか。
⑨ **한 가지 부탁을 해도 괜찮겠습니까?**　　ひとつお願いをしてもいいでしょうか。
⑩ 뭔데요?　　　　　　　　　何でしょうか。
⑪ 어서 말씀하십시오.　　　　　どうぞおっしゃってください。
⑫ 제가 할 수 있는 일이라면….　私にできることなら…。
⑬ 미안하지만 전화를 쓸 수 있습니까?　　すみませんが、電話を使ってもいいでしょうか。

⑭ 전화를 써도 되겠습니까? 電話を使ってもいいでしょうか。
⑮ 전화를 좀 씁시다.¹⁾ 電話を使わせてもらいましょうか。
⑯ 미안하지만 이 편지를 전해주겠습니까? すみませんが、この手紙を伝えてくださいますか。
⑰ 돈을 좀 꿀 수 없을까요? お金をちょっと貸してもらえないでしょうか。
⑱ 한 가지 같이 상담해 주시겠습니까?²⁾ ひとつ相談にのっていただけませんか。
⑲ 이 책을 빌려 주실 수 없겠습니까? この本を貸していただけないでしょうか。
⑳ 문을 좀 닫아주겠습니까? 戸をちょっと閉めてくれますか。
㉑ 당신의 의견을 말씀해 주십시오. あなたのご意見をお聞かせください。
㉒ 천천히 설명해 주십시오. ゆっくり説明してください。
㉓ 여기서 담배를 피우지 마십시오. ここでタバコを吸わないでください。
㉔ 담배를 피우지 말아 주십시오.³⁾ タバコを吸わないでください。
㉕ 누구한테도 말하지 마십시오. だれにも言わないでください。
㉖ 내 말을 좀 들으십시오. 私の言うことをちょっとお聞きください。
㉗ 잠간 만날 수 있습니까?⁴⁾ ちょっとお目にかかりたいんですが。
㉘ 호텔까지 와주실 수 없겠습니까? ホテルまでお出でくださいませんか。
㉙ 사인해 주십시오.⁵⁾ サインしてください。
㉚ 역까지 태워주시겠습니까? 駅まで乗せていただけませんか。
㉛ 그럼, 부탁하겠습니다. それじゃ、お願いします。

注 頼み事というのはなかなかしにくいものだ。用件が重要であるほど言葉遣いに気を配らなくてはならないが、④⑦⑨あたりが最もていねいな言い方と言える。①は単刀直入な感じがし、②③⑤はやや押しつけ

がましいという印象を受けやすい。
1)씁시다は「使いましょう」だが、勧誘の表現が依頼の表現に代用されることもある。2)「ひとついっしょに相談してくださいませんか」3) ㉔は㉓に比べ、一段ていねいな言い方。4)「ちょっと会うことができますか」5)この表現はもっぱら文書などにサインする場合に限って用いられる。

12. 断るとき (거절할 때)

① 할 수 없습니다.	できません。
② 못합니다.	できません。
③ **못하겠습니다.**	(私は)できません。
④ 그렇게는 할 수 없습니다.	そう(いうこと)はできません。
⑤ 그렇게는 못합니다.	そうはできません。
⑥ 곤란합니다.	困りますね。
⑦ **그건 좀 곤란합니다.**	それはちょっと困ります。
⑧ 안됩니다.	いけません。
⑨ 그건 안됩니다.	それはいけません。
⑩ 갈 수 없습니다.	行けません。
⑪ 못가겠습니다.	私は行けません。
⑫ 요구에 응할 수 없습니다.	要求に応じることができません。
⑬ 당신의 요구를 들어 줄 수 없습니다.	あなたの要求をきくわけにはいきません。
⑭ 그런 요구는 받아들일 수 없습니다.	そんな要求は受け入れることはできません。
⑮ **싫습니다.**	いやです(結構です)
⑯ 아니요, 싫습니다.	いいえ、結構です。
⑰ 당신의 요구를 거절합니다.	あなたの要求をお断りします。
⑱ 거절하기로 하였습니다.	お断りすることにしました。
⑲ **미안하지만 나에게는 그런 힘이 없습니다.**	すみませんが、私にはそんな力はございません。

⑳ 유감스럽지만 지금 그럴 시간이 없습니다.   残念ですが、今そういう時間がございません。
㉑ 안됐지만 다른 사람에게 부탁해 보십시오.   お気の毒ですが、だれか他の人に頼んでみてください。

13. 感情表現 (감정 표현)

① 기쁩니다.   うれしいです。
② 반갑습니다.   なつかしいです。
③ 행복합니다.   幸福です。
④ 재미있습니다.   おもしろいです。
⑤ 멋 있습니다.   すてき。すばらしいです。
⑥ 훌륭합니다.   りっぱです。
⑦ 유쾌합니다.   愉快です。
⑧ 기분이 좋습니다.   いい気持ちです(気分がいいです)。
⑨ 즐겁습니다.   楽しいです。
⑩ 좋습니다.   いいです(結構です)。好きです。
⑪ 자랑으로 생각합니다.   誇りに思っています。
⑫ 얼마나 아름답습니까!   なんと美しいんでしょう!
⑬ 얼마나 귀엽습니까!   なんとかわいい人でしょう!
⑭ 곱습니다.   きれいです。
⑮ 사랑스럽습니다.   かわいらしいです。
⑯ 매력적입니다.   魅力的です。
⑰ 황홀합니다.   みごとです(ほれぼれしますよ)。
⑱ 정말 용합니다.   ほんとうにえらいですね。
⑲ 기특합니다.   感心です。
⑳ 굉장합니다.   すごいですね(すばらしいですね)。
㉑ 만족합니다.   満足です。
㉒ 마음에 듭니다.   気に入ります。
㉓ 맛이 있습니다.   おいしいです。

㉔ 부럽습니다.	うらやましいです。
㉕ 그립습니다.	恋しいです。
㉖ 부끄럽습니다.	恥ずかしいです。
㉗ 창피합니다.	きまりが悪いです。
㉘ 쑥스럽습니다.	てれくさいです。
㉙ 슬픕니다.	悲しいです。
㉚ 눈물이 납니다.	涙が出ます。
㉛ 불쌍합니다.	かわいそうです。
㉜ 애처롭습니다.	いじらしいです。
㉝ 섭섭합니다.	さびしいです(残念です)。
㉞ 괴롭습니다.	苦しいです。
㉟ 고통스럽습니다.	苦痛です。
㊱ 기분이 나쁩니다.	気分が悪いです。
㊲ 아픕니다.	痛いです。
㊳ 무섭습니다.	恐ろしい(おっかない)です。
㊴ 두렵습니다.	こわいです。
㊵ 무시무시합니다.	無気味です。
㊶ 징그럽습니다.	うす気味悪いです(いやらしいです)。
㊷ 마음이 불안합니다.	心が不安です。
㊸ 마음이 놓이지 않습니다.	気がおけません。
㊹ 걱정입니다.	心配です。
㊺ 심심합니다.	退屈です。
㊻ 재미 없습니다.	おもしろくありません。
㊼ 안타깝습니다.	じれったいです。
㊽ 갑갑합니다.	窮屈です。
㊾ 우습습니다.	おかしいです(こっけいです)。
㊿ 이상합니다.	変です。
(51) 성에차지 않습니다.	物足りません。
(52) 시시합니다.	くだらないです。

(53) **한심합니다.** 情けないです(嘆かわしいものです)。
(54) 그저그렇습니다. 大したことありません。
(55) **화가 납니다.** 腹が立ちます。
(56) 부아가 납니다. しゃくにさわります。
(57) **밉습니다.** 憎いです。
(58) 참을 수 없습니다. がまんできません。
(59) 불쾌합니다. 不快です。
(60) **놀랐습니다.** 驚きました(びっくりしました)。
(61) **곤란합니다.** 困ります。
(62) 딱합니다. 弱りました(お気の毒です)。
(63) 지긋지긋합니다. こりごりです。
(64) **성가십니다.** うるさいです。
(65) 귀찮습니다. わずらわしいです。
(66) **싱끄럽습니다.** めんどうくさいです。
(67) **싫습니다.** 嫌いです。
(68) 뜻밖입니다. 意外です。

注 感情の表現にはしばしば次のような副詞が伴う。

대단히　たいへん
아주　とても
몹시　ずいぶん、たいそう
매우　非常に、すこぶる、はなはだ
참　まことに、本当に、実に
정말　本当に
좀　ちょっと
조금　ちょっぴり、ほんの少し

14. ほめ言葉 (칭찬의 말)

① **경치가 참 아름답습니다.** 景色が本当に美しいですね。
② 공기가 맑습니다. 空気が澄んでいますね。
③ **도시가 깨끗합니다.** 都市(街)がきれいですね。

④ 물맛이 좋습니다. 水がおいしいですね。
⑤ 건물이 굉장합니다. 建物がすばらしいですね。
⑥ 집을 잘 꾸미셨습니다.[1] 家の手入れがよくゆきとどいていますね。

⑦ 좋은 집에서 사십니다. 結構な家にお住みですね。
⑧ 가구가 멋 있습니다. 家具がすてきですね。
⑨ 아이들이 다 귀엽군요. お子さんたちは皆かわいいですね。

⑩ 따님이 어머니를 닮아서 귀엽군요. お嬢さんがお母さんに似てかわいいですね。
⑪ 아드님이 참 미남이군요. 息子さんは本当に美男子ですね。
⑫ 아이가 튼튼하게 생겼습니다. お子さんが丈夫そうですね。
⑬ 아이가 복스럽게 생겼습니다. お子さんが福ぶくしいですね。
⑭ 아이가 똑똑하게 생겼습니다. お子さんが利口そうな顔をしていますね。

⑮ 아이들이 인사성이 밝군요. お子さんたちは礼義正しいですね。
⑯ 아이가 그림을 잘 그리네요. お子さんは絵が上手ですねえ。
⑰ 한복이 잘 어울립니다. チョゴリがよく似合います。
⑱ 긴 머리가 잘 어울립니다. 長い髪がよく似合います。
⑲ 취미가 고상합니다. 趣味がお上品ですね。
⑳ **좋은 취미를 가지고 계십니다.** いい趣味をお持ちですね。
㉑ 이 양념은 별미입니다. この薬念は珍味ですね。(薬念とは、醤油に胡麻油、ニンニク、唐辛子、ネギ、味噌などを加えた薬味)

㉒ 요리 솜씨가 보통이 아닙니다. 料理のお手並みが普通じゃありませんね。

㉓ 선생님의 작품을 읽고 큰 감명을 받았습니다. 先生の作品を拝読して大きな感銘を受けました。

㉔ 대단히 젊어 보입니다.　　　　　　たいへんお若く見えます。
㉕ 나이보다 10년은 젊어보입니다.[2)]　お年より 10年はお若く見えます。
㉖ **아주 정정하십니다.**[3)]　　　　　非常にお元気ですね。
㉗ 바깥분(바깥양반)은 참 친절　　　ご主人は本当にご親切ですね。
　 합니다.[4)]
㉘ 참 겸손하십니다.　　　　　　　　本当にご謙遜ですね。
㉙ **이야기를 재미있게 하십니다.**[5)]　お話しのしかたがおじょうずで
　　　　　　　　　　　　　　　　　　すね。
㉚ 이상적인 가정입니다.　　　　　　理想的な家庭です。

> 注 称賛は、それをする方もされる方も気持ちのよいものだ。しかし、上手なほめ方をするのはそうやさしいことではない。要は最も適切なほめ言葉を見出して、タイミングよくすることだ。過度の称賛、不自然な称賛、ピントはずれの称賛はいずれも効果がないどころか、相手に悪い印象をもたれることさえある。一般には、子供のこと、趣味、料理、家の造り、調度品などを称賛の対象とするのが無難で、容貌などについて称賛するのは注意を要する。
> 1)「家をよく整えました」2)ハングルには「お年」と「年」のような区別はない。3)정정하십시다は「かくしゃくとしておいでですね」が原意。4)「だんなさん」という意味で使われる。「ご主人」は주인とも言う。5)「お話をおもしろくされます」

15. 賛成・反対を表す言葉 (찬성・반대를 표시하는 말)

① **어떻게 생각합니까?**　　　　　　どう思いますか。
② 당신은 어떻게 생각하십니까?　　　あなたはどうお考えですか。
③ **어떻습니까?**　　　　　　　　　　どうですか。
④ 이렇게 하는 것이 어떻습니까?　　　こうしたらどうですか。
⑤ **찬성입니다.**　　　　　　　　　　賛成です。
⑥ 나는 찬성입니다.　　　　　　　　私は賛成です。
⑦ 동감입니다.　　　　　　　　　　　同感です。
⑧ 동의합니다.　　　　　　　　　　　同意します。

⑨ **그게 좋겠습니다.**[1]	それがいいでしょう。
⑩ 그렇게 합시다.	そうしましょう。
⑪ **참 좋은 의견입니다.**	本当にいい意見ですね。
⑫ **나도 그렇게 생각합니다.**	私もそう思います。
⑬ 나도 같은 생각입니다.	私も同じ考えです。
⑭ **반대입니다.**	反対です。
⑮ 나는 반대입니다.	私は反対です。
⑯ 찬성할 수 없습니다.	賛成できません。
⑰ **나는 그 의견에 찬성할 수 없습니다.**	私はその意見に賛成できません。
⑱ 절대 반대입니다.	絶対に反対です。
⑲ 동의할 수 없습니다.	同意することができません。
⑳ **나는 그렇게 생각하지 않습니다.**	私はそう思いません。
㉑ 나는 그렇게 보지 않습니다.[2]	私はそうみてはいません。
㉒ 나는 생각을 달리합니다.[3]	私は意みを異にします。
㉓ 그건 옳지 않습니다.[4]	それは間違っています。
㉔ **나는 잘 모르겠습니다.**	私はよくわかりません。
㉕ 나는 기권하겠습니다.	私は棄権します。

注 1)그게는 그것이(それが)の短縮形。 2)「私はそうみません」 3)「私は考えを異にします」 4)「それは正しくありません」

16. 慰めの言葉 (위로의 말)

① **수고합니다.**	ごくろうさん(精が出ますね)。
② **수고하십니다.**	ごくろうさま(ご精が出ますね)。
③ 밤늦게까지 수고하십니다.	夜遅くまでごくろうさまです。
④ **수고하셨습니다.**	ごくろうさんでした。
⑤ 욕보았습니다.	たいへん(大儀)でしたね。
⑥ 정말 욕보셨습니다.	本当にたいへんでしたね。
⑦ 고생이 많았습니다.[1]	さんざん苦労したでしょう。
⑧ 얼마나 고생하셨습니까?	どんなに苦労なさいましたか。

⑨ 힘들지요.	たいへんでしょう。
⑩ 힘드시지요.[2]	たいへんでしょう。
⑪ **피곤하시지요.**	お疲れでしょう。
⑫ 몸을 잘 돌보십시오.	お体を大事にしてください。
⑬ 건강에 유의하십시오.	ご健康に気をつけてください。
⑭ **너무 무리하지 마십시오.**	あまり無理をなさらないでください。
⑮ 문제없습니다.	だいじょうぶです。
⑯ 아무렇지도 않습니다.	何ともありません。
⑰ **수고랄게 있습니까?**[3]	苦労というほどのこともありません。
⑱ 수고스럽습니다만…	お手数をかけますが…

注 1)「苦労が多かったですね」 2)⑩は⑨よりていねいな言い方。 3)수고랄게는 수고라고 할게(=수고라고 할 것이)의 短縮形으로, 「苦労ということがありますか」

17. 励ましの言葉 (고무격려의 말)

① 기운을 내시오.[1]	元気を出しなさい。
② **용기를 내십시오.**	勇気をお出しなさい。
③ 굳세게 살아야 합니다.	強く生きなくちゃだめですよ。
④ **마음을 굳게 먹고 살아야 합니다.**[2]	気をしっかりもって生きなくちゃだめですよ。
⑤ 뜻을 굽히지 마십시오.	意志を曲げないでください。
⑥ 난관 앞에서 물러서지 마십시오.	難関の前で退かないでください。
⑦ 굳건하게 사십시오.[3]	頑張って(生きて)ください。
⑧ 건투를 바랍니다.	健闘を祈ります。
⑨ 잘 싸우십시오.	よく闘ってください。
⑩ 잘 하라구.	しっかりやれよ。
⑪ 꼭 이기십시오.	きっと勝ってください。

⑫ 지지 마십시오. 負けないでください。
⑬ 본때를 보이십시오. 手並みのほどを見せてやりなさいよ。
⑭ 필사적으로 해 봅시다. 一所懸命やってみましょう。
⑮ 일을 잘해 주십시오. しっかり働いてください。
⑯ 어렵지만 참고 견디어 주십시오.[4] 困難ですが頑張ってください。
⑰ 낙심하지 마십시오. 気を落とさないでください(がっかりしないでください)。

⑱ **희망을 가지십시오.** 希望をもってください。
⑲ 희망을 잃지 마십시오. 希望を失わないでください。
⑳ 희망을 버리지 마십시오. 希望を捨てないでください。
㉑ **모든 일이 잘 될 것입니다.** 万事がうまくいくでしょう。
㉒ 맥을 놓아서는 안 됩니다.[5] 力を落としてはいけませんよ。
㉓ **걱정하지 마십시오.** 心配しないでください。
㉔ 조금도 걱정하지 마십시오. 少しも心配しないでください。
㉕ 아무 걱정도 하지 마십시오. 何も心配しないでください。
㉖ 안심하십시오. 安心してください。
㉗ **마음을 놓으십시오.** ご安心ください。
㉘ 믿음을 가져야 합니다.[6] 信心をもつことですよ。
㉙ 자신감을 가져야 합니다. 自信をもつべきです。
㉚ 자신이 있습니다. 自信があります。
㉛ 뭐, 요까짓것. 何のこれしきのこと。
㉜ 아무 일이나 마음 먹기 나름입니다. 何でも決心次弟ですよ。
㉝ 결심만 하면 못해 낼 일이 없습니다. 決心さえすればできないことはありません。
㉞ 문제 없습니다.[7] わけないですよ(問題ないです)。
㉟ 그까짓것 문제 없습니다. そんなのわけないですよ。
㊱ 어려울 것이란 하나도 없습니다. 難しい(難儀な)ことなんかひとつもありませんよ。
㊲ 능히 해낼 수 있습니다. いくらでもやりとげられます。

㊳ 두려울 것이 없습니다.	こわいものなしです。
㊴ 나를 믿으십시오.	私をご信頼ください。
㊵ 내가 있지 않습니까?	私がいるじゃありませんか。
㊶ 우리가 있지 않습니까?	私たちがいるじゃありませんか。
㊷ 나한테 맡기십시오.	私におまかせください。
㊸ **애로가 있으면 나한테 이야기 하십시오.**	困ったことがあったら私に話してください。
㊹ 필요한 것이 있으면 사양말고 말을 하십시오.	必要なものがありましたら遠慮なくおっしゃってください。
㊺ **우리가 잘 도와주겠습니다.**	私たちがよく助けてあげますから。
㊻ 내가 잘 돌봐드리겠습니다.	私がよくめんどうをみてあげますから。
㊼ 내가 책임지겠습니다.	私が責任をもちます。
㊽ 고생 끝에 낙이 온다고 하지 않습니까?[8]	苦あれば楽ありと言うではありませんか。
㊾ 한국에는 고진감래라는 말이 있지 않습니까?[9]	韓国には、「苦尽甘来」という言葉があるじゃないですか。
㊿ 오르막이 있으면 내리막도 있는 법입니다.	上り坂があれば下り坂もあるものです。
51 행복하게 살게 될 날이 꼭 올것입니다.	幸福に暮せる日がきっと来るでしょう。

> 囲 励ましの言葉の適用範囲は非常に広い。通り一遍な挨拶ではだめなので、具体的な場面、対象、程度などを考慮していろいろな言葉が作り出されている。
> 1)「気運を出しなさい」〜시오は〜세요でもよい。 2)「気を固くもって生きるべきです」3)「頑強に生きてください」4)「困難ですが、がまんして耐えてください」5)「気をゆるめてはいけませんよ」6)「信心をもつべきです」7)「問題ありません」8)「苦労の果てに楽が来ると言うではありませんか」9)苦尽甘来は、고생끝에 낙이 온다を漢語調に言ったもの。

18. お祝いの言葉(축하의 말)

① 축하합니다.[1]　　　　　　　　おめでとうございます(おめでとう。お祝い申しあげます)。

② 새해를 축하합니다.　　　　　　新年おめでとうございます。

③ 생일을 축하합니다.　　　　　　誕生日おめでとう。

④ 결혼을 축하합니다.　　　　　　ご結婚をお祝い申しあげます。

⑤ 앞으로 행복하십시오.[2]　　　　(これから)お幸せになってくださいね。

⑥ 새 가정에 행복이 있기를 바랍니다.[3]　　新世帯に幸多からんことを祈ります。

⑦ 환갑을 축하합니다.　　　　　　還暦をお祝い申しあげます。

⑧ 오래 오래 사십시오.[4]　　　　(どうぞ)長生きなさってくださいね。

⑨ 만년장수하십시오.　　　　　　万年長生(長寿)なさってください。

⑩ 만년장수를 축원합니다.　　　　万年長寿をお祝い申しあげます。

⑪ 정말 기쁘시겠습니다.　　　　　さぞお喜びのことと存じます。

⑫ 충심으로 축하합니다.　　　　　心からお祝い申しあげます。

⑬ 이런 기쁜 일이 더 있겠습니까?　　こんな喜ばしいことはまたとないでしょう。

⑭ 친구로서 이런 기쁜 일은 더 없습니다.　　親友としてこれほどうれしいことはありません。

⑮ 정말 기쁘기 그지 없습니다.　　まったく喜びに堪えません。

⑯ 사업에서 보다 큰 성과가 있기를 바랍니다.[5]　　いっそうのご活躍のほどをお祈りいたします。お仕事のご発展を祈ります。

⑰ 온 가족의 건강과 행복을 축원합니다.　　家族のみなさんのご健康とご幸福を祈ります。

⑱ 명절을 잘 쇠십시오.[6]　　　　よき祭日をお過ごしになりますように。

⑲ 감사합니다. ありがとうございます。
⑳ 축하해 주셔서 감사합니다. お祝いしてくださいましてありがとうございます。
㉑ **바쁘신데 이렇게 와주셔서 감사합니다.** お忙しいところをこのようにお越しいただいてありがとうございました。

注 1)「祝賀します」 2)행복하십시오는 행복하다(幸福だ)という形容詞のAクラスの命令形で、「ご幸福であってください」 3)「新しい家庭に幸福があることを祈ります」 4)「永く永く生きてください」 5)「事業でより大きな成果があることを祈ります」ここで言うところの사업とは「事業」よりも「お仕事」という意味。6)「名節をよくお過ごしください」。祭日の前日に使う。명절(名節)は「祝祭日」のこと。

19. 哀悼の言葉 (애도의 말)

① 얼마나 슬프시겠습니까? どんなにかお寂しいことでしょう。
② 얼마나 가슴 아프시겠습니까? さぞご心痛のことでしょう。
③ 얼마나 괴로우시겠습니까? どんなにか辛いことでしょう。
④ 뜻밖의 소식에 놀랐습니다. 突然のことでびっくりしました。
⑤ 가슴 아픈 일을 당해서 안 됐습니다.[1] ご愁傷さまです。
⑥ **이번에는 정말 안됐습니다.** このたびはまことにお気の毒でした。
⑦ 이런 불행이 어디 있겠습니까?[2] こんなご不幸がまたとあるでしょうか。
⑧ 정말 놀랐습니다. 本当にびっくりしました。
⑨ 무엇이라 할 말이 없습니다.[3] 何と申しあげてよいのか言葉もございません。
⑩ 삼가 애도의 뜻을 표합니다.[4] 謹んで哀悼の意を述べさせていただきます。

⑪ 어떻게 위로의 말씀을 드려야 할지 모르겠습니다.	何とお慰めしてよいかわかりません。
⑫ **너무 상심하지 마십시오.**	あまりご心痛なさらないでください。
⑬ 너무 상심말고 울음을 거두십시오.	さぞご心痛のことでございましょうが、どうかお泣きにならないでください。
⑭ **마음을 크게 가지십시오.**	気を大きくもってください。
⑮ 슬픔을 하루 빨리 잊고 어서 일어나십시오.5)	悲しみから一日も早く立ち上がってください。
⑯ 아버님은 참 훌륭한 분이었습니다.	お父さまは本当に立派なお方でした。
⑰ 명복을 빕니다.	ご冥福をお祈りいたします。
⑱ 제가 뭐 도와드릴 일이 없겠습니까?	私が何かお助けできることはないでしょうか。
⑲ 걱정을 끼쳐서 미안합니다.	ご心配をおかけしてすみません。

注 1)「胸の痛い目にあってお気の毒です」 2)「こんな不幸がどこにありましょうか」 3)「何というか言葉がありません」 4)「謹んで哀悼の意を表します」 5)「悲しみを一日も早くいやし、早く立ち上がってください。」

20. 天気 (날씨, 일기)

① 오늘은 날씨가 좋습니다.1)	今日はいい天気ですね。
② **날씨가 참 좋군요.**	天気が本当にいいですね。
③ 요 며칠동안은 날씨가 좋습니다.	ここ数日は天気がいいですね。
④ 얼마나 훌륭한 날씨입니까!	なんとすばらしい天気でしょう。
⑤ 구름 한 점 없습니다.2)	雲ひとつありません。
⑥ 오늘은 덥구만요.	きょうは暑いですね。
⑦ **무덥군요.**	むし暑いですね。

⑧ 따뜻합니다. 暖かいですね。
⑨ 선선합니다. 涼しいですね。
⑩ 날씨가 쌀쌀합니다.[3] 肌寒い日ですね。
⑪ **춥습니다.** 寒いです。
⑫ 오늘은 날씨가 나쁩니다. きょうは天気が悪いですね。
⑬ 구름이 끼기 시작했습니다. 曇ってきました。
⑭ 비구름이 이쪽으로 밀려옵니다. 雨雲がこっちのほうに押し寄せてきます。
⑮ 비가 올것 같지요?[4] 雨が降りそうですね。
⑯ 비가 오지 않을까요? 雨が降らないでしょうか。
⑰ 비가 올지도 모릅니다. 雨が降るかもしれません。
⑱ 소나기가 올 것 같습니다. 夕立ちが降りそうです。
⑲ 비가 내리기 시작했습니다. 雨が降り出しました。
⑳ 이 비는 금방 멎을 것 같지 않습니다. この雨はちょっとやみそうもありませんね。
㉑ 비가 많이 옵니다.[5] 大降りになりましたね。
㉒ 굉장한 비입니다. ものすごい雨です。
㉓ 비가 3일동안 계속 내렸습니다. 雨が3日間ぶっ続けに降りました。
㉔ 정말 지긋지긋한 날씨입니다. 本当にいやな天気です。
㉕ 비가 왔다 그쳤다 합니다.[6] 雨が降ったりやんだりしています。
㉖ 비가 멎었습니다. 雨がやみました。
㉗ 이제 곧 개일 것입니다. もうすぐ晴れるでしょう。
㉘ 해가 납니다.[7] 陽が出てきました。
㉙ 무지개가 섰습니다. 虹が出ました。
㉚ 바람이 붑니다. 風が吹きます。
㉛ 일기예보를 들었습니까? 天気予報を聞きましたか。
㉜ 내일은 개인답니다.[8] あしたは晴れるそうです。
㉝ 내일부터 선선해진답니다. あしたから涼しくなるそうです。
㉞ 요즘은 퍽 추워졌습니다. 近頃はめっきり寒くなりましたね。

㉟ 어제 밤에 서리가 내렸습니다. ゆうべ霜が降りました。
㊱ 해가 짧아졌습니다. 日が短くなりました。
㊲ 눈이 올 것 같습니다. 雪が降りそうです。
㊳ 오늘은 대단히 춥군요. きょうはたいへん寒いですね。
㊴ 오늘 아침은 살얼음이 얼었더군요. 今朝は薄氷が張っていましたよ。
㊵ 첫눈이 내렸습니다. 初雪が降りました。
㊶ 이제는 겨울이 다 됐습니다. もうすっかり冬になりました。
㊷ 완전한 겨울입니다.9) 完全に冬です。
㊸ 빨리 봄이 오면 좋겠습니다. 早く春が来たらいいですね。

注 1)「きょうは天気がいいですね」오늘은 좋은 날씨입니다 あるいは 오늘은 좋은 날씨네요 という言い方もある。2)한점은「一点」のこと。구름 하나 없습니다 とも言う。3)「天気が肌寒いですね」4)「雨が降るみたいでしょう?」「雨が降りそうでしょう?」5)「雨がたくさん降ります」6)비가 왔다 안 왔다 합니다 とも言う。7)「陽が出ます」8)「あしたは晴れるそうです」では「晴れです」という言い方はせず、「晴れます」と言う。同様に「あしたは雨です」は「あしたは雨が降ります」で 내일은 비가 내립니다. 9)「完全な冬です」

21. 時間 (시간)

① **지금 몇 시입니까?** 今何時ですか。
② 1 시입니다. 1時です。
③ 2 시 반입니다. 2時半です。
④ 정각 3 시입니다.1) ちょうど3時です。
⑤ 4 시 10 분입니다. 4時10分前です。
⑥ 10 분 전 4 시입니다.2) 4時10分前です。
⑦ 방금 벽시계가 5 시를 쳤습니다.3) 柱時計が5時を打ったばかりです。
⑧ 6 시가 지났습니다. 6時が過ぎました。
⑨ 아직 7 시 전입니다. まだ7時前です。

⑩ 아직 7시도 안 됐습니까? / まだ7時にもなっていませんか。
⑪ 벌써 8시입니까? / もう8時ですか。
⑫ 시간이 빨리도 갑니다.⁴⁾ / 時間のたつのが早いですね。
⑬ **내 시계는 5분 빠릅니다.**⁵⁾ / 私の時計は5分進んでいます。
⑭ **내 시계는 3분 늦습니다.** / 私の時計は3分遅れています。
⑮ **이 시계는 하루에 1분씩 느립(더딥)니다.** / この時計は1日に1分ずつ遅れます。
⑯ **이 시계는 2분씩 빨라집니다.** / この時計は2分ずつ進みます。
⑰ **이 시계는 정확합니다.** / この時計はとても正確です。
⑱ 내 시계는 멎었습니다.⁶⁾ / 私の時計は止まっています。
⑲ 고장 났습니다.⁷⁾ / 壊れました。
⑳ 태엽을 주는 것을 잊어버렸습니다. / ゼンマイを巻くのを忘れていました。
㉑ 시간을 맞춥시다. / 時間を合わせましょう。
㉒ 시간을 맞추십시오. / 時間を合わせてください。
㉓ 이 시계는 전자시계입니까? / この時計は電子時計ですか。
㉔ 시간을 어떻게 맞춥니까? / 時間をどう合わせるんですか。
㉕ 이 단추를 누릅니다. / このボタンを押します。
㉖ 이 시계는 날짜와 요일이 나옵니다. / この時計は日付と曜日が出ます。
㉗ 이 시계는 2100년까지는 조절할 필요가 없습니다. / この時計は2100年までは調節する必要がありません。
㉘ 백화점은 몇 시에 문을 엽니까?⁸⁾ / 百貨店は何時に開店するんですか。
㉙ 10시에 엽니다.⁹⁾ / 10時に開店です。
㉚ 몇 시까지 봅니까?¹⁰⁾ / 何時までやっているんですか。
㉛ 오후 6시까지 하고(보고) 있습니다. / 午後6時までやっています。
㉜ 여기서 백화점까지 얼마나 걸립니까? / ここから百貨店までどれくらいかかりますか。
㉝ 걸어서 10분정도 걸립니다. / 歩いて10分ほどかかります。

注 1)「定刻3時です」2)「10分前4時です」。こういう言い方もよく用いられる。3)「今しがた柱時計が5時を打ちました」。なお、柱時計はハングルでは「壁時計」と言う。4)「時間が早くたちます」5)「私の時計は5分早いです」6)「私の時計は止まりました」7)「故障が起きました。」8)「百貨店は何時に戸を開けますか」9)「10時に開けます」10)「何時までみますか」。보다の用法は広いが、ここでは仕事などに関して「する」という意味で使われている。몇 시까지 합니까?「何時までやりますか」、몇 시까지 하고 있습니까「何時までやっていますか」と同じように使っている。

22. 道をたずねるとき (길을 물을 때)

① 미안하지만 길을 좀 물읍시다.¹⁾
すみません。道をちょっとおたずねしたいんですが。

② 실례합니다. 역으로 가려면 어느 길로 가야 합니까?²⁾
失礼ですが、駅へ行くにはどう行けばよろしいですか。

③ 바쁘신데 미안합니다. 우체국으로 가는 길을 가르쳐 주실 수 없겠습니까?
お忙しいところをすみませんが、郵便局へ行く道を教えていただけませんか。

④ 미안합니다. 여관이 어디에 있습니까?
すみませんが、旅館はどこにありますか。

⑤ 후암동으로 가려면 어떻게 가야 합니까?³⁾
フアム(厚岩)洞へ行くには、どう行けばいいでしょうか。

⑥ 여기는 어디입니까?
ここはどこですか。

⑦ 여기는 몇반입니까?
ここは何班ですか。

⑧ 여기가 신길동입니까?
ここがシンギル(新吉)洞ですか。

⑨ 이 길은 어디로 가는 길입니까?
この道はどこへ行く道ですか。

⑩ 이 근처에 화장실이 없습니까?
この近くに公衆便所がありませんか。

⑪ 이 길을 따라 곧장 가면 됩니다.
この道に沿って、まっすぐに行けばいいです。

⑫ 극장 맞은 편에 있습니다.
映画館の向かいにあります。

⑬ 저기 보이는 집입니다. あそこに見える家です。
⑭ 오른쪽(왼쪽)으로 꺾어져서 100미터 가량 가면 됩니다. 右(左)に曲がって100メートルほど行けばいいです。
⑮ 저 다리를 건너서 왼쪽으로 꺾어지면 식당이 있는데 그 뒤입니다. あの橋を渡って、左に曲がると食堂がありますが、その後です。
⑯ 나를 따라 오십시오. 私についていらっしゃい。
⑰ 저기 정류장에서 버스를 타십시오. 그리고 네번째 정류장에서 내리면 됩니다. あの停留所でバスに乗ってください。そして、4番目の停留所で降りればいいです。
⑱ 멉니까? 遠いですか。
⑲ 얼마 멀지 않습니다. そんなに遠くはありません。
⑳ 이쪽입니까? こっちですか。
㉑ 아닙니다. 저쪽입니다. いいえ、あっちです。
㉒ 잘 모르겠습니다. よくわかりません。
㉓ 저도 이 고장 사람이 아니여서 잘 모르겠습니다. 私もこの土地の者ではありませんからよくわかりません。
㉔ 미안하지만 다른 사람에게 물어보십시오. すみませんが、他の人にお聞きください。

注 1)「すみませんが、道をちょっとたずねましょう」。묻겠습니다でもよい。 2)「失礼します。駅へ行くにはどの道へ行かなければなりませんか」 3)洞は韓国の行政区画の末端の単位で、里と同格。日本の「町」に当る。

23. 訪問 (방문)

① **계십니까?**[1] ごめんください。こんにちは。
② 주인 계십니까? ご主人いらっしゃいますか。
③ 김선생 계십니까? 金先生はご在宅ですか。
④ 박씨 계세요.[2] 朴さん、おいでかね?
⑤ 최형 있습니까?[3] 崔さん、いますか?

⑥ 송군 있소?⁴⁾ 宋君、いるかい?
⑦ 예~.⁵⁾ はーい。
⑧ 있습니다. おります。
⑨ **과장님이 오셨군요. 어서 들어 갑시다.**⁶⁾ 課長さん(様)ですか。(さあ)どうぞお入りください。
⑩ 이게 얼마만입니까? 용히 오셨습니다.⁷⁾ 久しくお目にかかりませんでしたね。よくいらっしゃいました。
⑪ 오래간만입니다. 안으로 들어 갑시다. 久しぶりですね。どうぞお入りください。
⑫ 먼데서 오시기 수고하셨습니다.⁸⁾ 遠いところをたいへんだったでしょう。
⑬ 잘 오셨습니다. よくいらっしゃいました。
⑭ 마침 잘 오셨습니다.⁹⁾ ちょうどいいところへいらっしゃいました。
⑮ 기다렸습니다.¹⁰⁾ お待ちしていました。
⑯ 기다리던 참입니다. お待ちしていたところです。
⑰ **누구십니까?** どなた様でしょうか。
⑱ 실례이지만 누구십니까? 失礼ですが、(あなたは)どなた様でしょうか。
⑲ 누구신지요? どなたでしょう?
⑳ 누구세요? どなたですの?
㉑ **누구를 찾으십니까?** だれをお訪ねですか。
㉒ **어떻게 오셨습니까?**¹¹⁾ 何でしょうか。
㉓ 무슨 일로 오셨습니까?¹²⁾ 何のご用でしょうか。
㉔ **어디서 오셨습니까?** どこからいらっしゃいましたか。
㉕ 안녕하십니까? 저는 섬유연구소 연구원입니다. こんにちは。わたしは繊維研究所の研究員です。
㉖ 저는 종이공장에서 일하고 있는 사람인데 최남수라고 합니다.¹³⁾ わたくしは製紙工場で働いている崔ナムスという者でございます。

㉗ 소장님을 만나러 왔습니다.[14] 　所長様にお目にかかりたいんですが。

㉘ 선생님의 도움을 받을 일이 있어서 왔습니다.[15] 　先生のご助力をいただきたくてまいりました。

㉙ 집 주인과 좀 상담할 일이 있어서 왔습니다. 　お宅のご主人とちょっと相談することがあってまいりました。

㉚ 부탁을 받고 왔습니다. 　頼みを受けて来ました。

㉛ 알려드릴 일이 있어서 왔습니다. 　お知らせすることがあって来ました。

㉜ **어서 들어오십시오.** 　どうぞお入りください。

㉝ 어서 올라오십시오.[16] 　どうぞお上がりください。

㉞ 누추하지만 들어오십시오. 　むさ苦しいところですが、お入りください。

㉟ 잠깐만 기다려 주십시오. 이제 주인을 찾겠습니다.[17] 　少々お待ちください。今主人を呼びますから。

㊱ 앉으십시오. 　おかけください。

㊲ 어서 앉으십시오. 　どうぞおかけください。

㊳ **편히 앉으십시오.**[18] 　お楽にしてください。

㊴ 여기 내려와 앉으십시오.[19] 　こちらのほうへお座りください。

㊵ 외투를 벗으십시오. 　オーバーをお脱ぎください。

㊶ 그러면 천천히 놀다가십시오.[20] 　ではごゆっくりなさってください。

㊷ 감사합니다. 　ありがとうございます。

㊸ 고맙습니다. 　ありがとうございます。

㊹ 괜찮습니다. 　おかまいなく。けっこうです。

㊺ 아니 일없습니다. 　いや、けっこうです。

㊻ 여기도 좋습니다. 　ここもいいです。

㊼ 이거 변변치 않은 것이지만 받아주세요. 　つまらないものですが受け取ってください。

㊽ 뭘, 이런 걸 다 가지고 오십니까?[12] 　こんなものまでもっていらっしゃるなんて。

注 1)「いらっしゃいますか」2)は同等や下の人に対するややていねいな言い方。3)형は漢字では兄で、やや上か、同列の人に対して用いる。4)下の人に対して用いる。5)返事の仕方は⑦が一般的で、⑧も用いられる。6)「課長様がいらっしゃいましたね。どうぞ、入りましょう」7)「これはいかほどぶりですか。よくいらっしゃいました」8)「遠い所からいらっしゃるのにご苦労さんでした」9)「ちょうどよくいらっしゃいました」10)「待ちました」11)「どうしていらっしゃいましたか」12)「何のことでいらっしゃいましたか」13)「わたくしは製紙工場で働いている人で、崔南寿と言います」14)「所長様に会いに来ました」15)「先生の助けを受けることがあって来ました」16)어서 올라오십시오는 어서 들어오십시오よりもまれに使われる。17)이제 주인을 찾겠습니다는「今主人を探します」18)「お楽にお座りください」19)「ここに下りてきてお座りください」。韓国ではオンドル部屋の焚き口の方を"下"と称し、反対側を"上"と言っていることに由来する表現。暖い下座の方を勧めるハングル独特の言い回し。20)「ではゆっくり遊んでいってください」21)「何をこんなものまでもっていらっしゃるんですか」

24. 紹介するとき (소개할 때)

① **소개하겠습니다.** ご紹介します。

② 아버지, 저하고 같이 일하고 있는 남수씨입니다. お父さん、私といっしょに仕事をしているナムスさんです。

③ 선생님, 저의 동생입니다. 先生、私の弟(妹)です。

④ 저의 아내입니다. 私の妻です。

⑤ 저의 큰딸입니다. 私の長女です。

⑥ 여보, 인사하오. 내가 늘 이야기하던 영철이요.[1] さあ、挨拶したまえ。僕がいつも話していたヨンチョルだ。

⑦ 임군, 알고 지내시오.[2] 문예출판사의 편집자 정춘실씨요. 林君、知っておいてもらおうか。文芸出版社の編集者・鄭チュンシルさんだ。

⑧ **알게 되어 반갑습니다.** お近づきになれてうれしいです。

⑨ 서로 알게 되어 참 기쁩니다. お近づきになれてたいへんうれしく思います。

⑩ **처음 뵙겠습니다. 앞으로 많이 가르쳐 주십시오.**3) 　　初めまして。よろしくお願いします。

⑪ 윤철이라고 불러주십시오. 앞으로 많이 도와주십시오.4) 　　尹チョルと申します。よろしくお願いします。

⑫ 서로 알고 지냅시다.5) 저는 삼성상사에서 일하는 윤영호입니다. 　　どうぞよろしく。わたしは三星商事に務めている尹ヨンホです。

⑬ 인사가 늦어서 미안합니다. 박경수입니다. 　　挨拶が遅れましてすみません。朴ギョンスです。

⑭ **이야기는 많이 들었습니다.** 　　お話しはいろいろうかがっています。

이렇게 만나서 참 기쁩니다.6) 　　お目にかかれてたいへんうれしく思います。

⑮ 선생님 말씀은 많이 들었습니다. 　　先生のことはいつもうかがっています。

이렇게 만나뵈서 참 반갑습니다. 　　お目にかかれてたいへんうれしく思います。

注 1)夫から妻に自分の友人などを紹介するときに言う。2)「林君、知って過ごしたまえ。」なお⑦は次のように訳すこともできる。「林君、紹介しておこう。文芸出版社の編集者・鄭チュンシルさんだ」3)「初めてお目にかかります。今後よく教えてください」4)「尹哲と呼んでください。今後よく助けてください」5)「互いに知って過ごしましょう」6)「話はいろいろ聞きました。こう会えてまことにうれしいです」7)「先生のお話はいろいろ聞きました。こうしてお目にかかれてまことにうれしいです」

25. 食事をするとき (식사를 할 때)

① 같이 식사를 합시다. 　　ごいっしょに食事をしましょう。

② 자, 식기 전에 어서 드십시오.1) 　　さあ、お熱いうちにどうぞ。

③ 입에 맞지 않아도 다 드십시오.	お口に合わなくても皆召し上がってください。
④ 솜씨가 변변치 못해 안됐습니다.2)	お粗末な料理で恐縮ですが。
⑤ 반찬 없는 밥이지만 많이 드십시오.3)	おかずが何もありませんが、たくさん召し上がってください。
⑥ **아무것도 없지만 많이 드십시오.**	何もありませんが、たくさん召し上がってください。
⑦ 이 지방 특산물입니다. 들어 보십시오.4)	この地方の特産物です。ご賞味ください。
⑧ 사양마고 드십시오.	ご遠慮なく召し上がってください。
⑨ **무얼 이렇게 많이 차리셨습니까?5)**	これはたいへんなごちそうですね。
⑩ 이거 대접이 너무 극진합니다.6)	これはたいへんなおもてなしですね。
⑪ 반찬이 많습니다.	おかずが盛りだくさんです。
⑫ 먹겠습니다.7)	いただきます。
⑬ 잘 먹겠습니다.8)	いただきます。
⑭ 사양말고 들겠습니다.	遠慮なくいただきます。
⑮ 어서 같이 드십시다.	どうぞごいっしょに召し上がってください。
⑯ 더 드십시오.9)	もっとどうぞ。
⑰ 이제는 더 못 먹겠습니다.10)	もうたくさんです。
⑱ **잘 먹었습니다.11)**	ごちそうさまでした。
⑲ 맛있게 먹었습니다.	おいしくいただきました。
⑳ **정말 맛있게 잘 먹었습니다.**	本当にごちそうさまでした。

注 1)「さあ、さめないうちにどうぞ召し上がってください」 2)「手並みがお粗末で申し訳ありません。残さずに皆召し上がってください」 3)「おかずのないご飯ですが、たくさん召し上がってください」 4)들어보십시오は「上がってみてください」 5)「何をこんなにたくさん膳立てなさいましたか」 6)「これはもてなしがあまりお手厚いですね」 7)「食べます」。食事の前に「いただきます」と言うことはやや文切り型の表現だ

が、やはり何か一言いって箸を取るようにしたいものだ。8)「よく食べます」9)「もっと召し上がってください」10)「もうこれ以上食べられません」11)「よく食べました」

26. 별어질 때 (헤어질 때)

① 이제는 가봐야 할 것 같습니다.[1] そろそろおいとまします。
② 이제는 돌아가보겠습니다.[2] そろそろ帰らせていただきます。
③ **오늘은 이만 실례하겠습니다.**[3] 今日はこのくらいで失礼させていただきます。

④ 그럼 실례하겠습니다. それでは失礼します。
⑤ 그럼 이만 실례하겠습니다. それではこのくらいで失礼させていただきます。

⑥ 벌써 가십니까? もうお帰りですか。
⑦ **아니, 왜 벌써 가십니까?**[4] どうしてもうお帰りになるんですか。

⑧ 아니, 벌써 가시면 됩니까?[5] そうお急ぎにならなくてもいいじゃありませんか。

⑨ 아직 일 없지 않습니까? まだいいじゃないですか。
⑩ **좀 더 놀다 가십시오.**[6] もう少しごゆっくりなさってください。

⑪ 아닙니다. 많이 놀았습니다. いえいえ、心ゆくまで遊びました。
⑫ 재미있게 놀았습니다. 楽しく遊びました。
⑬ 많이 배우고 갑니다.[7] いろいろと勉強になりました。
⑭ **폐를 많이 끼쳤습니다.**[8] おじゃましました。
⑮ 앞으로 다시 뵙겠습니다. そのうちにまたおうかがいします。
⑯ 또 찾아오겠습니다. またお訪ねします。
⑰ 또 놀러오겠습니다. また遊びにきます。
⑱ 우리 집에도 한번 놀러오십시오. うちにも一度遊びにきてください。
⑲ **잘 놀고 갑니다.**[9] おじゃましました。

⑳ 안녕히 계십시오.	さようなら。
㉑ **안녕히 가십시오.**	さようなら。
㉒ 또 오십시오.	またいらっしゃいね。
㉓ **또 놀러 오십시오.**	また遊びにいらっしゃいね。
㉔ 자주 오십시오.	ちょくちょく来てくださいね。
㉕ 잘 가십시오.[10]	気をつけて。
㉖ 조심해 가십시오.	気をつけてお帰りください。
㉗ 어두운데 살펴 가십시오.[11]	暗いですから気をつけてくださいね。

注 1)「そろそろ行ってみなければならないようです」2)「そろそろ帰ってみます」3)「今日はこのくらいで失礼します」4)「おや、なぜもうお帰りになられるんですか」5)「おや、もう帰られていいんですか」6)「もう少し遊んでおいきなさい」7)「いろいろ学んでいきます」これはためになる話などを聞いた場合に用いられる。8)「迷惑をいろいろとかけました」9)「たっぷり遊んでいきます」10)「お元気に行ってください」11)「暗いので気をつけてお行きください」

27. 人を迎えるときと見送るとき (손님을 마중할 때와 배웅할 때)

① 잘 오셨습니다.	よくいらっしゃいました。
② **오시기 수고하셨습니다.**[1]	ようこそおいでくださいました。
③ 먼데서 오시느라고 욕보셨습니다.[2]	遠いところをたいへんだったでしょう。
④ 이렇게 와주셔서 감사합니다.[3]	おいでくださってありがとうございます。
⑤ **잘 다녀오셨습니까?**[4]	お帰りなさい。
⑥ 만나서 반갑습니다.	お目にかかれてうれしいです。
⑦ 오래간만입니다.	久しぶりです。
⑧ 환영합니다.	歓迎します。
⑨ 당신의 우리 나라 방문을 열렬히 환영합니다.	あなたのわが国訪問を熱烈に歓迎します。
⑩ 방문단을 열렬히 환영합니다.	訪問団を熱烈に歓迎します。

⑪ 잘 가십시오.⁵⁾　　　　　　　　さようなら。
⑫ 잘 다녀오십시오.　　　　　　　お元気で行ってらっしゃい。
⑬ **안녕히 계십시오.**⁶⁾　　　　　　お元気で、さようなら。
⑭ 조심해서 다녀오십시오.　　　　気をつけていってらっしゃい。
⑮ 또 오십시오.　　　　　　　　　またおいでください。

> 注 1)「いらっしゃるのにご苦労さんでした」2)「遠いところからいらっしゃるのにたいへんだったでしょう」3)「こうやって来ていただいてありがとうございます」4)「お元気で行ってらっしゃいましたか。」5)見送る方から言う言葉 6)見送られる方から言う言葉。「お元気におられてください」

28. 入国手続きをするとき (입국수속을 할 때)

① 여권검사는 어디서 합니까?　　　旅券審査はどこでしますか。
② 여기서 합니다.　　　　　　　　　ここでします(ここです)。
③ **여권을 봅시다.**　　　　　　　　旅券を拝見しましょう。
④ 여권을 보여주십시오.　　　　　　旅券を見せてください。
⑤ 여기 있습니다.　　　　　　　　　ここにあります。
⑥ 이것 입니다.¹⁾　　　　　　　　　さあ、どうぞ。
⑦ 성함은 무엇입니까?²⁾　　　　　　お名前は?
⑧ 야마다라고 합니다.　　　　　　　山田と申します。
⑨ **무슨 일로 오셨습니까?**　　　　　どんなご用でいらっしゃいましたか。
⑩ 입국목적은 무엇입니까?　　　　　入国目的は何ですか。
⑪ 관광여행입니다.　　　　　　　　　観光旅行です。
⑫ 우리나라에는 처음으로 오셨습　　わが国には初めてですか。
　 니까?³⁾
⑬ 예, 처음입니다.　　　　　　　　　はい、初めてです。
⑭ **얼마나 있겠습니까?**⁴⁾　　　　　　どのくらい滞在しますか。
⑮ 얼마나 체류할 예정입니까?　　　 どのくらい滞留の予定ですか。
⑯ 이주일입니다.　　　　　　　　　　2週間です。

⑰ 삼주일 있을 예정입니다.⁵⁾　　　3週間の予定です。
⑱ **됐습니다.**　　　けっこうです。
⑲ 세관에 가십시오.　　　税関に行ってください。
⑳ 당신 짐은 어디에 있습니까?　　　あなたの荷物はどこにありますか。
㉑ 여기에 있습니다.　　　ここにあります。
㉒ 이겁니다.⁶⁾　　　これです。
㉓ 신고해야 할 물건을 가지고 있　　　届けなくてはならない品物を
　　 습니까?　　　　　　　　　　　　　持っていますか。
㉔ 없습니다.　　　ありません。
㉕ 별로 없습니다.　　　別にありません。
㉖ 뭐 별로 없다고 생각하는데요.　　べつに何もないと思いますがね。
㉗ 그 트렁크를 여십시오.　　　そのトランクを開けてください。
㉘ 이것은 무엇입니까?　　　これは何ですか。
㉙ 트렁크를 여십시오.　　　トランクを開けてください。
㉚ 물건을 다 꺼내야 합니까?　　　品物を全部取り出すんですか。
㉛ 다 꺼내십시오.　　　全部出してください。
㉜ 이 보따리는 무엇입니까?　　　この包みは何ですか。
㉝ 선물 줄 과자와 장난감입니다.⁷⁾　みやげ物の菓子とおもちゃです。
㉞ 이건 무엇입니까?　　　これは何ですか。
㉟ 보석입니다.　　　宝石です。
㊱ 이것은 금제품입니다.　　　これは禁制品です。
㊲ 이건 상품이 아니라 자기가 쓰　　　これは売り物ではなく、自分で
　　 는 것입니다.⁸⁾　　　　　　　　　　使うものです。

注 1)品物を手渡すときに使う言葉。 2)「お名前は何ですか」 3)「わが国に初めていらっしゃいましたか。」 4)「どのくらいいらっしゃいますか。」 5)「3週間いる予定です」삼주일을 석주とも言う。 6)이겁니다＝이것입니다. 7)「おみやげにやる菓子とおもちゃです」 8)「これは商品ではなく、自分で使うものです。」

29. ホテルで (호텔에서)

① 안녕하십니까?   こんにちは。
② 어서 오십시오.   いらっしゃいませ。
    어디서 오셨습니까?   どこからいらっしゃいましたか。
③ 일본에서 왔습니다.   日本から来ました。
④ 먼 길을 오시느라고 피곤하시겠습니다.   遠いところをお疲れさまです。
⑤ 괜찮습니다.   だいじょうぶです。
⑥ 저는 벨보이입니다.   わたくしはベルボーイです。
⑦ 아, 그래요.   ああ、そうですか。
⑧ 자, 들어갑시다.   さあ、お入りください。
⑨ 고맙습니다.   ありがとう。
⑩ **저, 당신은 저기 있는 접수실에 가서 방을 수속하고 열쇠를 받아야 합니다.**   あのう、あなたはあそこの受付でお部屋の手続きをなさって鍵をもらってください。
⑪ 안녕하십니까?   こんにちは。
⑫ 어떻게 오셨습니까?[1]   どんなご用でしょうか。
⑬ **저는 이 호텔에 숙박하려고 합니다.**[2]   私はこのホテルに泊まりたいんですが。
⑭ 방을 예약하셨습니까?   部屋を予約なさってますか。
⑮ 아니, 하지 못했습니다.   いいえ、予約していませんが。
⑯ 여기에 처음 오셨습니까?[3]   ここは初めてですか。
⑰ 처음입니다.   初めてです。
⑱ 여권을 보여주십시오.   旅券を拝見しましょう。
⑲ 얼마나 오래 머므르시겠습니까?[4]   どれくらいの期間お泊まりでしょうか。
⑳ 며칠 계시겠습니까?   何日いらっしゃいますか。
㉑ 일주일 정도 있겠습니다.   1週間ほどいます。
㉒ **숙박비는 얼마입니까?**   宿泊費はいくらですか。

㉓ 하루 10만원입니다. 1泊10万ウォンです。
㉔ 식사비도 포함해서입니까? 食事代も含めてですか。
㉕ 아니요, 방값만입니다. いいえ、部屋代だけです。
㉖ 방에 목욕탕이 있습니까? 部屋に風呂がありますか。
㉗ 있습니다. ございます。
㉘ 전화도 있습니까? 電話もありますか。
㉙ 예, 있습니다. はい、ございます。
㉚ 좋습니다. よろしい。
㉛ **접수대장에 사인하십시오.** 宿帳にサインしてください。
㉜ **열쇠를 받으십시오.** 鍵をお受けとりください。
㉝ 515호실입니다. 515号室です。
㉞ 그럼 내 짐을 날라다 주십시오. それでは私の荷物を運んでください。
㉟ 제가 방으로 안내해 드리겠습니다. わたくしがお部屋にご案内いたします。
㊱ 이 방입니다. この部屋です。
㊲ 만약 필요한 일이 있으시면 신호를 누르십시오.5) もし用事がございましたらベルを押してください。
㊳ 식당이 어디에 있습니까? 食堂はどこにありますか。
㊴ 1층에 있습니다. 1階にあります。
㊵ 아침 식사를 언제 합니까?6) 朝食はいつとれますか。
㊶ 8시부터 10시 사이에 합니다. 8時から10時までやっております。
㊷ 나를 내일 아침 6시에 깨워주십시오. 私を明朝6時に起こしてください。
㊸ 알겠습니다. わかりました。

注 1)「どうしていらっしゃいましたか」2)「私はこのホテルに泊まろうと思います」3)「ここに初めていらっしゃいましたか」4)「どのくらい長くご滞在ですか」5)「もし必要なことが起きましたら、信号(ベル)を押してください。」6)「朝食をいつしますか」

30. 両替するとき (돈을 바꿀 때)

① 여기가 다른 나라 돈 바꾸는 곳 입니까?[1]   ここが両替する所ですか。
② 예, 그렇습니다. 무슨 일로 오셨습니까?[2]   はい、そうです。どんなご用事でしょうか。
③ 돈을 좀 바꾸어 주십시오.   お金をちょっと替えてください。
④ 어떤 외국돈을 가지고 있습니까?   どんな外貨をお持ちですか。
⑤ 일본 엔이 있습니다.   日本の円があります。
⑥ 미국 달라가 있습니다.   アメリカのドルがあります。
⑦ 여권을 좀 봅시다.   旅券を拝見しましょう。
⑧ 여기 있습니다.[3]   どうぞ。
⑨ 이 종이에 쓰십시오.[4]   この用紙に書き込んでください。
⑩ 이건 무엇입니까?   これは何ですか。
⑪ 다른 나라돈 입금표입니다.   外貨入金票です。
⑫ 날짜와 금액을 쓰십시오.   日付と金額をお書きください。
⑬ 그리고 이름과 주소, 여권번호를 써 주십시오.   そしてお名前と住所、パスポート番号を書いてください。
⑭ 알겠습니다.   わかりました。
⑮ 자요, 원화입니다.   さあ、ウォンです。
    됐습니까?   これでよろしいですか。
⑯ 됐습니다.   よろしいです。
    돈과 영수증을 받으십시오.   お金と領収書をお受けとりください。

注 1)「ここが外貨を替える所ですか」 다른 나라돈(他の国の金)＝외국돈(外国の金)＝외화(外貨) 2)「何のことでいらっしゃいましたか」。3)「ここにあります」。4)「この紙に書いてください」

31. 郵便局で (우체국에서)

① 봉투 한장 주십시오.   封筒1枚ください。

② 어떤 봉투입니까?   どんな封筒ですか。
③ 외국에 보내는 봉투를 주십시오.[1]   外国に送る封筒ください。
④ 500원짜리 우표를 다섯장 주시오.   500ウォン切手を5枚ください。
⑤ **이 편지를 항공편으로 보내려고 하는데 값이 얼마입니까?**[2]   この手紙を航空便で送りたいんですが料金はいくらでしょうか。
⑥ 1,000원입니다.   1,000ウォンです。
⑦ 이 편지를 등기로 부치려는데 얼마입니까?   この手紙を書留で送りたいんですがいくらですか。
⑧ 등기는 2,000원입니다.   書留は2,000ウォンです。
⑨ 우편요금도 포함해서입니까?   郵便料金も含めてですか。
⑩ 예, 포함해서입니다.   はい、含めてです。
⑪ **전보용지를 한장 주시오.**   用紙を1枚ください。
⑫ 오늘 중으로 도착합니까?   今日中に届きますか。
⑬ 내일 아침에 도착할 것 같습니다.[3]   翌朝届くでしょう。
⑭ 그렇다면 속달로 해주세요.   速達にしてください。
⑮ **속달요금은 얼마입니까?**   速達料金はいくらですか。
⑯ 속달이니까 4,000원입니다.   速達ですから4,000ウォンです。
⑰ **이 소포를 일본에 보냈으면 하는데요.**   この小包を日本に送りたいんですが。
⑱ 안에 무엇이 들어 있습니까?   中に何が入っていますか。
⑲ 책이 세 권 들어 있습니다.   本が3冊入っています。
⑳ 편지는 들어 있지 않습니까?   手紙は入っていませんか。
㉑ 아니요, 들어 있지 않습니다.   いいえ、入っていません。
㉒ 물건 값이 얼마나 나갑니까?[4]   いくらほどの物ですか。
㉓ 3만원입니다.   3万ウォンです。
㉔ 품명과 가격을 쓰십시오.   品名と価格を書いてください。

注 1)「外国に送る封筒をください」 2)「この手紙を航空郵便で送ろうと思いますが値段はいくらですか」 3)「あしたの朝に届きそうです」 4)「品物の値段はいくらしますか」

32. 電話をかけるとき (전화를 걸 때)

① 여보시오. 교환입니까?
　もしもし。交換台ですか。

② 예, 어디를 찾습니까?[1)]
　はい、どこをお呼びですか。

③ 과장님에 연결해주십시오.
　課長(さん)につないでください。

④ 제지공장입니까?
　製紙工場ですか。

⑤ 예, 그렇습니다.
　はい、そうです。

⑥ 경리과장님 계십니까?
　経理課長(さん)いらっしゃいますか。

⑦ 계십니다. 이제 바꾸어 드리겠습니다.[2)] 잠깐만 기다려주십시오.
　います。今代わりますから。少々お待ちください。

⑧ 전화바꾸었습니다. 경리과장입니다.
　電話を代わりました、経理課長ですが。

⑨ 안녕하십니까? 식품공장 박동수입니다.
　こんにちは。食品工場の朴・トンスですが。

⑩ 아, 기사장님입니까?
　무슨 일로 전화하셨습니까?[3)]
　あ、技師長ですか。
　どういうご用件でしょうか。

⑪ 전번에 부탁한 일은 어떻게 되었습니까?
　この前お願いした件はどうなりましたか。

⑫ 아직 부장님과 합의를 보지 못했습니다.[4)]
　まだ部長(さん)と話し合いがついていないんですが。

나는 출장 갔다가 방금 돌아왔습니다.[5)]
　私は今出張から帰ったばかりなんですよ。

⑬ 아, 그렇습니까?
　あ、そうですか。

⑭ 오후에 결과를 알려드리겠습니다.[6)]
　午後に結果をお知らせします。

⑮ 그러면 부탁하겠습니다. 수고하십시오.
　それじゃお願いします。お世話様。

⑯ 말씀 다 하셨습니까?[7)] 수화기를 놓겠습니다.
　もうお話しになることはございませんか。受話器を置きますよ。

⑰ 건축학교입니까?
　建築学校ですか。

⑱ 예? 말씀이 멉니다.[8)]
　え?声が小さいです。

들리지 않습니다.	聞えません。
좀더 크게 말씀하십시오.	もう少し大きい声でおっしゃってください。
⑲ 건축학교입니까!	建築学校ですか。
⑳ 예, 그렇습니다.	はい、そうです。
누구를 찾으십니까?9)	どなたをお呼びですか。
㉑ 부교장 선생을 찾습니다.10)	副校長先生を呼んでいただけませんか。
㉒ 지금 회의중입니다. 미안하지만 오후에 다시 걸어주십시오.	今会議中です。すみませんが午後にもう一度おかけください。
㉓ 급한 일이 있어서 그러는데 찾아주십시오.11)	急用があるんですが、呼んでいただけませんか。
㉔ 거기는 어디입니까?12)	そちらはどちら様でしょうか。
㉕ 시립병원입니다.	市立病院です。
㉖ 잠깐 기다려 주십시오.	ちょっとお待ちください。
㉗ 여보십시오. 부교장입니다.	もしもし、副校長ですか。
㉘ 미안하지만 누구십니까?	失礼ですが、どなたでしょうか。
㉙ 안녕하십니까? 외과과장입니다.	こんにちは。外科の医長です。
㉚ 여보십시오. 상업학원입니까?	もしもし、商業学園ですか。
㉛ 여기는 상업학원이 아니라 문화회관입니다. 전화를 잘 못 걸었습니다.13)	こちらは商業学園ではなく、文化会館です。電話をお間違えです。
㉜ 이거 안됐습니다.	どうもすみませんでした。
㉝ 천만의 말씀.14)	どういたしまして(とんでもない)。

注 1)「はい、どこを探していますか」 2)「いらっしゃいます。今代わってあげます」。身内の上司にも、相手にはていねい語で言う。 3)「何のことで電話をなさいましたか」 4)「まだ部長(様)と合意をみていません」 5)「私は出張行ってから今しがた帰って来ました」 6)「午後に討論して結果をお知らせします」 7)「お話は全部されましたか」 8)「お声が遠い

です」9)「だれをお探しですか」10)「副校長先生を探しています」11)「急用があってそう言っているんですが、呼んでください」12)「そこはどこですか」13)「電話を間違えてかけました」14)「千万のお言葉」

33. 駅で (역에서)

① 남원 한장 주세요.[1]　　　　　　ナモン(南原)1枚ください。

② 급행표를 한장 주세요.　　　　　急行券を1枚ください。

③ 광주까지 어른표 한장하고 아　　クァンジュ(光州)まで大人1枚
　이표 두장 주세요.[2]　　　　　　と子供2枚ください。

④ 목포까지 얼마입니까?　　　　　モクポ(木浦)までいくらですか。

⑤ 25,000 원입니다.　　　　　　　25,000ウォンです。

⑥ 새마을호는 몇시에 도착합니까?　セマウル号は何時に到着しますか。

⑦ 19시 44분에 도착합니다.　　　　19時44分に到着します。

⑧ 몇 시에 개찰합니까?　　　　　　何時に改札しますか。

⑨ 19시부터 개찰합니다.　　　　　19時から改札します。

⑩ 몇분 동안 멎습니까?[3]　　　　　何分間停車しますか。

⑪ 10분간 멎습니다.　　　　　　　10分間停車します。

⑫ 몇 시에 떠납니까?　　　　　　　何時に発車ですか。

⑬ 19시 54분에 떠납니다.　　　　　19時54分に発車します。

⑭ 경주로 가려면 어느 열차를 타　　キョンジュ(慶州)に行くにはどの列
　야합니까?[4]　　　　　　　　　車に乗ったらいいでしょうか。

⑮ 부산행을 타야 합니다.[5]　　　　プサン(釜山)行きにお乗りください。

⑯ 서울로 가는 차가 몇 시에 있습　ソウルに行く列車は何時にあり
　니까?　　　　　　　　　　　　ますか。

⑰ 7시에 있습니다.　　　　　　　　7時にあります。

⑱ 어느 역에서 갈아타야 합니까?　どの駅で乗りかえたらいいでしょうか。

⑲ 대전역에서 갈아타십시오.　　　テジョン(大田)でお乗りかえください。

⑳ 경주행 열차는 정각에 도착합 　キョンジュ行きは定刻に到着し
　　니다. 　　　　　　　　　　　　ます。
㉑ 서울행 15열차는 정각으로부 　ソウル行きは定刻より30分遅
　　터 30분 늦어질 예정입니다. 　　　れる見込です。
㉒ 경주에 여행하실 손님들은 개 　キョンジュに旅行なさるお客さ
　　찰구까지 나와주십시오. 　　　　まは改札口までお越しくださ
　　　　　　　　　　　　　　　　　い。

注) 1)한장 주세요를 省略하고 남원だけでも意味は十分通じる。2)어른표(大人の切符)、아이표(子供の切符)。대인(大人)、소인(子供、小人)、차표(車票→切符)を略して言うこともある。3)「何分間止まりますか」4)「キョンジュに行くにはどの列車に乗らなければなりませんか」5)「プサン行きに乗らなければなりません」

34. 列車の中で (열차 안에서)

① 손님이 있습니까? 　　　　　　お客さんがいますか。
② 자리가 비였습니까? 　　　　　席があいていますか。
③ 앉아도 되겠습니까? 　　　　　座ってもいいですか。
④ 같이 앉아도 되겠습니까? 　　 いっしょに座ってもいいでしょ
　　　　　　　　　　　　　　　　うか。
⑤ 있습니다. 　　　　　　　　　　います。
⑥ 사람이 있습니다.[1] 　　　　　だれかいます。
⑦ 앉으십시오. 　　　　　　　　　お座りなさい。
⑧ 어서 앉으십시오. 　　　　　　 どうぞお座りください。
⑨ 여기에 자리가 있습니다. 　　　ここに席がありますよ。
⑩ 여기가 비였습니다. 　　　　　 ここがあいています。
⑪ 여기에 앉으십시오. 　　　　　 ここにお座りなさい。
⑫ 미안합니다. 그러면 조여서 함 　すみません。それじゃつめていっ
　　께 앉읍시다.[2] 　　　　　　　しょに座らせてください。
⑬ 다음은 무슨 역입니까?[3] 　　 次の駅はどこですか。

⑭ 대구입니다. テグ(大邱)です。
⑮ 동대구까지 몇 정거장입니까?[4] トンテグ(東大邱)は何番目でしょうか。
⑯ 여섯 정거장입니다. 6番目です。
⑰ 용산에서 멎습니까? ヨンサン(竜山)で止まりますか。
⑱ 멎지 않습니다. 止まりません。
⑲ **서울에는 몇시에 도착합니까?** ソウルには何時に到着しますか。
⑳ 8시 42분에 도착합니다. 8時42分に到着します。
㉑ 식당차는 몇번째 칸입니까?[5] 食堂車は何両目でしょうか。
㉒ 뒤에서 세번째입니다. 後から3両目です。
㉓ **기차표를 좀 봅시다.**[6] 乗車券を拝見いたします。
㉔ 예, 좋습니다. どうぞ。
㉕ 다음은 동대구입니다. 동대구역에서 내리시는 손님들은 미리 준비하여 주십시오.[7] 次はトンテグです。トンテグでお降りの方はご準備ください。
㉖ 나는 여기서 내리겠습니다. 그럼 잘 가십시오. 私はここで降ります。それじゃお元気で行ってらっしゃいね。
㉗ 또 만납시다. また会いましょう。

注 1)「人がいます」 2)「それじゃつめていっしょに座りましょう」 3)「次は何の駅ですか」 4)「トンテグまで何停車場でしょうか」 5)「食堂車は何番目の車両ですか」 6)「切符をちょっと見ましょう」 7)「トンテグ駅で降りられるお客様たちはあらかじめ準備してください」

35. 商店で (상점에서)

① **어서 오십시오.** いらっしゃいませ。
② **무엇을 사시겠습니까?**[1] 何を買われますか。
③ **가방을 봅시다.** かばんを見せてください。
④ 자요, 보십시오. さあ、ごらんください。
　마음에 드십니까? お気に召しましたか。

⑤ 다른 걸 보여주십시오.　　　他のを見せてください。
⑥ 어떤 것이 좋습니까?　　　どんなのがよろしいでしょうか。
⑦ **저걸 봅시다.**　　　あれを見せてください。
⑧ 이것보다 큰 것은 없습니까?　　　これより大きいのはありませんか。
⑨ 파란 색은 없습니까?[2]　　　青いのはありませんか。
⑩ 이건 어떻습니까?　　　これはどうでしょうか。
⑪ 어디 좀 봅시다.　　　どれ、ちょっと拝見しましょう。
⑫ 좋습니다. 사겠습니다.　　　いいです。買いましょう。
⑬ **이걸 주십시오.**　　　これをください。
⑭ **얼마입니까?**　　　いくらですか。
⑮ 4만원입니다.　　　4万ウォンです。
⑯ 좀 깎아주세요.[3]　　　少しまけてください。
⑰ 잔돈(거스름)을 받으십시오.[4]　　　おつりを受け取ってください。
⑱ 감사합니다.　　　ありがとうございます。
⑲ 또 오십시오.　　　またお越しください。

注 1)「何をお買いになられますか」 2)「青色はありませんか」 3)「少し削ってください」 싸게 해주세요도 よく 使う。 4)おつりは 잔돈とも、거스름(돈)とも 言う。

36. 食堂で (식당에서)

① **무엇을 잡수시겠습니까?**[1]　　　何を召し上がりますか。
② **차림표를 봅시다.**[2]　　　メニューを見せてください。
③ 여기 있습니다.　　　ここにございます。
④ 선생님은 무엇을 드시겠습니까?　　　先生は何を召し上がりますか。
⑤ 나는 쌘드위치와 오이 생채, 그리고 김치를 주십시오.　　　私はサンドウィッチにきゅうりのサラダ、それからキムチをください。
⑥ 여기에 쌘드위치와 오이생채, 그리고 김치를 두 사람분 갖다 주세요.　　　ここに、サンドウィッチときゅうりのサラダ、それからキムチを2人前もってきてください。

⑦ 음료는 무엇을 드릴까요?³⁾　　　飲み物は何にいたしましょうか。
⑧ 맥주가 있습니까?　　　　　　　ビールはありますか。
⑨ 있습니다.　　　　　　　　　　ございます。
⑩ 맥주 두병 주십시오.　　　　　　ビールを2本ください。
⑪ **빨리 갖다 주십시오.**　　　　　早くもってきてくださいよ。
⑫ 예, 인차 갖다 드리겠습니다.⁴⁾　　はい、すぐにもってまいります。
⑬ **오래 기다리게 해서 미안합니다.**⁵⁾ お待たせしました。
⑭ 선생님 어서 드십시오.　　　　　先生どうぞ(召し上がってください)。
⑮ 먼저 드십시오.　　　　　　　　お先にどうぞ。
⑯ 아니, 괜찮습니다.　　　　　　　いえ、結構です。
⑰ 다른 걸 뭐 더 드시겠습니까?　　もう少し他に何かなさいますか。
⑱ 아니, 실컷 먹었습니다.　　　　いえ、十分いただきました。
⑲ 배가 부릅니다.⁶⁾　　　　　　　おなかがいっぱいです。
⑳ 식후 다과는 무엇을 하시겠습니까?　デザートは何になさいますか。
㉑ 크림을 할까요, 사과를 할까요?　クリームにしますか、それともリンゴにしますか。
㉒ 나는 크림을 하겠습니다.　　　　私はクリームにします。
㉓ **계산해 주십시오.**⁷⁾　　　　　お勘定をしてください。

注 1)「何を召し上がりますか」は 무엇을 드시겠습니까?の方が一般的。2) 차림표는 「献立」のこと。식단 「食単」という言い方もあるし、메뉴「メニュー」でも通じる。3)直訳は「飲料は何を差しあげましょうか」 4)「はい、今もって差し上げます」 5)「長く、お待たせてすみません」 6)「おなかがふくれました」 7)「計算してください」

37. 理髪店と美容院で (이발소와 미용원에서)

① 사람이 많구만요.¹⁾　　　　　　混んでいますね。
② 곧바로 깎을 수 있습니까?²⁾　　すぐに刈ってもらえますか。
③ 좀 기다리셔야 합니다.³⁾　　　　少しお待ちになっていただきます。

④ 다음 손님 앉으십시오. 　　　　次の方、おかけください。
⑤ **어떻게 깎습니까?**[4] 　　　　どうお刈りいたしましょうか。
⑥ 가위로 조금만 다듬어 주십시오. 　はさみで少しだけ整えてください。
⑦ 기계를 대지 말랍니까?[5] 　　　バリカンはよしましょうか。
⑧ 예, 가위로만 해주세요. 　　　　はい、はさみだけでやってください。
⑨ 면도를 하시겠습니까?[6] 　　　　お顔は剃りますか。
⑩ 해주십시오.[7] 　　　　　　　　　剃ってください。
⑪ 수염을 깎겠습니까? 　　　　　　おひげを剃りましょうか。
⑫ 깎아주십시오. 　　　　　　　　　剃ってください。
⑬ 여기를 좀 더 다듬어 주십시오. 　ここをもう少し整えてください。
⑭ 기름을 바르겠습니까? 　　　　　油をつけましょうか。
⑮ 조금만 발라주십시오. 　　　　　少しだけつけてください。
⑯ **다 됐습니다. 어떻습니까?**[8] 　　できあがりました。いかがですか。

⑰ **됐습니다. 수고했습니다.** 　　　結構です。ご苦労さまでした。
⑱ 세트를 할 수 있습니까?[9] 　　　セットをお願いします。
⑲ 파마를 해주십시오. 　　　　　　パーマをしてください。
⑳ 어떤 모양으로 할까요? 　　　　　どんな型にしましょうか。
㉑ 이 모양이 좋습니다. 　　　　　　この型がいいです。
㉒ 알겠습니다. 　　　　　　　　　　かしこまりました。
㉓ 마음에 드십니까? 　　　　　　　お気に召しましたか。
㉔ 예, 마음에 들어요. 　　　　　　ええ、気に入りましたわ。

注 1)「人が多いですね」2)「すぐに刈れますか」3)「少しお待ちにならなくてはいけません」4)「どう刈りますか」5)「機械(バリカン)を当てるのはよしましょうか」6)「顔剃りをなさいますか」7)「してください」8)「できあがりました。どうですか」9)「セットをできますか」

38. 映画館・劇場で (영화관・극장에서)

① 표는 몇 시부터 팝니까?	入場券は何時から売りますか。
② 지금 팝니다.	今売っています。
③ **두장 주세요.**	2枚ください。
④ 자, 들어갑시다.	さあ、入りましょう。
⑤ 좌석번호는 몇 번입니까?	座席番号は何番ですか。
⑥ 8렬의 9번과 10번입니다.	8列の9番と10番です。
⑦ 자리가 좋구만요.[1]	いい席ですね。
⑧ 몇 시에 시작합니까?	何時に始まりますか。
⑨ 이제 곧 시작합니다.	もうすぐ始まります。
⑩ 그럼 안으로 들어갈까요?	それじゃ中に入りましょうか。
⑪ 들어갑시다.	入りましょう。
⑫ 여기입니다.	ここです。
⑬ 아, 종이 납니다.[2]	あ、ベルが鳴りました。
⑭ 시작했습니다.	始まりました。

注 1)「席がいいですね」 2)「あ、ベルが鳴ります」

39. 洋服店で (양복점에서)

① **양복을 맞출 수 있습니까?**	洋服をあつらえたいんですが。
② 예, 알겠습니다.	はい、かしこまりました。
③ 옷감 견본을 보여주십시오.	服地の見本を見せてください。
④ 여기에 여러가지 무늬들이 있습니다.	ここにいろいろの柄がございます。
⑤ 이것이 어떻습니까?	これがどうでしょうか。
⑥ 그것이 잘 어울릴것 같습니다.	それがよくお似合いのようです。
⑦ 이것으로 해주시오.	これにしてください。
⑧ 안감은 어떻게 할까요?	裏地はどういたしましょうか。
⑨ 검은 인견천으로 해주시오.	黒の人絹にしてください。
⑩ **옷 형태는 어떻게 할까요?**[1]	どんな型にしましょうか。

⑪ 저 사진 형태대로 해주시오.　　あの写真の型の通りにしてください。
⑫ 단추는 몇 개 달겠습니까?　　ボタンはいくつつけましょうか。
⑬ 두 개로 해주시오.　　2つにしてください。
⑭ 시침질은 언제입니까?　　仮縫いはいつですか。
⑮ 모래 오전에 와주십시오.　　あさっての午前においでください。
⑯ **얼마나 걸립니까?**　　どれくらいかかりますか。
⑰ 언제면 다 됩니까?　　いつ仕上りますか。
⑱ 일주일이면 됩니다.　　1週間でできあがります。
⑲ 바지는 어떻습니까?　　スボンはどうですか。
⑳ 꼭 맞습니다.[2]　　ちょうどいいです。
㉑ 웃 저고리는 어떻습니까?　　上着はどうですか。
㉒ **좀 좁습니다.**　　少しきゅうくつです。
㉓ **너무 넓은 것 같습니다.**[3]　　あまり広すぎるようです。
㉔ 고쳐 드리겠습니다.　　お直しいたします。
㉕ 어떻습니까?　　どうですか。
㉖ 이제는 됐습니다.[4]　　これで結構です。

注 1)「服の型はどうしましょうか」。「どんな型にしましょうか」 어떤 형태로 할까요?と言ってもいい。2)「ちょうど合います」。3)「あまり広いようです」4)「もう結構です」「これで」を이것으로としてはいけないが、実際には使われている。

40. 知人に会ったとき (아는 사람을 만났을 때)

① 안녕하십니까?　　こんにちは。
② 아니, 용수씨가 아닙니까!　　おや、ヨンスさんじゃないですか。
③ **오래간만입니다.**　　お久しぶりです。
④ 정말 오래간만입니다.　　本当に久しぶりですね。
⑤ **그런데 어디로 가십니까?**　　ところでどちらへお出かけですか。
⑥ 도서관으로 가는 길입니다.　　図書館へ行くところです。
⑦ **요즘은 어떻게 지냅니까?**[1]　　近頃はどうしていますか。

⑧ 요즘은 좀 바쁘게 지냅니다.[2] 近頃はちょっと忙しいんですよ。
⑨ 지호씨는 요즘 바쁘지 않습니까? チホさんは近頃忙しくはありませんか。
⑩ 나는 여전합니다. わたくしは相変わらずですよ。
⑪ **일은 잘 되어갑니까?**[3] 仕事のほうはうまくいっていますか。
⑫ 괜찮게 되어갑니다.[4] まあまあです。
⑬ 거참 좋은 일입니다. それは結構なことですね。
⑭ **집에서는 모두 잘 있습니까?**[5] 家族のみなさんはお元気ですか。
⑮ 예, 덕분에 다 잘 있습니다. はい、おかげさまで皆元気です。
⑯ 어머님도 건강하십니까? お母さんもお元気ですか。
⑰ 예, 건강합니다. はい、元気です。
⑱ 아이들이 이제는 컸겠습니다.[6] お子さんたちももう大きくなったでしょうね。
⑲ 컸지요. 큰 아이는 벌써 중학교 1학년입니다.[7] 大きくなりましたよ。(1番)上の子はもう中学1年生ですよ。
⑳ 벌써 그렇게 됐습니까? もうそんなになりましたか。
㉑ **한번 집에 놀러 오십시오.** 一度うちに遊びに来てください。
㉒ 한번 찾아가겠습니다. 一度お訪ねします。
㉓ **바쁘겠는데 어서 가보십시오.** 忙しいでしょうから、どうぞ行きになってください。
㉔ 안녕히. さようなら。
㉕ 또 만납시다. また会いましょう。

注 1)「近頃はどう暮していますか」 2)「近頃はちょっと忙しく過ごしています」 3)「仕事はうまくいっていますか」「～のほうは」の「ほう」にこだわる必要はない。4)「かなりうまくいっています」 5)「家では皆元気ですか」 6)컸겠습니다の原形は크다で、크다は形容詞として用いられるときは「大きい」、動詞として用いられるときは「大きくなる」と訳される。ここでは後者。7)「中学1年生」を韓国では「中学校1学年」と表現することに注意。

41. 病院で (병원에서)

① 접수는 어디서 합니까?[1]　　　受付はどこですか。
② 접수는 어디입니까?　　　　　　受付はどこですか。
③ **미안하지만 접수를 해주십시오.**　すみませんが登録をしてください。
④ 어느 과를 보시겠습니까?[2]　　どの科を受診なさいますか。
⑤ 내과에 접수해 주십시오.[3]　　内科で診てもらいたいんですが。
⑥ 이름은 무엇입니까?[4]　　　　お名前は?
⑦ 박남수입니다.　　　　　　　　朴ナムスです。
⑧ 몇 살입니까?　　　　　　　　おいくつですか。
⑨ 25살입니다.　　　　　　　　　25歳です。
⑩ 회사는 어디입니까?[5]　　　　会社はどちらですか。
⑪ 무역관계입니다.　　　　　　　貿易関係です。
⑫ 무슨 일을 하십니까?[6]　　　　ご職業は?
⑬ 회사원입니다.　　　　　　　　会社員です。
⑭ 됐습니다. 내과로 가보십시오.　けっこうです。内科へ行ってください。

⑮ **박남수씨, 들어오십시오.**[7]　朴ナムスさん、どうぞ。
⑯ 안녕하십니까?　　　　　　　　こんにちは。
⑰ 어서 앉으십시오.　　　　　　　どうぞ、おかけなさい。
⑱ **어디가 아픕니까?**[8]　　　　どこが悪いんですか。
⑲ 머리가 아픕니다.　　　　　　　頭が痛いです。
⑳ 머리가 무겁습니다.　　　　　　頭が重いんです。
㉑ 배가 아픕니다.　　　　　　　　おなかが痛いです。
㉒ 열이 납니다.　　　　　　　　　熱が出ます。
㉓ 기침이 납니다.　　　　　　　　咳が出ます。
㉔ 설사를 합니다.　　　　　　　　下痢をします。
㉕ 변비가 있습니다.[9]　　　　　便秘があります。
㉖ 눈이 잘 보이지 않습니다.　　　目がよく見えません。
㉗ 귀가 잘 들리지 않습니다.　　　耳がよく聞えません。

㉘ 어지럽습니다. 　　　　　　　　目まいがします。
㉙ 얼굴이 붓습니다. 　　　　　　　顔がはれます。
㉚ 식욕이 없습니다. 　　　　　　　食欲がありません。
㉛ 몸이 나른합니다. 　　　　　　　体がだるいです。
㉜ **언제부터 그렇습니까?** 　　　　いつからそうなんですか。
㉝ 3 일 전부터입니다. 　　　　　　3日前からです。
㉞ **어디 좀 봅시다.**[10] 　　　　　ちょっと診てみましょうか。
㉟ 진찰해 봅시다. 　　　　　　　　診察してみましょう。
㊱ **옷을 벗으십시오.** 　　　　　　服を脱いでください。
㊲ 숨을 크게 쉬십시오. 　　　　　　息を大きく吸ってください。
㊳ 숨을 멈추십시오. 　　　　　　　息を止めてください。
㊴ **침대에 누우십시오.** 　　　　　寝台に横になってください。
㊵ **여기가 아픕니까?** 　　　　　　ここが痛いですか。
㊶ 예, 아픕니다. 　　　　　　　　　はい、痛いです。
㊷ 여기는 어떻습니까? 　　　　　　ここはどうです。
㊸ 거기는 아프지 않습니다. 　　　　そこは痛くありません。
㊹ 됐습니다. 　　　　　　　　　　　けっこうです。
㊺ 무슨 병입니까? 　　　　　　　　何の病気でしょうか。
㊻ 감기 같습니다. 　　　　　　　　かぜのようです。
㊼ 처방전입니다. 　　　　　　　　　処方箋です。
　 약국에서 약을 타십시오. 　　　　薬局で薬をもらってください。
㊽ 수고하십시오. 　　　　　　　　　ご苦労さんでした。
㊾ 몸조리를 잘 하십시오.[11] 　　　どうぞおだいじに。

注 1)「受付はどこでしますか」 2)「どの科をみられますか」 3)「内科に登録してください」 4)「名前は何ですか」 5)「職場はどこですか」 6)「何の仕事をなさっていますか」 7)「朴ナムスさん、お入りください」 8)「どこが痛いですか」 9)「便秘があります」 10)「どれ、ちょっと診ましょう」 11)「養生をよくなさってください」

42. 病気のお見舞いに行って (병 문안을 가서)

① 좀 어떻습니까?[1]   (体の方は)どうですか。
② 몸이 좀 어떻습니까?[2]   体の方はどうですか。
③ 좀 차도가 있습니까?[3]   お加減はよくなりましたか。
④ 심합니까?   ひどいんですか。
⑤ 아직 낫지 못합니까?   まだ治らないんですか。
⑥ 편찮으시다는 소식을 오늘에야 들었습니다.[4]   ご病気だということを、きょう初めて聞きました。
⑦ 자주 와보지 못해 안됐습니다.[5]   ちょくちょくお見舞いに上がれず、申し訳ございません。
⑧ 바쁘다는 핑계로 와보지 못해 안됐습니다.[6]   多忙にかこつけてお見舞いに上がれず、申し訳ございません。
⑨ 무슨 병입니까?   何の病気ですか。
⑩ 먼저 왔을 때보다 퍽 좋아졌습니다.[7]   前回お見舞いに上がったときよりずいぶんよくなられましたね。
⑪ 좀 좋아진 것 같습니다.   少しよくなられたようですね。
⑫ 이제는 마음이 놓입니다.[8]   これでほっとしました。
⑬ 일어나셨군요. 얼굴색이 퍽 좋아졌습니다.   起きられましたね。顔色がずいぶんよくなりましたよ。
⑭ 좀 낫습니다.   少しよくなりました。
⑮ 이제는 다 낫습니다.   もうすっかりよくなりました。
⑯ 아직 낫지 못합니다.   まだ治らないんです。
⑰ 걱정을 끼쳐서 미안합니다.   ご心配をかけてすみません。
⑱ 이렇게 와주셔서 고맙습니다.[9]   わざわざおいでくださってありがとうございます。

⑲ 바쁘신데 안됐습니다.   お忙しいのにすみませんでした。
⑳ 대단한 병도 아닌데 오시게 해서 안됐습니다.   大した病気でもございませんのに、ご足労をわずらわせてすみません。

㉑ **몸조리를 잘 하십시오.**[10] ご養生に励んでください。
㉒ 집 일은 걱정말고 몸조리를 잘 하십시오. 家のことは心配なさらないでお大事になさってください。
㉓ 하루 빨리 완쾌하십시오. １日も早く全快なさってください。
㉔ **치료를 잘 받으십시오.** 治療に励んでください。

注 1)「ちょっとどうですか」2)「体はちょっとどうですか」3)「ちょっと差度がありますか」4)「ご病気だという消息をきょうになって聞きました」5)「ちょくちょく来て見られなくてすみません」6)「忙しいという口実で来て見られなくてすみません」7)「この前来たときよりずいぶんよくなりましたね」8)「これで安心しました」9)「こうしておいでくださってありがとうございます」10)「養生をよくなさってください」11)「治療を十分に受けてください」

付　録

主要動詞・形容詞の活用と活用表

1. 活用とは

　単語が文節をつくるとき、どんな文節をつくるか、どんな付属語を付けるかによって規則的に形を変えることを活用と言う。
　たとえば、日本語の「書く」は、

　　　　　書か－ない
　　　　　書き－ます
　　　　　書く－こと
　　　　　書け－ば
　　　　　書こ－う

などのように、規則的に語形が変化する。
　このような現象はハングルにも見られ、たとえば、받다(受ける)は次のように変化する。

　　받－고　　　(受け－て)
　　받습－니다　(受け－ます)
　　받아－도　　(受け－ても)
　　받았－다　　(受け－た)
　　받으－면　　(受け－たら)
　　받읍－시다　(受け－ましょう)

2. 活用に関する知識がなぜ必要か

　これは日本語のことを考えてみればすぐわかる。
　「書く」という動詞に、ない、ます、て、ば…などの付属語を付けて意図を表現するためにはそれぞれ、

　　　書か－ない
　　　書き－ます
　　　書い－て
　　　書け－ば

などのように動詞の語形を変化させなければならない。つまり、それぞれの付属語は自分に適した活用形を要求するわけだ、この知

識は生活体験や学習によって得られる。

　ハングルを正しく話したり、書いたりするためには、やはりハングルの活用に関する知識をもっていなければならない。

　活用に関する知識のうちでも、実際に必要なことがらは、活用形と助詞との結びつきだ。

　たとえば、받아(受ける)という動詞と、도(ても)という助詞がどのように結びついて「受けても」という表現ができるのかを知るためには、도がどんな活用形を要求するかということと、その活用形の「かたち」を知らなくてはならない。도が連用形を要求し、받다の連用形が받아であるということがわかって初めて、

　　받아＋도→받아도(受けても)

という活用が理解できる。

　ハングルの活用は日本語のそれに比べて変化が多様で、少し複雑である。これは、ハングルは音節の数が日本語よりずっと多いうえに、母音調和、子音交替(パッチムの変化)などの音節変化が激しいからだ。

　活用はハングルの学習のひとつの山場とも言える。ハングルをある程度修得するためには、どうしてもこの関門を通り抜けなければならない。

　以上のことを心がけて、活用に関する知識をしっかり身につけよう。

3. 活用表の見方と使い方

活用表を使いこなすためには、活用表のしくみと名称、活用表の用法などについて知っておくことが必要である。

活用表を構成している要素と内容について、以下の順で解説することにする。

　　変化型
　　部類
　　例語
　　活用形
　　主に付く助詞

1) 変化型

　同じ変容部をもつ単語のグループを変化型と言う。たとえば、엿보다(うかがう)、얕보다(みくびる)우러러보다(仰ぐ)、바라보다(ながめる)、꼬다(ひねる)、쏘다(射る)などの動詞はいずれも보다(見る)と同一の変容部をもちあわせているので、それらを1つのグループにまとめて「1型」とする。

　変化型は日本語の活用表(「学校文法」)の「カ行」、「サ行」などの「行」に当る。

　動詞は1型〜23型、形容詞は1型〜19型に区別される。

　ハングルのすべての動詞および形容詞は、これらの変化型のうちのいずれかに属している。

　ある単語がどの変化型に属しているのかを決定するのは、活用表を利用するための一番大切な作業で、これを間違えるとすべてがくるってしまう。

　たとえば、기르다(育てる)の過去形を作る場合(育てる→育てた)、기르다を9型(따르다)や15型(이르다)と同種だと見誤ると기랐다、기르랐다のような、実在しない語形ができかねない。

　変化型の決め方は、例語(原形)の語幹(原形から다を除いたもの)の

最終音節によってだいたい類推することができる。しかし、なかにはまぎらわしいものも少なくなく、また語形がまったく同じなのに活用のしかたの違うもの(묻다(埋める)と묻다(尋ねる)は語形は同じだが、連用形で前者は묻어、後者は물어となる)もあるので、なかなかやっかいだ。

日本語でも「へる」(経る)と「へる」(減る)、「きる」(着る)と「きる」(切る)など語形が同じでも、異なった活用をするものがあるのと事情は同じである。

すべての活用形を明示した辞書の出現が望まれるゆえんだ。

2) 部類

変化型を語韻変化形式の共通性によって大別したものを部類と言う。

これは日本語の活用表で、「五段活用」とか「上一段活用」とか言っている「活用の種類」に相当する。

部類は動詞も形容詞もⅠ、Ⅱ、Ⅲ、Ⅳの4つの部類に分けられる。

部　類	付属変化型		特　　徴
	動　詞	形容詞	
Ⅰ部類 (規則活用)	1~6型	1~4型	・各活用形で語韻変化が起らず、規則的な活用をする。 ・各活用形とも語根と変容部の区別が明瞭。
Ⅱ部類 (連用変格活用)	7~15型	5~10型	・連用形および過去形で母音の短縮(가아→가、오아→와、푸어→퍼…)、子音の挿入(ㄹ→ㄹㄹ)などの語韻変化を起こす。その他は規則的な活用をする。 ・原形語末の音はすべて母音で終わっている(すなわちパッチムがない)。

Ⅲ部類 (子音変格活用)	16~21型	11~17型	・連用形以下で(形容詞では連体形も)子音の交替(ㄷ→ㄹ, ㅂ→ㅗ, ㅜ), 消失(ㅅ→ㅇ, ㅎ→ㅇ)を起こす。 ・連用形および過去形で母音の短縮・融合(도오아→도와, 누우어→누워, 발가아→발개, 하야아→하애…)を起こす。 ・原形語幹末がすべてㄷ, ㅅ, ㅂ, ㅎパッチムで終わっている。
Ⅳ部類 (ㄹ変格活用)	22~23型	18~19型	・連用形および過去形では規則的な活用をし、他の活用形で不規則な子音変用をする(ㄹ→ㅇ, ㄹ→ㄹㅁ)。 ・接続形と仮定形はそれぞれ2種類の活用形語幹を有する。 ・原形語幹末がすべてㄹパッチムで終わっている。

注 1. Ⅰ部類はいずれも規則的な活用をするので、規則活用と言う。

　Ⅱ部類は連用形とその派生形の過去形が不規則な活用をするので、連用変格活用と言う。

　Ⅲ部類は子音変化が特徴的な変化なので、子音変格活用と言う。

　Ⅳ部類はこれに属するすべての単語が살다、만들다、달다、멀다のように原形語幹末がㄹパッチムであるところから一名ㄹ変格活用とも言う。

 2. Ⅳ部類の接続形と仮定形には2通りの語幹が示されているが、助詞の頭子音がㄴで始まるもの(니、나、니、니까など)に限り、살、만들…のㄹパッチムが脱落し、사、만드…となる。

　それぞれの部類の特徴と所属変化型は370、371ページの表の通り。

3) 例語

例語は各変化型のうちで、最も一般的なものを挙げた。

例記はすべて原形(基本の形)で示している。原形は用言の最も標準的な形で、辞書の見出し語はすべてこの形で出ている。

原形から다を除いたもの(보다の보、먹다の먹など)を原形語幹と言う。本文中の「語幹」はすべて原形語幹を指す。

4) 活用形

活用によって生じる語形を活用形と言う。

普通、日本語では未然形、連用形、終止形、連体形、仮定形、命令形の6種を認めているが、本書では動詞11種、形容詞の9種を採った。

各活用形の主な用法は次の通り。

① 原形語幹

助詞の고(て)が付いて句と句をつなぎ合わせる。

  例：보고(見て)   작고(小さくて)

② 現在形

助詞の다(〜する、〜い)が付いて現在の動作、状態を表す。

  例：본다(見る)   작다(小さい)

③ 連体形

体言の前に位置し、体言を修飾する。것(こと)、경우(場合)などの不完全名詞や普通名詞、固有名詞が付くこともある。

  例：보는 것(見ること) 작은 경우(小さい場合)

④ ていねい形

助詞의 니다(ます、です)が付いて尊敬を表す。

  例：봅니다(見ます) 작습니다(小さいです)

⑤ 連用形

用言につらなる活用形で、このままで用いられたり、あるいは도(ても)、서(て)などの助詞や、주다(やる)、지다(なる)などの補助用言を伴うこともある。

例：보아(見、見て)　　　작아(小さく、小さくて)
　　보아도(見ても)　　　작아도(小さくても)
　　보아서(見て)　　　　작아서(小さくて)
　　보아주다(見てやる)　작아지다(小さくなる)

⑥ 過去形

助詞の다(た)が付いて過去を表す。

例：보았다(見た)　　　작았다(小さかった)

⑦ 仮定形

例：보면(見れば、見たら)　작으면(小さければ、小さかったら)

⑧ 過去連体形

例：본 사람(見た人)

⑨ 連体形の未来形

用言の連体形에 것이다(だろう)が付いて未来、推量、意志を表す。

例：볼것이다(見るだろう)　작을것이다(小さいだろう)

⑩ 名詞形

語幹だけで用いられるときは名詞への転成を表す。日本語の連用形の働きに似ている。

例：흐르다 (流れる) → 흐름 (流れ)
　　돕다 (助ける) → 도움 (助け)
　　아프다 (痛い) → 아픔 (痛み)
　　기쁘다 (うれしい) → 기쁨 (うれしさ、喜び)

また、助詞の으로써(ことによって)が付くこともある。

例：봄으로써(見ることによって)
　　작음으로써(小さいことによって)

⑪ ていねいな勧誘形

助詞시다(ましょう)が付き、ていねいな勧誘を表す。形容詞にはこの形がない。

例：봅시다(見ましょう)
　　만듭시다(作りましょう)

[注] 活用形の名称はあくまでも便宜的なものにすぎず、活用形の名称によって文節の性格が決められると早合点してはいけない。要注意のこと。

5) 主に付く助詞

　各活用形には、以上の代表的な助詞の他にも、いろいろの助詞が付く。

　本書では3〜5章で、それぞれの用言に接続する助詞と、その助詞が要求する活用形を明示している。

　変化型さえわかれば、活用表に基づいて、どんな用言の活用形も確定できるはずだ。しかし、ハングルに不慣れな段階では、たとえ変化型が示してあっても、活用形を自分で探し当てるというのは少々心もとないものだ。

　このようなとき、動詞・形容詞の全活用形が明示してあるものがあれば、便利であることは言うまでもない。活用一覧表はこのような目的から、当然あってもいい。いずれ機会をみて本書の姉妹篇として出したいと思ってる。

付録　主要動詞・形容詞の活用と活用表

動詞の変化形活用表

部類	変化型	活用形 例語(基本の形)	原形語幹 ①	現在形 ②	連体形 ③	ていねい形 ④	連用形 ⑤	過去形 ⑥	仮定形 ⑦	過去連体形 ⑧	未来連体形 ⑨	名詞形 ⑩	ていねいな動誘形 ⑪
I	1	보다	보	본다	보는	봅니다	보아	보았	보	본	볼	봄	봅시다
I	2	막다	막	막는다	막는	막습니다	막아	막았	막으	막은	막을	막음	막읍시다
I	3	주다	주	준다	주는	줍니다	주어	주었	주	준	줄	줌	줍시다
I	4	먹다	먹	먹는다	먹는	먹습니다	먹어	먹었	먹으	먹은	먹을	먹음	먹읍시다
I	5	하다	하	한다	하는	합니다	하여(해)	하였(했)	하	한	할	함	합시다
I	6	있다	있	있다	있는	있습니다	있어	있었	있	있은	있을	있음	있읍시다
I	7	가다	가	간다	가는	갑니다	가	갔	가	간	갈	감	갑시다
II	8	오다	오	온다	오는	옵니다	와	왔	오	온	올	옴	옵시다
II	9	따르다	따르	따른다	따르는	따릅니다	따라	따랐	따르	따른	따를	따름	따릅시다
II	10	에쓰다	에쓰	에쓴다	에쓰는	에씁니다	에써	에썼	에쓰	에쓴	에쓸	에씀	에씁시다
II	11	푸다	푸	푼다	푸는	품니다	퍼	펐	푸	푼	풀	품	품시다
II	12	배우다	배우	배운다	배우는	배웁니다	배워	배웠	배우	배운	배울	배움	배웁시다
II	13	오르다	오르	오른다	오르는	오릅니다	올라	올랐	오르	오른	오를	오름	오릅시다
II	14	흐르다	흐르	흐른다	흐르는	흐릅니다	흘러	흘렀	흐르	흐른	흐를	흐름	흐릅시다
II	15	이르다	이르	이른다	이르는	이릅니다	이르러	이르렀	이르	이른	이를	이름	이릅시다
III	16	내닫다	내닫	내닫는다	내닫는	내닫습니다	내달아	내달았	내달으	내달은	내달을	내달음	내달읍시다
III	17	듣다	듣	듣는다	듣는	듣습니다	들어	들었	들으	들은	들을	들음	들읍시다
III	18	낫다	낫	낫는다	낫는	낫습니다	나아	나았	나으	나은	나을	나음	나읍시다
III	19	짓다	짓	짓는다	짓는	짓습니다	지어	지었	지으	지은	지을	지음	지읍시다
III	20	돕다	돕	돕는다	돕는	돕습니다	도와	도왔	도우	도운	도울	도움	도읍시다
III	21	눕다	눕	눕는다	눕는	눕습니다	누워	누웠	누우	누운	누울	누움	누웁시다
IV	22	살다	살(사)	산다	사는	삽니다	살아	살았	살(사)	산	살	삶	삽시다
	23	만들다	만들(만드)	만든다	만드는	만듭니다	만들어	만들었	만들(만드)	만든	만들	만듦	만듭시다
	主に付く助詞		고 있 거나	다	것	ㅂ니다	도 서	다	면 (니) (시오)	것	것이다 수록	으로써	시다

371

形容詞の変化形活用表

部類	変化型	活用形 例語(基本の形)	原形語幹 ①	現在形 ②	連体形 ③	ていねい形 ④	連用形 ⑤	過去形 ⑥	仮定形 ⑦	過去連体形 ⑧	連体形の未来形 ⑨	名詞形 ⑩	ていねいな勧誘形 ⑪
I	1	작다	작	작	작은	작습니다	작아	작았	작으		작을	작음	
	2	적다	적	적	적은	적습니다	적어	적었	적으		적을	적음	
	3	착하다	착하	착하	착한	착합니다	착하여(착해)	착하였(착했)	착하		착할	착함	
II	4	맛있다	맛있	맛있	맛있는	맛있습니다	맛있어	맛있었	맛있으		맛있을	맛있음	
	5	세차다	세차	세차	세찬	세찹니다	세차	세찼	세차		세찰	세참	
	6	아프다	아프	아프	아픈	아픕니다	아파	아팠	아프		아플	아픔	
	7	기쁘다	기쁘	기쁘	기쁜	기쁩니다	기뻐	기뻤	기쁘		기쁠	기쁨	
	8	다르다	다르	다르	다른	다릅니다	달라	달랐	다르		다를	다름	
	9	서투르다	서투르	서투르	서투른	서투릅니다	서툴러	서툴렀	서투르		서투를	서투름	
	10	푸르다	푸르	푸르	푸른	푸릅니다	푸르러	푸르렀	푸르		푸를	푸름	
	11	낫다	낫	낫	나은	낫습니다	나아	나았	나으		나을	나음	
III	12	아름답다	아름답	아름답	아름다운	아름답습니다	아름다워	아름다웠	아름다우		아름다울	아름다움	
	13	탐스럽다	탐스럽	탐스럽	탐스러운	탐스럽습니다	탐스러워	탐스러웠	탐스러우		탐스러울	탐스러움	
	14	발갛다	발갛	발갛	발간	발갛습니다	발개	발갰	발가		발갈	발감	
	15	하얗다	하얗	하얗	하얀	하얗습니다	하얘	하얬	하야		하얄	하얌	
	16	누렇다	누렇	누렇	누런	누렇습니다	누레	누렜	누러		누럴	누럼	
	17	부옇다	부옇	부옇	부연	부옇습니다	부예	부옜	부여		부열	부염	
	18	달(다)	달(다)	달	단	답니다	달아	달았	달(다)		달	닮	
	19	멀다	멀(어)	멀	먼	멉니다	멀어	멀었	멀(면)		멀	멂	
		主に付く助詞	고 까지 거나	다	것	니다	도 서	다	니	것	것이다 수록	으로써	시다

一般的な用言(動詞・形容詞)活用一覧表

活用の種類	活用形 用言	補助語幹 ~았(었)~ ~(으)시~ …	終結語尾 ~(으)ㅂ니다 ~(으)오, 소 ~(느)ㄴ다, ~다 …	転成語尾 副詞形 ~아(어) ~게 ~고 ~지	転成語尾 冠形詞形 ~는 ~(으)ㄴ ~(으)ㄹ ~던	転成語尾 名詞形 ~(으)ㅁ ~기	接続語尾 ~(으)면 ~아(어)도 …
規則	가다(行く)	갔~	갑니다	가	가는	감	가면
	보다(見る)	보았~	봅니다	보아	보는	봄	보면
	주다(与える)	주었~	줍니다	주어	주는	줌	주면
	받다(受ける)	받았~	받습니다	받아	받는	받음	받으면
	먹다(食べる)	먹었~	먹습니다	먹어	먹는	먹음	먹으면
	차다(冷たい)	찼~	찹니다	차	찬	참	차면
	참되다(真正だ)	참되었~	참됩니다	참되어	참된	참됨	참되면
	같다(同じだ)	같았~	같습니다	같아	같은	같음	같으면
	넓다(広い)	넓었~	넓습니다	넓어	넓은	넓음	넓으면
※1) ㅅ不	짓다(作る)	지었~	지으오 짓습니다	지어	지은 지을	지음	지으면 지어도
	낫다(良い)	나았~	나으오 낫습니다	나아	나은 나을	나음	나으면 나아도
※2) ㅎ不	까맣다(黒い)	까마았~	까맙니다 까마오	까마	까만 까말	까맘	까마면 까마도
	노랗다(黄色い)	노라았~	노랍니다 노라오	노라	노란 노랄	노람	노라면 노라도
※3) ㅂ不	돕다(助ける)	도왔~	도웁니다 도우오	도와	도운 도울	도움	도우면 도와도
	가깝다(近い)	가까왔(웠)~	가까웁니다 가까우오	가까워	가까운 가까울	가까움	가까우면 가까워도
※4) ㄷ不	깨닫다(覚る)	깨달았~	깨닫습니다 깨달으오	깨달아	깨달은 깨달을	깨달음	깨달으면 깨달아도
	듣다(聞く)	들었~	듣습니다 들으오	들어	들은 들을	들음	들으면 들어도
※5) 여不	하다 (する、言う)	하였(했)~		하여(해)			하여도(해도) 하여도(해서)
	착하다 (良い)	착하였~		착하여			착하여도 착하여서

※6) 러 不	이르다(到る)	이르렀~		이르러			이르러도 이르러서
	푸르다(青い)	푸르렀~		푸르러			푸르러도 푸르러서
거라 不	가다(行く)		가거라				
	나다(生れる)		나거라				
너라 不	오다(来る)		오너라				
	돌아오다 (帰る)		돌아오너라				
※7) 르 不	부르다(呼ぶ)	불렀~		불러			불러도 불러서
	다르다 (異なる)	달랐~		달라			달라도 달라서

注 ※1)語幹末がㅅで終わる用言のなかで、母音で始まる語尾が続くとㅅが脱落するもの。

2)ㅎで終わる形容詞でㅏ/ㅓが続くと、ㅎが脱落し、語幹末の母音とㅏ/ㅓが合わさって애になるもの。

3)語幹末のㅂとㅏ/ㅓが合わさって워となる。ただし、돕다(助ける)と곱다(きれい)は와となる。

4)ㄷで終わる動詞で、母音で始まる語尾が続くとㄷがㄹに変わるもの。

5)하다の連用形。p.159参照。

6)語幹末がㄹで、아/어が続くと러러になるもの。

7)語幹末がㄹで、아/어が続くとㄹ라/ㄹ러になるもの。

監修者略歴

塚本　勲（つかもといさお）
1934年大阪府生まれ。京都大学大学院修了（言語学専攻）。
2000年大阪外国語大学朝鮮語科教授を停年退官。
主著『朝鮮語大辞典』（共編、角川書店）
訳書『ユンボギの日記』（太平出版社）

著者略歴

李仁洙（イ インス）
1927年慶尚南道生まれ。1950年中央大学卒業。2001年2月没。
日本と朝鮮半島における動植物の名称、食物・食品の名称の比較・
整理・研究に尽くす。

金容権（キム ヨングォン）
1947年岡山県生まれ。1971年早稲田大学第一文学部卒業。
韓国の劇画を日本で初めて紹介。
主著『朝鮮・韓国近現代史事典』（日本評論社）『早わかり 韓国を
知る事典』（東海教育研究所）『韓国旅行会話事典』（三修社）他、
語学関係の著作多数。

新版
ハングル文章表現事典

2010年5月20日　第1刷発行

監修者	塚本　勲
著　者	李仁洙・金容権

発行者	前田俊秀
発行所	株式会社三修社

〒150-0001　東京都渋谷区神宮前 2-2-22
TEL 03-3405-4511　FAX 03-3405-4522
振替 00190-9-72758
http://www.sanshusha.co.jp/
編集担当　澤井啓允

印刷製本 ───── 萩原印刷株式会社

©2010 Printed in Japan
ISBN978-4-384-04339-6 C0587

〈日本複写権センター委託出版物〉

本書を無断で複写複製（コピー）することは，著作権法上の例外を除き，禁じられています。本書をコピーされる場合は，事前に日本複写権センター（JRRC）の許諾を受けてください。JRRC〈http://www.jrrc.or.jp email:info@jrrc.or.jp Tel:03-3401-2382〉